앞선 정보 제공! 도서 업데이트

언제, 왜 업데이트될까?

도서의 학습 효율을 높이기 위해 자료를 추가로 제공할 때!
공기업 · 대기업 필기시험에 변동사항 발생 시 정보 공유를 위해!
공기업 · 대기업 채용 및 시험 관련 중요 이슈가 생겼을 때!

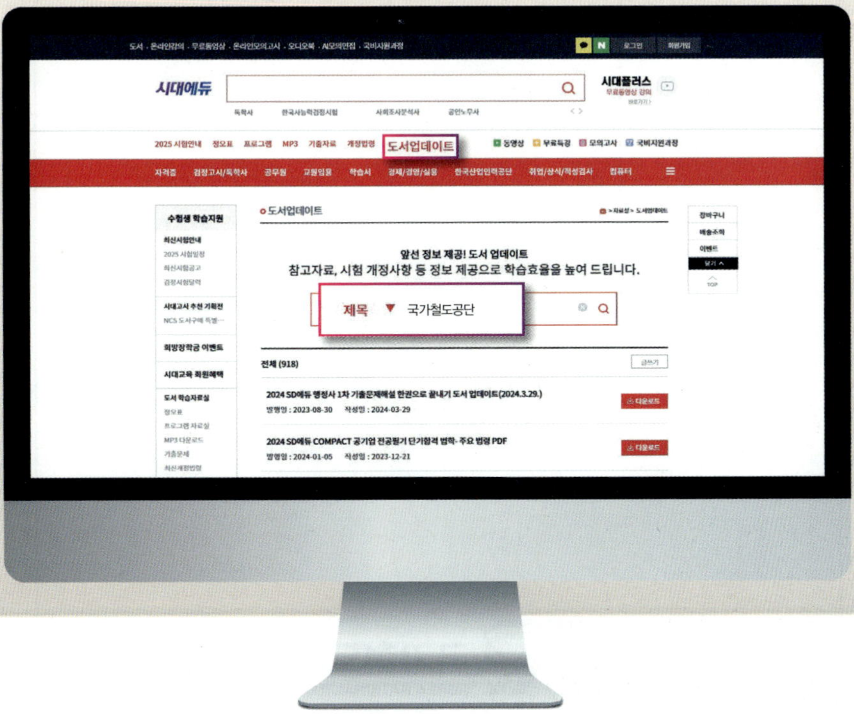

01 시대에듀 도서 www.sdedu.co.kr/book 홈페이지 접속

02 상단 카테고리 「도서업데이트」 클릭

03 해당 기업명으로 검색

참고자료, 시험 개정사항 등 정보 제공으로 학습효율을 높여 드립니다.

#나의_사원증_미리_채우기

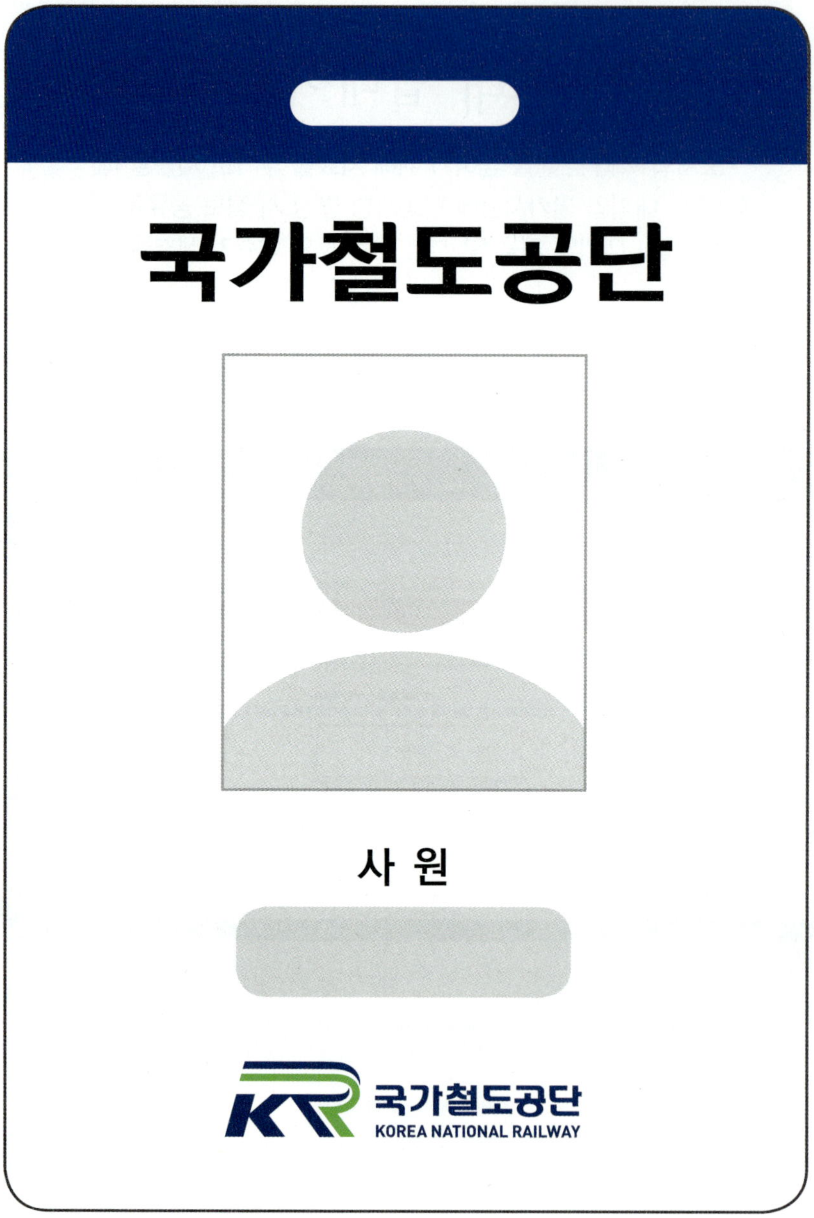

#취뽀성공 #합격은_나의_것 #올취완_올해취업완료 #국가철도공단_신입사원

사이다

사일 동안
이것만 풀면
다 합격!

국가철도공단 NCS

시대에듀

2026 최신판 시대에듀 All-New 사이다 모의고사
국가철도공단 NCS

Always **with you**

사람의 인연은 길에서 우연하게 만나거나 함께 살아가는 것만을 의미하지는 않습니다.
책을 펴내는 출판사와 그 책을 읽는 독자의 만남도 소중한 인연입니다.
시대에듀는 항상 독자의 마음을 헤아리기 위해 노력하고 있습니다. 늘 독자와 함께하겠습니다.

머리말 PREFACE

빠르고 안전하고 쾌적한 철도로 국민과 함께 가는 국가철도공단은 2026년에 신입 직원을 채용할 예정이다. 국가철도공단의 채용절차는 「서류전형 ➡ 필기전형 ➡ 면접전형 ➡ 임용」 순서로 진행되며, 필기전형은 직업기초능력평가와 직무수행능력평가로 진행한다. 그중 직업기초능력평가의 경우 공통으로 의사소통능력, 수리능력, 문제해결능력, 자원관리능력을 평가하고, 사무직은 조직이해능력을 평가하며, 기술직은 기술능력을 평가한다. 직무수행능력평가의 경우 직무분야별로 출제과목이 다르므로 반드시 확정된 채용공고를 확인해야 한다. 또한, 필기전형 고득점자 순으로 채용예정 인원의 2～3배수에게 면접전형 응시 기회가 주어지므로 다양한 유형에 대한 폭넓은 학습과 문제풀이능력을 높이는 등 철저한 준비가 필요하다.

국가철도공단 필기전형 합격을 위해 시대에듀에서는 국가철도공단 판매량 1위의 출간 경험을 토대로 다음과 같은 특징을 가진 도서를 출간하였다.

도서의 특징

❶ **합격으로 이끌 가이드를 통한 채용 흐름 확인!**
- 국가철도공단 소개와 최신 시험 분석을 수록하여 채용 흐름을 파악하는 데 도움이 될 수 있도록 하였다.

❷ **기출응용 모의고사를 통한 완벽한 실전 대비!**
- 철저한 분석을 통해 실제 유형과 유사한 기출응용 모의고사를 4회분 수록하여 시험 직전 4일 동안 자신의 실력을 점검하고 향상시킬 수 있도록 하였다.

❸ **다양한 콘텐츠로 최종 합격까지!**
- 온라인 모의고사를 무료로 제공하여 필기전형에 대비할 수 있도록 하였다.
- 모바일 OMR 답안채점/성적분석 서비스를 통해 자동으로 점수를 채점하고 확인할 수 있도록 하였다.

끝으로 본 도서를 통해 국가철도공단 채용을 준비하는 모든 수험생 여러분이 합격의 기쁨을 누리기를 진심으로 기원한다.

SDC(Sidae Data Center) 씀

국가철도공단 기업분석 INTRODUCE

◇ 미션

빠르고 안전하고 쾌적한 철도로
국민 행복을 실현하겠습니다.

◇ 비전

국민을 위한 **철도**, **세계**를 여는 **KR**

◇ 핵심가치

S	안전	Safe Railways
A	소통	Active Communication
F	공정	Fair Management
E	혁신	Endless Innovation

◇ 2035 경영목표

빠르고 쾌적한 **국가 철도**	철도국가경쟁력 지수 Top 실현
고객이 행복한 **안전 철도**	철도시설 사고율 50% ↓
민간과 협력하는 **동행 철도**	민간협력사업 매출액 2배 ↑
세계를 선도하는 **기술 철도**	미래기술 적용률 100% 달성
지속 가능한 **혁신 조직**	대외평가 최우수 등급 달성

◇ 인재상

전문인재	Learner 안전을 우선하며, KR만의 업무지식과 경험을 활용하여 현장의 문제를 원활히 해결하며, 지속적으로 학습하는 프로의식이 강한 인재
혁신인재	Innovator 급변하는 기술 및 사업 환경 변화를 통찰하고 융합하여 업무 네트워크를 강화하며, 새로운 사업 영역에 도전하는 인재
소통인재	Networker 사회적 가치를 중시하며, 열린 마음으로 협력하며 원활하게 업무를 처리하여 상생의 가치를 창출하는 인재
열정인재	Enthusiast 주어진 일에 열정으로 최선을 다하여 자신의 일을 완수하며, 더불어 함께 KR 공동체 발전을 위해 적극적으로 노력하는 인재

신입 채용 안내 INFORMATION

◇ 지원자격(공통)

❶ 국가철도공단 인사규정 제12조의 결격사유가 없는 자

❷ 지정한 근무일에 정상근무가 가능한 자

❸ 남성의 경우 병역법 제76조에서 정한 병역의무 불이행 사실이 없는 자

※ 단, 군복무 중인 경우 근무시작일 전에 전역한 자

❹ 자격조건

- **사무(일반)** : 제한 없음
- **토목/건축/전기/통신/기계** : 해당 분야 산업기사 이상 자격증 보유자

◇ 필기전형

구분	직렬	내용
직업기초능력평가 (50%)	사무직	의사소통능력, 수리능력, 문제해결능력, 자원관리능력, 조직이해능력
	기술직	의사소통능력, 수리능력, 문제해결능력, 자원관리능력, 기술능력
직무수행능력평가 (50%)	사무직(일반)	경영, 법정 시험분야 중 택 1, 출제과목 통합시험
	사무직(부동산)	해당 직무 출제과목 통합시험
	기술직	해당 직렬(직무)별 출제과목 통합시험
	[고졸] 사무직	난이도를 고려하여 고졸 수준으로 출제

※ 기술직 : 토목직, 건축직, 전기직(전철전력, 신호), 통신직, 기계직

◇ 면접전형

구분	내용
직업기초능력 면접 (60%)	• 인성 등 직업인이 갖추어야 할 기초능력 평가 • 평가항목 : 의사소통능력, 직업윤리, 조직적응력, 자기개발능력, 문제해결능력 등
직무수행능력 면접 (40%)	• 직무수행에 요구되는 지식, 기술, 태도 평가 • 평가항목 : 직렬별 필요지식, 기술, 태도 등

❖ 위 채용 안내는 2025년 채용공고를 기준으로 작성하였으므로 세부사항은 확정된 채용공고를 확인하기 바랍니다.

2025년 기출분석 ANALYSIS

총평

국가철도공단 필기전형은 모듈형 문제의 비중이 높은 피듈형으로 출제되었으며, 난이도가 평이했지만 시간은 부족했다는 후기가 많았다. 의사소통능력의 경우 보고서 작성법이나 경청에 대한 문제가 출제되었으므로 모듈 이론에 대한 대비가 필요하다. 수리능력의 경우 응용 수리 문제가 다수 출제되었기 때문에 다양한 응용 수리 문제들을 풀어보며 풀이법을 습득하는 것이 중요하다. 또한, 자료 이해 문제에서 대다수의 수험생들이 까다로웠고 시간이 오래 걸렸다고 한만큼 시간 안에 해당 유형을 빠르게 푸는 전략을 세우는 것이 필요하다.

◇ 영역별 출제 비중

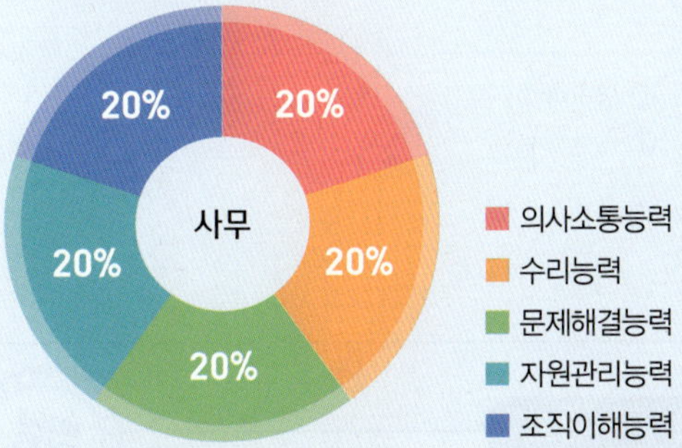

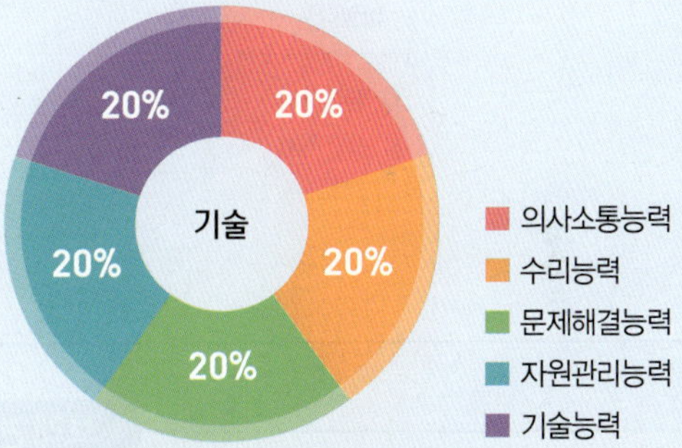

구분	출제 특징	출제 키워드
의사소통능력	• 모듈형 문제가 출제됨	• 보고서 작성, 경청 등
수리능력	• 응용 수리 문제가 출제됨 • 자료 이해 문제가 출제됨	• 일을 끝내는 데 걸리는 시간 등
문제해결능력	• 모듈형 문제가 출제됨 • 사고력 문제가 출제됨	• 주어진 직육면체에 붙일 타일의 수 등 • 퍼실리테이션, 브레인스토밍 등
자원관리능력	• 모듈형 문제가 출제됨 • 시간 관리 문제가 출제됨	• 부서별 비품 보유 현황, 조건에 맞추어 구매할 물건 등
조직이해능력(사무)	• 모듈형 문제가 출제됨 • 국제 동향 문제가 출제됨	• 국제 매너, 비즈니스 매너 등
기술능력(기술)	• 모듈형 문제가 출제됨 • 기술 이전 문제가 출제됨	• 후원, 챔피언 등

국가철도공단

경청 ▶ 유형

2025년 적중

01 A씨 부부는 대화를 하다 보면 사소한 다툼으로 이어지곤 한다. A씨의 아내는 A씨가 자신의 이야기를 제대로 들어주지 않기 때문이라고 생각한다. 다음 사례에 나타난 A씨의 경청을 방해하는 습관은 무엇인가?

> A씨의 아내가 남편에게 직장에서 업무 실수로 상사에게 혼난 일을 이야기하자 A씨는 "항상 일을 진행하면서 꼼꼼하게 확인하라고 했잖아요. 당신이 일을 처리하는 방법이 잘못됐어요. 다음부터는 일을 하기 전에 미리 계획을 세우고 체크리스트를 작성해보세요."라고 이야기했다. A씨의 아내는 이런 대답을 듣자고 이야기한 것이 아니라며 더 이상 이야기하고 싶지 않다고 말하며 밖으로 나가 버렸다.

① 짐작하기 ② 걸러내기
③ 판단하기 ④ 조언하기

브레인스토밍 ▶ 키워드

2025년 적중

※ 다음 글을 읽고 이어지는 질문에 답하시오. **[3~4]**

> 이혜민 사원은 급하게 ㉠ 상사와 통화를 원하는 외부전화를 받았다. 상사는 현재 사내 상품개발팀과 신제품개발 아이디어 수집에 대해 전화회의를 하고 있다. 상대방의 양해를 얻어 전화를 대기시키고 ㉡ 메모지에 내용을 적어 통화 중인 상사에게 전하고 잠시 기다렸다. 통화 중인 상사는 이혜민 사원에게 전화를 ㉢ 받을 수 없다는 손짓을 하고, 메모지에 ㉣ '나중에 통화'라고 적었다. 이혜민 사원은 상사의 뜻을 전하고 ㉤ 전화번호를 물어보았다. 잠시 후 상품개발팀장과 통화를 끝낸 상사는 이혜민 사원에게 다음과 같이 지시하였다. "㉥ 다음 주에 약 12명이 모여 신상품 아이디어에 대한 브레인스토밍 회의를 할 겁니다. 화요일을 제외하고 날짜를 잡아 팀장과 의논해서 준비하세요."

03 의사전달 매체를 말, 글, 비언어적 수단 등으로 구분할 때, 다음 중 밑줄 친 ㉠~㉤에서 같은 매체로 짝지어진 것은?

① ㉠, ㉢ ② ㉡, ㉣
③ ㉡, ㉤ ④ ㉢, ㉣

코레일 한국철도공사

교통사고 ▶ 키워드

2025년 적중

※ 다음은 K국의 교통사고 사상자 2,500명에 대해 조사한 자료이다. 이어지는 질문에 답하시오. [3~4]

〈교통사고 현황〉

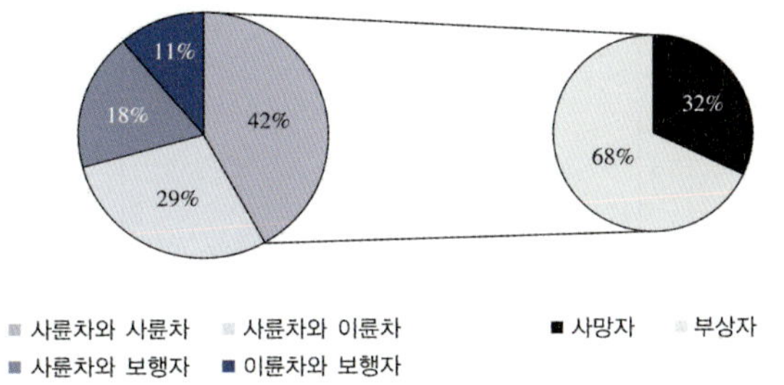

※ 사상자 수와 가해자 수는 같다.

〈교통사고 가해자 연령〉

구분	20대	30대	40대	50대	60대 이상
비율	38%	21%	11%	8%	( )

※ 교통사고 가해자 연령 비율의 합은 100%이다.

지하철 요금 ▶ 키워드

2025년 적중

※ 수원에 사는 H대리는 가족들과 가평으로 여행을 가기로 하였다. 다음은 가평을 가기 위한 대중교통수단별 운행요금 및 소요시간과 자가용 이용 시 현황에 대한 자료이다. 이어지는 질문에 답하시오. [26~28]

〈대중교통수단별 운행요금 및 소요시간〉

구분	운행요금			소요시간		
	수원역 ~ 서울역	서울역 ~ 청량리역	청량리역 ~ 가평역	수원역 ~ 서울역	서울역 ~ 청량리역	청량리역 ~ 가평역
기차	2,700원	-	4,800원	32분	-	38분
버스	2,500원	1,200원	3,000원	1시간 16분	40분	2시간 44분
지하철	1,850원	1,250원	2,150원	1시간 03분	18분	1시간 17분

※ 운행요금은 어른 편도 요금이다.

〈자가용 이용 시 현황〉

구분	통행료	소요시간	거리
A길	4,500원	1시간 49분	98.28km
B길	4,400원	1시간 50분	97.08km
C길	6,600원	1시간 49분	102.35km

※ 거리에 따른 주유비는 124원/km이다.

조건

• H대리 가족은 어른 2명, 아이 2명이다.

학습플랜 STUDY PLAN

1일 차 학습플랜 1일 차 기출응용 모의고사

____월 ____일		
의사소통능력	수리능력	문제해결능력
자원관리능력	조직이해능력	기술능력

2일 차 학습플랜 2일 차 기출응용 모의고사

____월 ____일		
의사소통능력	수리능력	문제해결능력
자원관리능력	조직이해능력	기술능력

3일 차 학습플랜 3일 차 기출응용 모의고사

___월 ___일		
의사소통능력	수리능력	문제해결능력
자원관리능력	조직이해능력	기술능력

4일 차 학습플랜 4일 차 기출응용 모의고사

___월 ___일		
의사소통능력	수리능력	문제해결능력
자원관리능력	조직이해능력	기술능력

취약영역 분석 WEAK POINT

1일 차 취약영역 분석

시작 시간	:	종료 시간	:
풀이 개수	개	못 푼 개수	개
맞힌 개수	개	틀린 개수	개
취약영역 / 유형			
2일 차 대비 개선점			

2일 차 취약영역 분석

시작 시간	:	종료 시간	:
풀이 개수	개	못 푼 개수	개
맞힌 개수	개	틀린 개수	개
취약영역 / 유형			
3일 차 대비 개선점			

3일 차 취약영역 분석

시작 시간	:	종료 시간	:
풀이 개수	개	못 푼 개수	개
맞힌 개수	개	틀린 개수	개
취약영역 / 유형			
4일 차 대비 개선점			

4일 차 취약영역 분석

시작 시간	:	종료 시간	:
풀이 개수	개	못 푼 개수	개
맞힌 개수	개	틀린 개수	개
취약영역 / 유형			
시험일 대비 개선점			

이 책의 차례 CONTENTS

문제편 국가철도공단 NCS

해설편 정답 및 해설

1일 차
기출응용 모의고사

〈문항 및 시험시간〉

영역	문항 수	시험시간	모바일 OMR 답안채점 / 성적분석 서비스
[공통] 의사소통능력+수리능력+ 문제해결능력+자원관리능력 [사무직] 조직이해능력 [기술직] 기술능력	50문항	50분	사무직 기술직

국가철도공단 NCS

1일 차 기출응용 모의고사

문항 수 : 50문항
시험시간 : 50분

| 01 | 공통

01 다음 문장을 논리적 순서대로 바르게 나열한 것은?

(가) 그렇지만 그러한 위험을 감수하면서 기술 혁신에 도전했던 기업가와 기술자의 노력 덕분에 산업의 생산성은 지속적으로 향상되었고, 지금 우리는 그 혜택을 누리고 있다.
(나) 산업 기술은 적은 비용으로 더 많은 생산이 가능하도록 제조 공정의 효율을 높이는 방향으로 발전해 왔다.
(다) 기술 혁신의 과정은 과다한 비용 지출이나 실패의 위험이 도사리고 있는 험난한 길이기도 하다.
(라) 이러한 기술 발전은 제조 공정의 일부를 서로 결합함으로써 대폭적인 비용 절감을 가능하게 하는 기술 혁신을 통하여 이루어진다.

① (나) – (다) – (가) – (라)
② (나) – (라) – (다) – (가)
③ (다) – (나) – (가) – (라)
④ (다) – (라) – (가) – (나)

02 다음 중 밑줄 친 부분의 맞춤법이 옳지 않은 것은?

① 쉬이 넘어갈 문제가 아니다.
② 가정을 소홀히 해서는 안 된다.
③ 소파에 깊숙이 기대어 앉았다.
④ 헛기침이 간간히 섞여 나왔다.

11 다음은 일정한 규칙으로 나열한 수열이다. 빈칸에 들어갈 알맞은 수는?

3	8	25	4	5	21	5	6	( )

① 28
② 29
③ 30
④ 31

12 다음은 주중과 주말 교통상황에 대한 자료이다. 〈보기〉에서 옳은 것을 모두 고르면?

〈주중 · 주말 예상 교통량〉

(단위 : 만 대)

구분	전국	수도권 → 지방	지방 → 수도권
주말 교통량	490	50	51
주중 교통량	380	42	35

〈대도시 간 예상 최대 소요시간〉

구분	서울 – 대전	서울 – 부산	서울 – 광주	서울 – 강릉	남양주 – 양양
주말	2시간 40분	5시간 40분	4시간 20분	3시간 20분	2시간 20분
주중	1시간 40분	4시간 30분	3시간 20분	2시간 40분	1시간 50분

보기

ㄱ. 대도시 간 예상 최대 소요시간은 모든 구간에서 주중이 주말보다 적게 걸린다.
ㄴ. 주중 전국 교통량 중 수도권에서 지방으로 가는 교통량의 비율은 10% 이상이다.
ㄷ. 지방에서 수도권으로 가는 주말 예상 교통량은 주중 예상 교통량보다 30% 미만으로 많다.
ㄹ. 서울 – 광주 구간 주중 소요시간은 서울 – 강릉 구간 주말 소요시간과 같다.

① ㄱ, ㄴ
② ㄴ, ㄷ
③ ㄱ, ㄴ, ㄷ
④ ㄱ, ㄴ, ㄹ

13 다음은 전 세계 초콜릿 수·출입 추이와 2023년 5개국 수·출입 추이에 대한 자료이다. 이에 대한 설명으로 옳지 않은 것은?

〈전 세계 초콜릿 수·출입 추이〉

(단위 : 천 달러, 톤)

구분	수출금액	수입금액	수출중량	수입중량
2020년	24,351	212,579	2,853	30,669
2021년	22,684	211,438	2,702	31,067
2022년	22,576	220,479	3,223	32,973
2023년	18,244	218,401	2,513	32,649

〈2023년 5개국 초콜릿 수·출입 추이〉

(단위 : 천 달러, 톤)

구분	수출금액	수입금액	수출중량	수입중량
미국	518	39,090	89.9	6,008.9
중국	6,049	14,857	907.2	3,624.4
말레이시아	275	25,442	15.3	3,530.4
싱가포르	61	12,852	12.9	3,173.7
독일	1	18,772	0.4	2,497.4

※ (무역수지)=(수출금액)−(수입금액)

① 2020 ~ 2023년 동안 전 세계 수출금액은 매년 감소했고, 수출중량 추이는 감소와 증가를 반복했다.

② 2023년 5개국 수입금액 총합은 전체 수입금액의 45% 이상 차지한다.

③ 전 세계 초콜릿 무역수지는 2021년부터 2023년까지 매년 전년 대비 감소했다.

④ 2023년 5개 국가를 종합해 보았을 때 수입중량이 클수록 수입금액도 높아진다.

14 도매가가 100원인 상품이 있다. 도매가에서 20% 이윤을 붙여 판매가를 책정했다가 이후에 다시 판매가에 30%를 할인했다면 도매가를 기준으로 손실을 본 금액은?

① 84원
② 16원
③ 74원
④ 32원

15 신입사원 A는 집에서 거리가 10km 떨어진 회사에 근무하고 있다. 출근할 때는 자전거를 타고 1시간이 걸린다. 퇴근할 때는 회사에서 4km 떨어진 헬스장에 들렀다가 운동 후 7km 거리를 이동하여 집에 도착한다. 퇴근할 때 회사에서 헬스장까지 30분, 헬스장에서 집까지 1시간 30분이 걸린다면 신입사원 A가 출·퇴근하는 평균속력은 몇 km/h인가?

① 5km/h
② 6km/h
③ 7km/h
④ 8km/h

16 흰색 탁구공 7개와 노란색 탁구공 5개가 들어 있는 주머니에서 4개의 탁구공을 동시에 꺼낼 때, 흰색 탁구공이 노란색 탁구공보다 많을 확률은?

① $\frac{10}{33}$
② $\frac{14}{33}$
③ $\frac{17}{33}$
④ $\frac{20}{33}$

17 다음은 6개 축구팀의 경기 대진표이다. 대진표에 축구팀을 배치하는 방법은 총 몇 가지인가?

〈6개 축구팀 대진표〉

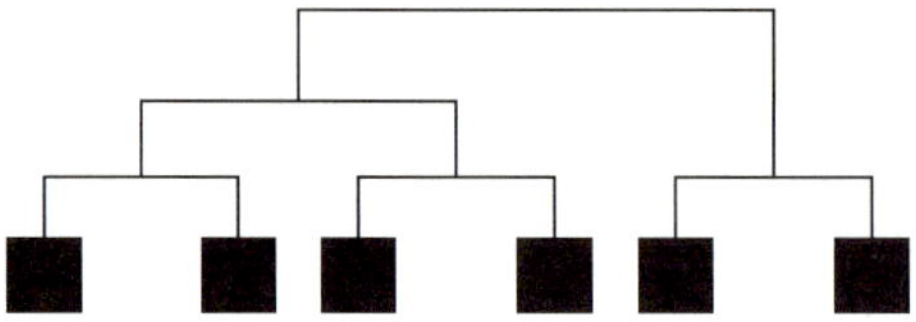

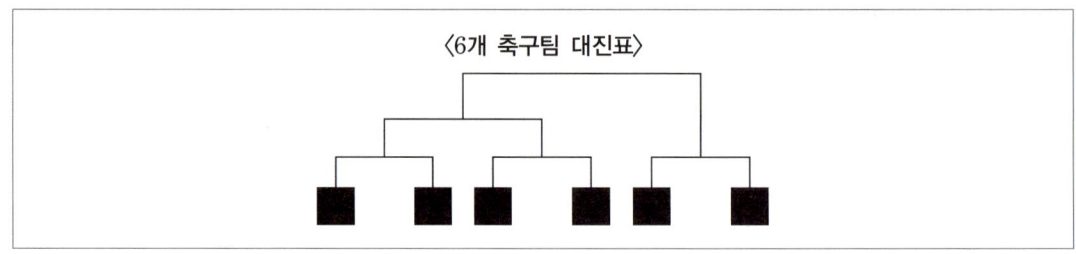

① 16가지
② 36가지
③ 45가지
④ 52가지

18 다음은 헌혈인구 및 개인헌혈 비율에 대한 자료이다. 이에 대한 설명으로 옳은 것을 〈보기〉에서 모두 고르면?(단, 변화율은 절댓값으로 비교한다)

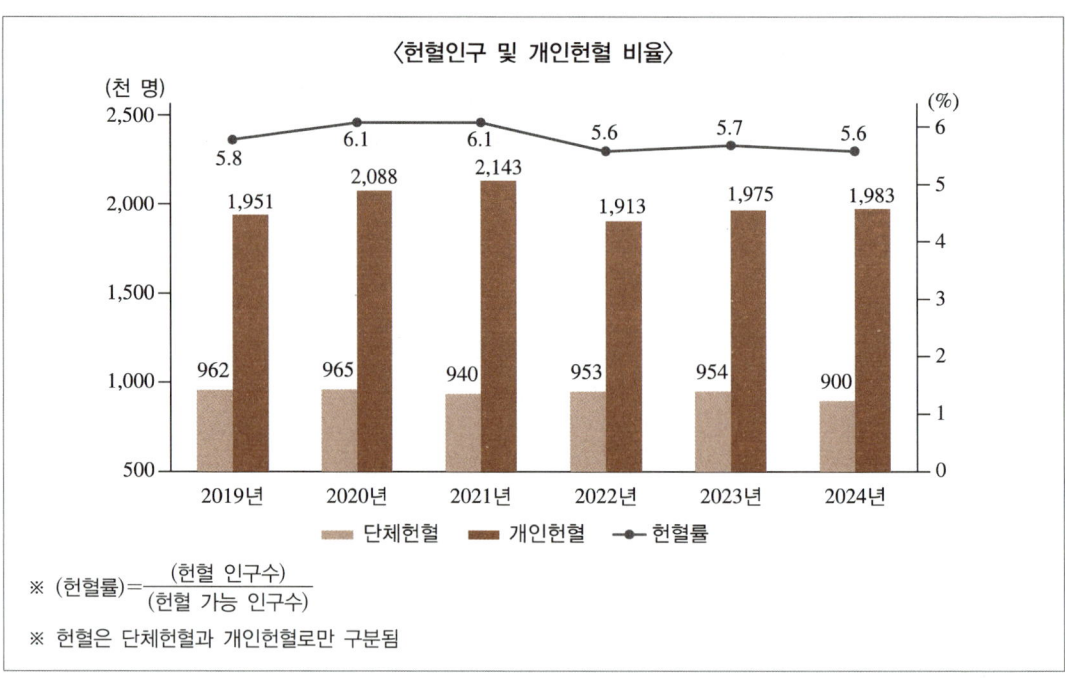

〈헌혈인구 및 개인헌혈 비율〉

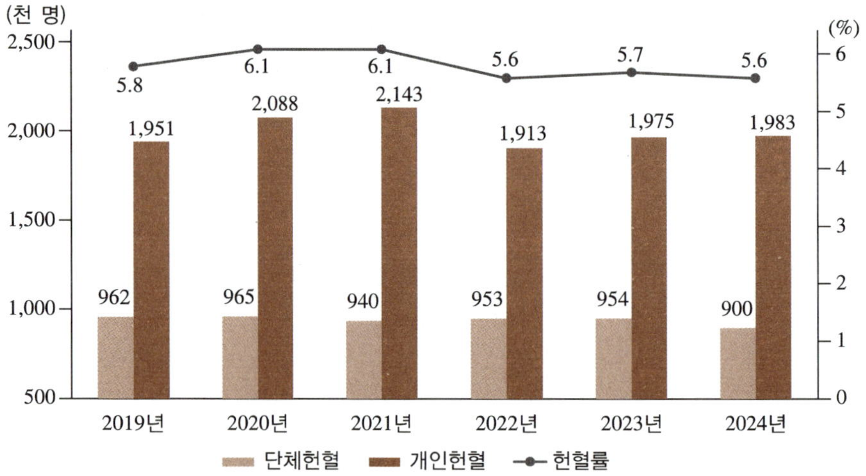

※ (헌혈률)=$\frac{\text{(헌혈 인구수)}}{\text{(헌혈 가능 인구수)}}$

※ 헌혈은 단체헌혈과 개인헌혈로만 구분됨

보기

ㄱ. 전체헌혈 중 단체헌혈이 차지하는 비율은 조사기간 중 매년 20%를 초과한다.
ㄴ. 2020년부터 2023년 중 전년 대비 단체헌혈의 증감률의 절댓값이 가장 큰 해는 2021년이다.
ㄷ. 2021년 대비 2022년 개인헌혈의 감소율은 25% 이상이다.
ㄹ. 2022년부터 2024년까지 개인헌혈과 헌혈률은 전년 대비 증감 추이가 동일하다.

① ㄱ, ㄴ
② ㄱ, ㄹ
③ ㄴ, ㄷ
④ ㄷ, ㄹ

19 다음 글을 그래프로 바르게 변환한 것은?

> 2024년을 기준으로 신규 투자액은 평균 43.48백만 원으로 나타났으며, 유지보수 비용은 평균 32.29백만 원을 사용한 것으로 나타났다. 반면, 2025년 예상 투자액의 경우 신규투자는 10.93백만 원 감소한 x원으로 예상하였으며, 유지보수 비용의 경우 0.11백만 원 증가한 y원으로 예상하고 있다.

①

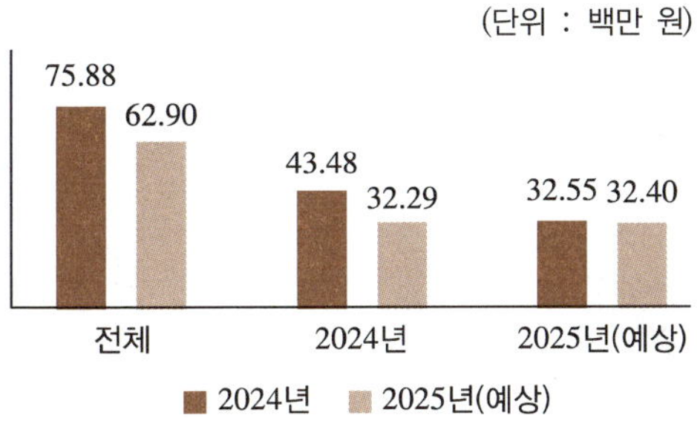

②

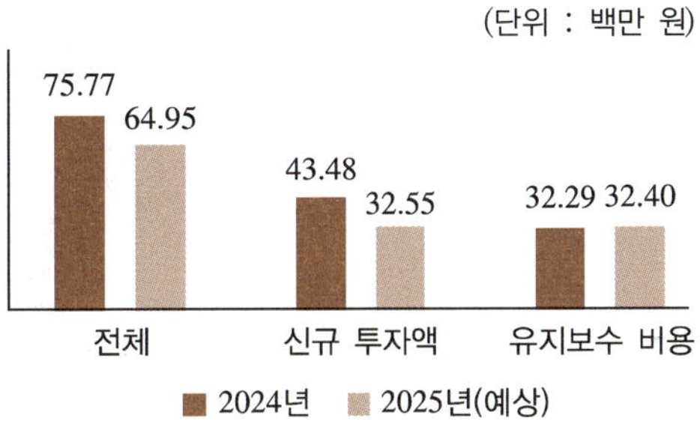

③

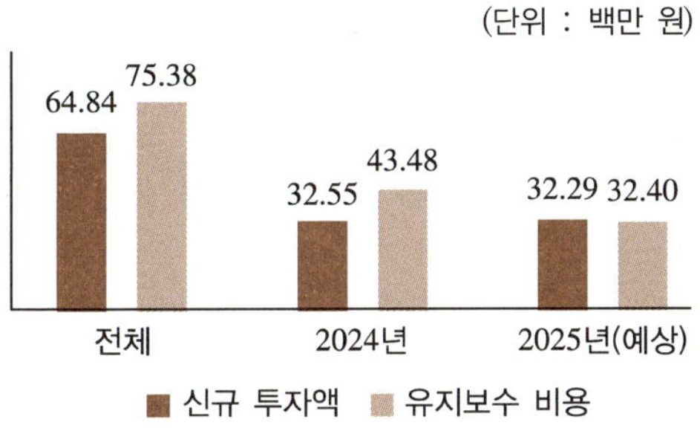

④

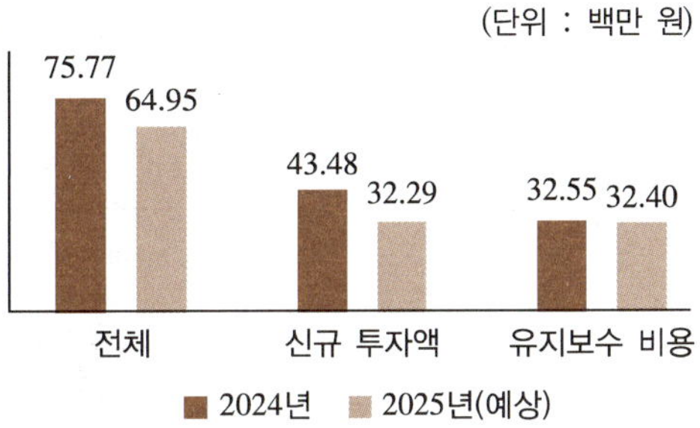

20 다음은 국가별 크루즈 외래객 점유율에 대한 자료이다. 〈보기〉에서 옳은 것을 모두 고르면?

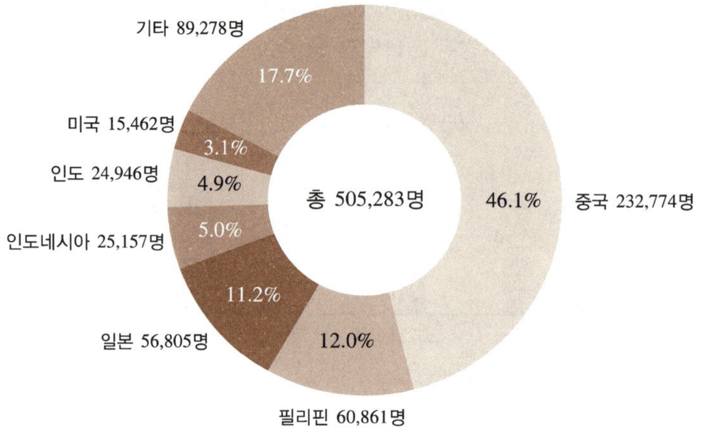

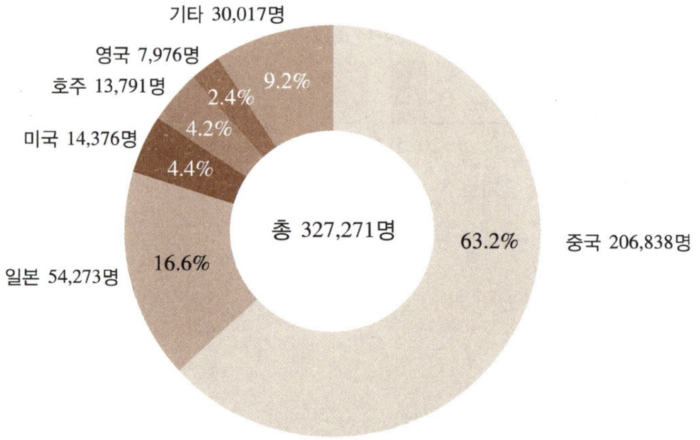

보기

ㄱ. 전체 크루즈 방한객의 수와 한국발 크루즈 탑승객 수의 국가별 순위는 동일하다.
ㄴ. 미국의 크루즈 방한객 수 대비 미국의 한국발 크루즈 탑승객 수의 비율은 85% 이상이다.
ㄷ. 필리핀의 크루즈 방한객 수는 필리핀의 한국발 크루즈 탑승객 수의 최소 8배 이상이다.
ㄹ. 영국의 한국발 크루즈 탑승객의 수는 일본의 한국발 크루즈 탑승객의 수의 20% 미만이다.

① ㄱ, ㄴ　　② ㄱ, ㄷ
③ ㄴ, ㄷ　　④ ㄴ, ㄹ

21 다음은 국내 원자력 산업에 대한 SWOT 분석 결과이다. 〈보기〉 중 SWOT 분석에 의한 경영전략으로 적절하지 않은 것을 모두 고르면?

〈국내 원자력 산업에 대한 SWOT 분석 결과〉

구분	분석 결과
강점(Strength)	• 우수한 원전 운영 기술력 • 축적된 풍부한 수주 실적
약점(Weakness)	• 낮은 원전 해체 기술 수준 • 안전에 대한 우려
기회(Opportunity)	• 해외 원전 수출 시장의 지속적 확대 • 폭염으로 인한 원전 효율성 및 필요성 부각
위협(Threat)	• 현 정부의 강한 탈원전 정책 기조

보기

㉠ 뛰어난 원전 기술력을 바탕으로 동유럽 원전 수출 시장에서 우위를 점하는 것은 SO전략으로 적절하다.
㉡ 안전성을 제고하여 원전 운영 기술력을 향상시키는 것은 WO전략으로 적절하다.
㉢ 우수한 기술력과 수주 실적을 바탕으로 국내 원전 사업을 확장하는 것은 ST전략으로 적절하다.
㉣ 안전에 대한 우려가 있는 만큼, 안전점검을 강화하고 당분간 정부의 탈원전 정책 기조에 협조하는 것은 WT전략으로 적절하다.

① ㉠, ㉡
② ㉠, ㉢
③ ㉡, ㉢
④ ㉡, ㉣

※ 다음은 K사의 생산 제품 번호 할당 규칙이다. 이어지는 질문에 답하시오. [22~24]

〈규칙〉

- 알파벳 a ~ z를 숫자 1, 2, 3, …으로 변환한 후 다음 단계에 따라 제품 번호를 구한다.
  1단계 : 제품에 설정된 임의의 영단어를 숫자로 변환한 값의 합을 구한다.
  2단계 : 임의의 단어 속 모음의 합의 제곱 값을 모음의 개수로 나눈다. 이 값이 정수가 아닐 경우, 소수점 첫째 자리에서 버림한 값을 취한다.
  3단계 : 1단계의 값과 2단계의 값을 더한다.

22 제품에 설정된 임의의 영단어가 'abroad'일 경우, 이 제품의 번호로 옳은 것은?

① 110
② 137
③ 311
④ 330

23 제품에 설정된 임의의 영단어가 'positivity'일 경우, 이 제품의 번호로 옳은 것은?

① 605
② 819
③ 1764
④ 1928

24 제품에 설정된 임의의 영단어가 'endeavor'일 경우, 이 제품의 번호로 옳은 것은?

① 110
② 169
③ 253
④ 676

25 **다음 중 환경분석의 주요 기법으로, 사업 환경을 구성하고 있는 자사, 경쟁사, 고객에 대한 체계적인 분석 기법은?**

① SWOT 분석
② 3C 분석
③ MECE 사고
④ SMART 기법

26 **다음 글을 바탕으로 표에서 나타날 수 있는 결과로 옳은 것은?**

'투표거래'란 과반수를 달성하지 못하는 집단이 과반수를 달성하기 위하여 표(Vote)를 거래하는 것을 말한다. 예를 들어 갑, 을, 병 세 사람이 대안을 선택하는 경우를 생각해 보자. 하나의 대안을 대상으로 과반수 투표를 하는 경우 갑, 을, 병 3명은 모두 자신에게 돌아오는 순편익이 양(+)의 값을 갖는 대안에만 찬성한다. 그러나 투표거래를 하는 경우에는 자신이 원하는 대안이 채택되는 대가로 순편익이 양(+)의 값을 갖지 않는 대안을 지지할 수 있다. 즉, 갑은 자신이 선호하는 대안을 찬성해 준 을에게 그 대가로 자신은 선호하지 않으나 을이 선호하는 대안을 찬성해 주는 것이 투표거래이다.

순편익 \ 대안	A대안	B대안	C대안	D대안	E대안
갑의 순편익	200	−40	−120	200	−40
을의 순편익	−50	150	−160	−110	150
병의 순편익	−55	−30	400	−105	−120
전체 순편익	95	80	120	−15	−10

① 투표거래를 하지 않는 과반수 투표의 경우에도 A대안, B대안, C대안은 채택될 수 있다.
② 갑과 을이 투표거래를 한다면 A대안과 C대안이 채택될 수 있다.
③ 갑, 을, 병이 투표거래를 한다면 A대안, B대안, C대안, D대안, E대안 모두 채택될 수 있다.
④ D대안과 E대안이 채택되기 위해서는 을과 병이 투표거래를 해야 한다.

27 K공사는 직원들의 여가를 위해 하반기 동안 다양한 프로그램을 운영하고자 한다. 운영할 프로그램은 수요도 조사 결과를 통해 결정된다. 다음 〈조건〉에 따라 프로그램을 선정할 때, 운영될 프로그램으로 바르게 짝지어진 것은?

〈프로그램 후보별 수요도 조사 결과〉

분야	프로그램명	인기 점수	필요성 점수
운동	강변 자전거 타기	6	5
진로	나만의 책 쓰기	5	7
여가	자수교실	4	2
운동	필라테스	7	6
교양	독서토론	6	4
여가	볼링모임	8	3

※ 수요도 조사에는 전 직원이 참여하였음

조건

- 수요도는 인기 점수와 필요성 점수에 가점을 적용한 후, 2 : 1의 가중치에 따라 합산하여 판단한다.
- 각 프로그램의 인기 점수와 필요성 점수는 10점 만점으로 하여 전 직원이 부여한 점수의 평균값이다.
- 운영 분야에 하나의 프로그램만 있는 경우, 그 프로그램의 필요성 점수에 2점을 가산한다.
- 운영 분야에 복수의 프로그램이 있는 경우, 분야별로 필요성 점수가 가장 낮은 프로그램은 후보에서 탈락시킨다.
- 수요도 점수가 동점일 경우, 인기 점수가 높은 프로그램을 우선시한다.
- 수요도 점수가 가장 높은 2개의 프로그램을 선정한다.

① 강변 자전거 타기, 볼링모임
② 나만의 책 쓰기, 필라테스
③ 자수교실, 독서토론
④ 필라테스, 볼링모임

28 다음은 K공장에서 제조하는 화장품 용기의 일련번호 구성요소를 나타낸 자료이다. 일련번호는 '형태 – 용량 – 용기 높이– 재질 – 용도' 순서로 표시할 때, 〈보기〉의 제품 정보 중 일련번호로 옳지 않은 것은?

〈일련번호 구성요소〉

형태	기본형		단지형	튜브형
	CR		SX	TB
용량	100mL 이하		150mL 이하	150mL 초과
	K		Q	Z
용기 높이	4cm 미만	8cm 미만	15cm 미만	15cm 이상
	040	080	150	151
재질	유리		플라스틱 A	플라스틱 B
	G1		P1	P2
용도	스킨	토너	에멀젼	크림
	S77	T78	E85	C26

보기

〈제품 정보〉

ㄱ. A화장품 토너 기본형 용기로 높이는 14cm이며, 유리로 만들어졌다.
ㄴ. 용량이 100mL인 플라스틱 튜브형 크림은 용기 높이가 약 17cm이다.
ㄷ. 특별 프로모션으로 나온 K회사 화장품 에멀젼은 150mL의 유리 용기에 담겨있다.
ㄹ. B코스메틱의 스킨은 200mL로 플라스틱 B 기본형 용기에 들어있다.

① TBK151P2C26
② CRZ150P1S77
③ CRQ080G1E85
④ CRZ150G1T78

29 K사는 최근 새로운 건물로 이사하면서 팀별 층 배치를 변경하기로 하였다. 층 배치 변경 사항과 현재 층 배치가 다음과 같을 때, 이사 후 층 배치에 대한 설명으로 옳지 않은 것은?

〈층 배치 변경 사항〉

- 인사팀과 생산팀이 위치한 층 사이에 1개의 팀을 배치합니다.
- 연구팀과 영업팀은 기존 층보다 아래층으로 배치합니다.
- 총무팀은 6층에 배치합니다.
- 탕비실은 4층에 배치합니다.
- 생산팀은 연구팀보다 높은 층에 배치합니다.
- 전산팀은 2층에 배치합니다.

〈현재 층 배치도〉

층수	부서
7층	전산팀
6층	영업팀
5층	연구팀
4층	탕비실
3층	생산팀
2층	인사팀
1층	총무팀

① 생산팀은 7층에 배치될 수 있다.
② 인사팀은 5층에 배치될 수 있다.
③ 영업팀은 3층에 배치될 수 있다.
④ 생산팀은 3층에 배치될 수 있다.

30 갑은 키보드를 이용해 숫자를 계산하는 과정에서 키보드의 숫자 배열을 휴대폰의 숫자 배열로 착각하고 숫자를 입력하였다. 휴대폰과 키보드의 숫자 배열이 다음과 같다고 할 때, 〈보기〉에서 옳은 것을 모두 고르면?

〈휴대폰의 숫자 배열〉

1	2	3
4	5	6
7	8	9
@	0	#

〈키보드의 숫자 배열〉

7	8	9
4	5	6
1	2	3
0		.

보기

ㄱ. '46×5'의 계산 결과는 올바르게 산출되었다.
ㄴ. '$789+123$'의 계산 결과는 올바르게 산출되었다.
ㄷ. '$159+753$'의 계산 결과는 올바르게 산출되었다.
ㄹ. '$753+951$'의 계산 결과는 올바르게 산출되었다.
ㅁ. '$789-123$'의 계산 결과는 올바르게 산출되었다.

① ㄱ, ㄴ, ㄷ
② ㄱ, ㄴ, ㄹ
③ ㄱ, ㄷ, ㅁ
④ ㄴ, ㄷ, ㄹ

31 다음 〈조건〉은 K공단 A대리의 해외 출장 이동 계획이다. 연착 없이 계획대로 출장지에 도착했다면, 도착했을 때의 현지 시각은?

보기

- 서울 시각으로 5일 오후 1시 35분에 출발하는 비행기를 타고, 경유지 한 곳을 거쳐 출장지에 도착한다.
- 경유지는 서울보다 1시간 빠르고, 출장지는 경유지보다 2시간 느리다.
- 첫 번째 비행은 3시간 45분이 소요된다.
- 경유지에서 3시간 50분을 대기하고 출발한다.
- 두 번째 비행은 9시간 25분이 소요된다.

① 오전 5시 35분
② 오전 6시
③ 오후 5시 35분
④ 오후 6시

32 K사 홍보팀은 내년 자사 상품의 홍보를 위해 포스터, 다이어리, 팸플릿, 도서를 제작하려고 한다. 인쇄 및 제본 가격이 가격표와 같고 홍보팀에서 구성하려는 샘플 상품이 〈보기〉와 같을 때, 가격이 가장 저렴한 샘플 상품은?

〈가격표〉

(단위 : 원)

크기	1장 인쇄 가격	포스터	다이어리	팸플릿	도서	제본
A1	100	+40	제작 불가	제작 불가	제작 불가	+150
A2	80	+35	제작 불가	+70	제작 불가	+100
A3	60	+30	+20	+60	+20	+90
A4	50	+25	+15	+50	+10	+70
A5	40	+20	+10	+40	+5	+50
A6	20	+15	+5	+30	제작 불가	+30
A7	10	+10	제작 불가	+20	제작 불가	+20

※ 1장 인쇄 가격을 기본으로 제작하는 상품의 종류 및 특징에 따라 가격이 추가됨
※ 도서는 100매가 1권으로 제본 비용은 권수마다 추가됨
※ 포스터, 다이어리, 팸플릿의 경우 제본 비용은 장수에 상관없이 한 번만 추가됨

보기

상품	포스터			다이어리			팸플릿			도서		
	크기	매수	제본	크기	매수	제본	크기	매수	제본	크기	매수	제본
A상품	A3	10	○	A4	40	○	A6	10	×	A3	700	×
B상품	A5	15	×	A5	60	○	A5	15	×	A3	600	○
C상품	A2	20	○	A6	80	×	A6	16	×	A4	800	×
D상품	A1	10	×	A3	50	×	A7	12	○	A5	900	○

① A상품
② B상품
③ C상품
④ D상품

33 **서울에 사는 A씨는 결혼기념일을 맞이하여 가족과 함께 KTX를 타고 부산으로 여행을 다녀왔다. A씨의 가족이 이번 여행에서 지불한 교통비는 모두 얼마인가?**

- A씨 부부에게는 만 6세인 아들, 만 3세인 딸이 있다.
- 갈 때는 딸을 무릎에 앉혀 갔고, 돌아올 때는 좌석을 구입했다.
- A씨의 가족은 일반석을 이용하였다.

〈KTX 좌석별 요금〉

구분	일반석	특실
가격	59,800원	87,500원

※ 만 4세 이상 13세 미만 어린이는 운임의 50%를 할인함
※ 만 4세 미만의 유아는 보호자 1명당 2명까지 운임의 75%를 할인함
(단, 유아의 좌석을 지정하지 않을 시 보호자 1명당 유아 1명의 운임을 받지 않음)

① 301,050원
② 307,000원
③ 313,850원
④ 313,950원

34 **다음 중 자원관리 단계에 대한 설명으로 적절하지 않은 것은?**

① 필요한 자원의 종류 확인 – 일반적으로 '시간, 예산, 물적자원, 인적자원'으로 구분하여 파악한다.
② 필요한 자원의 양 확인 – 필요한 자원이 얼마만큼 필요한지 구체적으로 파악한다.
③ 이용 가능한 자원 수집 – 필요한 양보다 여유 있게 자원을 확보한다.
④ 자원 활용 계획 수립 – 활동에 투입되는 자원의 희소성을 고려하여 계획을 수립한다.

35 K사 총무부 Z사원은 업무에 필요한 프린터를 구매할 예정이다. 프린터 성능별 가중치를 고려하여 점수가 가장 높은 프린터를 구매한다고 할 때, Z사원이 구매할 프린터는?

〈제품별 프린터 성능〉

구분	출력 가능 용지 장수	출력 속도	인쇄 해상도
A프린터	5,500장	10ppm	500dpi
B프린터	7,300장	7ppm	900dpi
C프린터	4,700장	15ppm	600dpi
D프린터	10,000장	11ppm	400dpi

〈프린터 성능 점수표〉

출력 가능 용지 장수	출력 속도	인쇄 해상도	점수
4,000장 미만	10ppm 미만	500dpi 미만	60점
4,000장 이상 5,000장 미만	10ppm 이상 13ppm 미만	500dpi 이상 700dpi 미만	70점
5,000장 이상 6,000장 미만	13ppm 이상 15ppm 미만	700dpi 이상 900dpi 미만	80점
6,000장 이상 7,000장 미만	15ppm 이상 18ppm 미만	900dpi 이상 1,200dpi 미만	90점
7,000장 이상	18ppm 이상	1,200dpi 이상	100점

※ 프린터 성능 점수는 출력 가능 용지 점수, 출력 속도, 인쇄 해상도 별로 따로 부여됨

〈프린터 성능 가중치〉

출력 가능 용지 장수	출력 속도	인쇄 해상도
50%	30%	20%

① A프린터
② B프린터
③ C프린터
④ D프린터

36 지우네 가족은 명절을 맞아 할머니 댁을 가기로 하였다. 교통편별 비용 금액 및 세부사항을 참고하여 다음 〈조건〉에 맞는 교통편을 고를 때, 교통편과 그에 따라 지불해야 할 총교통비는?

〈교통편별 비용 및 세부사항〉

구분	1인당 왕복 금액	걸리는 시간	집과의 거리	비고
비행기	119,000원	45분	1.2km	3인 이상 총금액 3% 할인
E열차	134,000원	2시간 11분	0.6km	4인 가족 총금액 5% 할인
P버스	116,000원	2시간 25분	1.0km	−
K버스	120,000원	3시간 02분	1.3km	1,000원씩 할인 프로모션

※ 걸리는 시간은 편도기준이며, 집과의 거리는 집에서 교통편까지 거리임

조건

- 지우네 가족은 성인 4명이다.
- 집에서 교통편 타는 곳까지 1.2km 이내이다.
- 계획한 총교통비는 50만 원 이하이다.
- 왕복 시간은 5시간 이하이다.
- 가장 저렴한 교통편을 이용한다.

	교통편	총교통비
①	비행기	461,720원
②	비행기	461,620원
③	E열차	461,720원
④	P버스	464,000원

37 다음 〈보기〉와 K여행사 해외여행 상품 정보를 근거로 판단할 때, 세훈이 선택할 여행지는?

보기

인희 : 다음 달 셋째 주에 연휴던데, 그때 여행 갈 계획 있어?

세훈 : 응, 이번에는 꼭 가야지. 월요일, 수요일, 금요일이 공휴일이잖아. 그래서 화요일과 목요일에만 연차를 쓰면 앞뒤 주말 포함해서 최대 9일 연휴가 되더라고. 그런데 난 연차가 하루밖에 남지 않아서 그렇게 길게는 안 돼. 그래도 이번엔 꼭 해외여행을 갈 거야.

인희 : 어디로 갈 생각이야?

세훈 : 나는 어디로 가든 상관없는데 여행지에 도착할 때까지 비행기를 오래 타면 너무 힘들더라고. 그래서 편도로 총비행시간이 8시간 이내면서 직항 노선이 있는 곳으로 가려고.

인희 : 여행은 며칠 정도로 할 거야?

세훈 : 남은 연차를 잘 활용해서 주어진 기간 내에서 최대한 길게 다녀오려고 해. K여행사 해외여행 상품 중 하나를 정해서 다녀올 거야.

〈K여행사 해외여행 상품 정보〉

여행지	여행기간(한국시각 기준)	총비행시간(편도)	비행기 환승 여부
두바이	4박 5일	8시간	직항
모스크바	6박 8일	8시간	직항
방콕	4박 5일	7시간	1회 환승
홍콩	3박 4일	5시간	직항

① 두바이　　② 모스크바

③ 방콕　　④ 홍콩

38 당직 근무 일정표에 오류가 있어 1명을 옮겨 수정하려고 할 때, 다음 당직 근무 규칙을 고려하여 일정을 변경해야 하는 직원은?

〈당직 근무 규칙〉

- 낮에 2명, 야간에 2명은 항상 당직을 서야 하고, 더 많은 사람이 당직을 설 수도 있다.
- 낮과 야간을 합하여 하루에 최대 6명까지 당직을 설 수 있다.
- 같은 날에 낮과 야간 당직 근무는 함께 설 수 없다.
- 낮과 야간 당직을 합하여 주에 세 번 이상 다섯 번 미만으로 당직을 서야 한다.
- 월요일부터 일요일까지 모두 당직을 선다.

〈당직 근무 일정〉

직원	낮	야간	직원	낮	야간
가	월요일	수요일, 목요일	바	금요일, 일요일	화요일, 수요일
나	월요일, 화요일	수요일, 금요일	사	토요일	수요일, 목요일
다	화요일, 수요일	금요일, 일요일	아	목요일	화요일, 금요일
라	토요일	월요일, 수요일	자	목요일, 금요일	화요일, 토요일
마	월요일, 수요일	화요일, 토요일	차	토요일	목요일, 일요일

① 라
② 마
③ 바
④ 사

39 다음은 월요일 낮 12시부터 수요일 오후 6시까지 사천 연수원에서 진행되는 세미나에 참석해야 하는 A과장이 선택할 수 있는 교통수단별 시간과 금액에 대한 자료이다. A과장이 가장 저렴하게 교통을 이용할 수 있는 금액은?(단, 갈 때는 늦지 않게만 도착하면 되지만, 올 때는 최대한 일찍 서울로 올라와야 한다)

〈KTX〉

구분	월요일		수요일		가격
서울 → 사천	08:00 ~ 11:00	09:00 ~ 12:00	08:00 ~ 11:00	09:00 ~ 12:00	65,200원
사천 → 서울	16:00 ~ 19:00	20:00 ~ 23:00	16:00 ~ 19:00	20:00 ~ 23:00	66,200원 (10% 할인 가능)

※ 사천역에서 사천연수원까지 택시비는 22,200원이며, 30분이 걸림

〈비행기〉

구분	월요일		수요일		가격
서울 → 사천	08:00 ~ 09:00	09:00 ~ 10:00	08:00 ~ 09:00	09:00 ~ 10:00	105,200원
사천 → 서울	19:00 ~ 20:00	20:00 ~ 21:00	19:00 ~ 20:00	20:00 ~ 21:00	93,200원 (10% 할인 가능)

※ 사천공항에서 사천연수원까지 택시비는 21,500원이며, 30분이 걸림

① 168,280원
② 178,580원
③ 192,780원
④ 215,380원

40 K회사는 신규 사업을 위해 협력업체를 선정하려고 한다. 협력업체 후보 갑~병 중 총점이 가장 높은 업체를 선정한다고 할 때, 〈보기〉에서 잘못된 내용을 말하고 있는 사람은?

〈업체 평가 기준〉

• 평가항목과 배점비율

평가항목	품질	가격	직원규모	합계
배점비율	50%	40%	10%	100%

• 가격 점수

가격(만 원)	500 미만	500~549	550~599	600~649	650~699	700 이상
점수	100	98	96	94	92	90

• 직원규모 점수

직원규모(명)	100 초과	100~91	90~81	80~71	70~61	60 이하
점수	100	97	94	91	88	85

〈지원업체 정보〉

업체	품질 점수	가격	직원규모
갑	88	575만 원	93명
을	85	450만 원	95명
병	87	580만 원	85명

※ 품질 점수의 만점은 100점으로 함

보기

김대리 : 총점이 가장 높은 업체는 을이고, 가장 낮은 업체는 병이네요.
최부장 : 갑과 을은 직원규모가 다르지만 같은 점수를 얻었군.
박과장 : 갑이 현재보다 가격을 30만 원 더 낮게 제시한다면, 을보다 더 높은 총점을 얻을 수 있을 거야.
정대리 : 병이 현재보다 직원규모를 10명 더 늘린다면, 갑보다 더 높은 총점을 받을 수 있겠네요.

① 김대리
② 최부장
③ 박과장
④ 정대리

| 02 | 사무직

41 **다음 중 의사결정과정에 대한 설명으로 옳은 것은?**

① 확인단계는 의사결정이 필요한 문제를 인식하는 것으로, 외부환경의 변화나 내부에서 문제가 발생했을 시 이루어진다.
② 개발단계는 문제의 심각성에 따라 체계적으로 이루어지기도 하고 비공식적으로 이루어지기도 한다.
③ 진단단계는 기존 해결방법 중에서 새로운 문제의 해결방법을 찾는 탐색과정이다.
④ 선택단계는 의사결정자들이 모호한 해결방법만을 가지고 있기 때문에 다양한 의사결정기법을 통하여 시행착오를 거치면서 적합한 해결방법을 찾는 것이다.

42 **다음에서 설명하는 의사결정 방법으로 가장 적절한 것은?**

> 조직에서 의사결정을 하는 대표적인 방법으로 여러 명이 한 가지 문제를 놓고 아이디어를 비판 없이 제시하여 그중에서 최선책을 찾아내는 방법이다. 다른 사람이 아이디어를 제시할 때 비판하지 않고, 아이디어를 최대한 많이 공유하고 이를 결합하여 해결책을 마련한다.

① 만장일치
② 다수결
③ 브레인스토밍
④ 의사결정나무

43 **K사에 근무 중인 B차장은 새로운 사업을 실행하기에 앞서 설문조사를 하려고 한다. 델파이 기법을 이용하려고 할 때, 설문조사 순서를 바르게 나열한 것은?**

> 델파이 기법은 전문가들의 의견을 종합하기 위해 고안된 기법으로 불확실한 상황을 예측하고자 할 경우 사용하는 인문사회과학 분석기법 중 하나이다. 설문지로만 이루어지기 때문에 전문가들의 익명성이 보장되고, 반복적인 설문을 통해 얻은 반응을 수집·요약해 특정한 주제에 대한 전문가 집단의 합의를 도출하는 방식으로 진행된다.

① 설문지 제작 – 발송 – 회수 – 검토 후 결론 도출 – 결론 통보
② 설문지 제작 – 1차 대면 토론 – 중간 분석 – 2차 대면 토론 – 합의 도출
③ 설문지 제작 – 발송 – 회수 – 중간 분석 – 대면 토론 – 합의 도출
④ 설문지 제작 – 발송 – 회수 – 중간 분석 – 재발송 – 회수 – 합의 도출

44 **다음은 업무 효율성이 떨어진다고 느낀 D사원이 정리한 업무 방해 요인이다. 이에 대한 해결 방안으로 적절하지 않은 것은?**

〈업무 방해 요인〉 • 내부 메신저를 통해 동료와 잡담을 하는 일이 종종 있다. • 타 지점에서 오는 메일과 전화 응대로 개인 업무 시간을 뺏긴다. • 업무 진행 시 직속 상사와의 의견 불일치가 종종 발생한다. • 최근 퇴사한 사원들로 인해 업무과중 상태이다. • 매출압박에 대한 스트레스로 밤잠을 설쳐 늘 피곤한 상태이다.

① 동료가 말을 걸면 답해줘야 한다는 강박관념에서 벗어나기 위해 내부 메신저는 시간을 정해 놓고 필요할 때만 로그인한다.

② 메일에 대한 답장은 하루 중 시간을 정해서 하고, 전화 통화는 길게 할 필요가 있는 사항이 아니라면 3분 이내에 마무리한다.

③ 의견 불일치가 부정적인 것만은 아니라는 인식하에, 협상과 충분한 대화를 통한 의견 일치와 합리적인 해결점을 찾는다.

④ 시간대별로 업무를 효율적으로 분배하여 주어진 시간 안에 업무를 처리한다.

45 K대리는 인사팀 팀장으로 신입사원 공채의 면접관으로 참가하게 되었다. K대리의 회사는 조직 내 팀워크를 무엇보다도 중요하게 생각한다. K대리가 이 점을 고려하여 직원을 채용하려고 한다면 회사에 채용되기에 적절하지 않은 지원자는?

① A지원자 : 회사의 목표가 곧 제 목표라는 생각으로 모든 업무에 참여하겠습니다.
② B지원자 : 조직 내에서 반드시 필요한 일원이 되겠습니다.
③ C지원자 : 동료와 함께 부족한 부분을 채워 나간다는 생각으로 일하겠습니다.
④ D지원자 : 회사의 가치관과 제 생각이 다르다고 할지라도 수긍하는 자세로 일하겠습니다.

46 다음 중 대학생인 지수의 일과를 통해 알 수 있는 사실로 옳은 것은?

〈지수의 화요일 일과〉

- 지수는 오전 11시부터 오후 4시까지 수업이 있다.
- 수업이 끝나고 학교 앞 프랜차이즈 카페에서 아르바이트를 3시간 동안 한다.
- 아르바이트를 마친 후, NCS 공부를 하기 위해 스터디를 2시간 동안 한다.

① 비공식적이면서 소규모조직에서 3시간 있었다.
② 하루 중 공식조직에서 9시간 있었다.
③ 비영리조직이면서 대규모조직에서 5시간 있었다.
④ 영리조직에서 2시간 있었다.

47 **언어적 커뮤니케이션과 달리 상대국의 문화적 배경의 생활양식, 행동규범, 가치관 등을 이해하여 서로 다른 문화적 배경을 지닌 사람과 소통하는 것을 비언어적 커뮤니케이션이라고 한다. 다음 중 비언어적 커뮤니케이션을 위한 행동으로 옳지 않은 것은?**

① 스페인에서는 악수할 때 손을 강하게 잡을수록 반갑다는 의미를 가지고 있다. 따라서 스페인 사람과 첫 협상 시에는 강하게 악수하여 반가움을 표현하는 것이 적절하다.

② 이탈리아에서는 연회 시 소금이나 후추 등이 다른 사람 손에 거치면 좋지 않다는 풍습이 있다. 따라서 이탈리아에서 연회 참가 시 소금과 후추가 필요할 때는 웨이터를 부르도록 한다.

③ 일본에서 칼은 관계의 단절을 의미한다. 따라서 일본인에게 선물할 때 칼은 피하는 것이 좋다.

④ 중국에서는 상대방이 선물을 권할 때 선뜻 받기보다 세 번 정도 거절하는 것이 예의라고 생각한다. 따라서 중국인에게 선물할 때 세 번 거절당하더라도 한 번 더 받기를 권하는 것이 좋다.

48 **다음 〈보기〉 중 옳지 않은 것을 모두 고르면?**

> **보기**
>
> ㄱ. 조직의 업무는 반드시 사전에 직책에 따라 업무분장이 이루어진 대로 수행되어야 한다.
> ㄴ. 근속연수는 구성원 개인이 조직 내에서 책임을 수행하고 권한을 행사하는 기반이 된다.
> ㄷ. 동시간대에 수행하여야 하는 업무들은 하나의 업무로 통합하여 수행하는 것이 효율적이다.
> ㄹ. 직위에 따라 수행해야 할 일정 업무가 할당되고, 그 업무를 수행하는 데 필요한 권한과 책임이 부여된다.

① ㄱ, ㄴ　　② ㄱ, ㄷ

③ ㄴ, ㄷ　　④ ㄴ, ㄹ

49 다음 글을 토대로 C사원이 해야 할 업무 순서로 적절한 것은?

상사 : 벌써 2시 50분이네. 3시에 팀장 회의가 있어서 지금 업무지시를 할게요. 업무보고는 내일 9시 30분에 받을게요. 업무보고를 하기 전 아침에 회의실과 마이크 체크를 한 내용을 업무보고에 반영해 주세요. 내일 있을 3시 팀장회의도 차질 없이 준비해야 합니다. 아, 그리고 오늘 P사원이 아파서 조퇴했으니 P사원 업무도 부탁할게요. 간단한 겁니다. 사업 브로슈어에 사장님의 개회사를 추가하는 건데, 브로슈어 인쇄는 2시간밖에 걸리지 않지만 인쇄소가 오전 10시부터 6시까지 하니 비서실에 방문해 파일을 미리 받아 늦지 않게 인쇄소에 넘겨 주세요. 비서실은 본관 15층에 있으니 가는 데 15분 정도 걸릴 거예요. 브로슈어는 다음 날 오전 10시까지 준비되어야 하는 거 알죠? 팀장 회의에 사용할 케이터링 서비스는 매번 시키는 D업체로 예약해 주세요. 24시간 전에는 예약해야 하니 서둘러 주세요.

보기

(A) 비서실 방문
(B) 회의실, 마이크 체크
(C) 케이터링 서비스 예약
(D) 인쇄소 방문
(E) 업무보고

① (A) – (C) – (D) – (B) – (E)
② (B) – (A) – (D) – (E) – (C)
③ (C) – (A) – (D) – (B) – (E)
④ (C) – (B) – (A) – (D) – (E)

50 다음 그림은 세계적 기업인 맥킨지(McKinsey)에 의해서 개발된 7S 모형이다. ㉠, ㉡에 들어갈 요소로 적절한 것은?

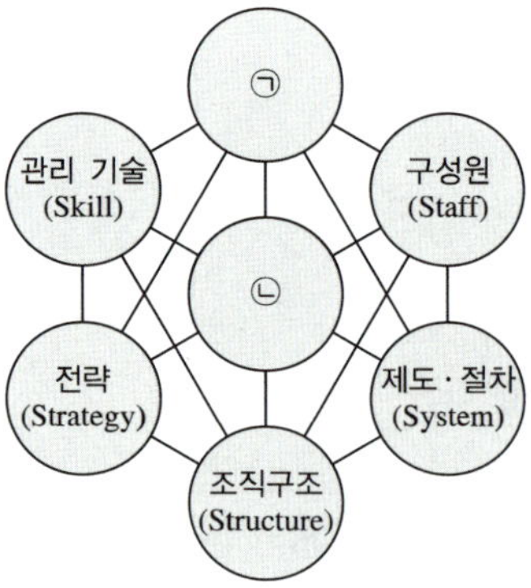

	㉠	㉡
①	리더십 스타일	공유 가치
②	최고경영자	기술혁신
③	최고경영자	공유 가치
④	기술혁신	리더십 스타일

| 03 | 기술직

41 다음 중 기술능력이 뛰어난 사람의 특징으로 옳은 것은?

① 추상적 해결을 필요로 하는 문제를 인식한다.
② 인식된 문제를 위한 하나의 해결책을 개발하고 평가한다.
③ 실제적 문제를 해결하기 위해 지식이나 기타 자원을 선택하여 최적화시키며 적용한다.
④ 주어진 한계 속에서 자원의 제한 없이 일한다.

42 다음은 산업 재해에 대한 기사의 일부이다. 이에 제시된 산업 재해의 원인으로 가장 적절한 것은?

> 〈C의 등대, 잠들지 못하는 P업 종사자들〉
>
> C지역에 위치한 P업의 대표적인 기업에서 올해 들어 직원 3명의 사망사고가 발생하였다. 'C의 등대'라는 단어는 잦은 야근으로 인해 자정에 가까운 시간에도 사무실에서 불빛이 환하게 밝혀져 있는 모습에서 나온 지금은 공공연해진 은어이다. 이처럼 계속된 과로사의 문제로 인해 작년 12월 고용노동부의 근로 감독이 이루어졌으나, 시정되지 못하고 있는 실정이다.

① 교육적 원인 : 충분하지 못한 OJT
② 기술적 원인 : 노후화된 기기의 오작동으로 인한 작업 속도 저하
③ 작업 관리상 원인 : 초과 근무를 장려하는 관리 운영 지침
④ 불안전한 행동 : 작업 내용 미저장 / 하드웨어 미점검

43 다음 글에서 설명하고 있는 것은?

> 농부는 농기계와 화학비료를 써서 밀을 재배하고 수확한다. 이렇게 생산된 밀은 보관업자, 운송업자, 제분회사, 제빵 공장을 거쳐 시장으로 판매된다. 보다 높은 생산성을 위해 화학비료를 연구하고, 공장을 가동하기 위해 공작기계와 전기를 생산한다. 보다 빠른 운송을 위해서 트럭이나 기차, 배가 개발되었고, 보다 효과적인 운송수단과 농기계를 운용하기 위해 증기기관에서 석유에너지로 발전하였다. 이렇듯 우리의 식탁에 올라오는 빵은 여러 기술이 네트워크로 결합하여 시너지를 내고 있다.

① 기술시스템　　② 기술혁신
③ 기술경영　　④ 기술이전

※ K사에서는 직원들이 이용할 수 있는 체력단련실을 마련하기 위해 실내사이클 10대를 구입하기로 계획하였다. 다음 제품 설명서를 참고하여 이어지는 질문에 답하시오. **[44~45]**

〈제품 설명서〉

■ 계기판 작동법

13:00 min		100 cal	
SPEED	TIME	CAL	DISTANCE
9.4	13:00	100	5.0

← RESET

- SPEED : 현재 운동 중인 속도 표시
- TIME : 운동 중인 시간 표시
- CAL : 운동 중 소모된 칼로리 표시
- DISTANCE : 운동한 거리를 표시
- RESET 버튼 : 버튼을 누르면 모든 기능 수치를 초기화

■ 안전을 위한 주의사항

- 물기나 습기가 많은 곳에 보관하지 마십시오.
- 기기를 전열기구 주변에 두지 마십시오. 제품이 변형되거나 화재의 위험이 있습니다.
- 운동기에 매달리거나 제품에 충격을 주어 넘어뜨리지 마십시오.
- 운동기기의 움직이는 부분에 물체를 넣지 마십시오.
- 손으로 페달 축을 돌리지 마십시오.
- 운동 중 주변사람과 적정거리를 유지하십시오.

■ 사용 시 주의사항

- 신체에 상해 및 안전사고 방지를 위해 반드시 페달과 안장높이를 사용자에 알맞게 조절한 후 안장에 앉은 후 운동을 시작해 주십시오.
- 사용자의 나이와 건강 상태에 따른 운동 횟수, 강도 및 적정 운동시간을 고려하여 운동을 시작해 주십시오.
- 운동 중 가슴에 통증을 느끼거나 가슴이 답답할 때, 또는 어지러움이나 기타 불편함이 느껴질 경우 즉시 운동을 멈추고 의사와 상담하십시오.
- 음주 후 사용하지 마십시오.

■ 고장 신고 전 확인 사항

증상	해결책
제품에서 소음이 발생합니다.	볼트 너트 체결 부분이 제품 사용에 따라 느슨해질 수 있습니다. 모든 부분을 다시 조여 주세요.
계기판이 작동하지 않습니다.	계기판의 건전지(AAA형 2개)를 교체하여 끼워 주세요.

※ 제시된 해결방법으로도 증상이 해결되지 않으면, A/S센터로 문의하기 바랍니다.

44 **A사원은 실내사이클 주의사항에 대한 안내문을 제작하려고 한다. 안내문의 내용으로 적절하지 않은 것은?**

① 안장높이를 사용자에 알맞게 조절하여 운동을 시작해 주세요.

② 나이와 건강 상태에 맞게 적정 운동시간을 고려하여 주십시오.

③ 운동 중 가슴 통증이나 어지러움 등이 느껴질 경우 즉시 운동을 멈추십시오.

④ 매회 30분 정도 하는 것은 유산소 운동 효과를 가져올 수 있습니다.

45 **A사원이 체력단력실에서 실내사이클을 이용하던 도중 소음이 발생하였을 때, 해결방법으로 가장 적절한 것은?**

① 페달과 안장 높이를 다시 조절한다.

② RESET 버튼을 3초간 누른다.

③ 볼트와 너트의 체결부분을 조여 준다.

④ 계기판의 건전지를 꺼내었다가 다시 끼운다.

※ K호텔에서는 편의시설로 코인세탁실을 설치하고자 한다. 코인세탁기 설명서를 보고 이어지는 질문에 답하시오. [46~47]

〈코인세탁기 설명서〉

■ 설치 시 주의사항

- 전원은 교류 220V / 60Hz 콘센트를 제품 단독으로 사용하세요.
- 전원코드를 임의로 연장하지 마세요.
- 열에 약한 물건 근처나 습기, 기름, 직사광선 및 물이 닿는 곳이나 가스가 샐 가능성이 있는 곳에 설치하지 마세요.
- 안전을 위해서 반드시 접지하도록 하며 가스관, 플라스틱 수도관, 전화선 등에는 접지하지 마세요.
- 제품을 설치할 때는 전원코드를 빼기 쉬운 곳에 설치하세요.
- 바닥이 튼튼하고 수평인 곳에 설치하세요.
- 세탁기와 벽면과는 10cm 이상 거리를 두어 설치하세요.
- 물이 새는 곳이 있으면 설치하지 마세요.
- 온수 단독으로 연결하지 마세요.
- 냉수와 온수 호스의 연결이 바뀌지 않도록 주의하세요.

■ 문제해결방법

증상	확인	해결
동작이 되지 않아요.	세탁기의 전원이 꺼져 있는 것은 아닌가요?	세탁기의 전원 버튼을 눌러 주세요.
	문이 열려 있는 건 아닌가요?	문을 닫고 동작 버튼을 눌러 주세요.
	물을 받고 있는 중은 아닌가요?	물이 설정된 높이까지 채워질 때까지 기다려 주세요.
	수도꼭지가 잠겨 있는 것은 아닌가요?	수도꼭지를 열어 주세요.
세탁 중 멈추고 급수를 해요.	옷감의 종류에 따라 물을 흡수하는 세탁물이 있어 물의 양을 보충하기 위해 급수하는 것입니다.	이상이 없으니 별도의 조치가 필요 없어요.
	거품이 많이 발생하는 세제를 권장량보다 과다 투입 시 거품 제거를 위해 배수 후 재급수하는 것입니다.	이상이 없으니 별도의 조치가 필요 없어요.
세제 넣는 곳 앞으로 물이 흘러 넘쳐요.	세제를 너무 많이 사용한 것은 아닌가요?	적정량의 세제를 넣어 주세요.
	물이 지나치게 뜨거운 것은 아닌가요?	50℃ 이상의 온수를 단독으로 사용하면 세제 투입 시 거품이 발생하여 넘칠 수 있습니다.
	세제 넣는 곳이 더럽거나 열려 있는 것은 아닌가요?	세제 넣는 곳을 청소해 주세요.
겨울에 진동이 심해요.	세탁기가 언 것은 아닌가요?	세제 넣는 곳이나 세탁조에 60℃ 정도의 뜨거운 물 10L 정도 넣어 세탁기를 녹여 주세요.
급수가 안 돼요.	거름망에 이물질이 끼어 있는 것은 아닌가요?	급수호수 연결부에 있는 거름망을 청소해 주세요.
탈수 시 세탁기가 흔들리거나 움직여요.	세탁기를 앞뒤 또는 옆으로 흔들었을 때 흔들리나요?	세탁기 또는 받침대를 다시 설치해 주세요.
	세탁기를 나무나 고무판 위에 설치하셨나요?	바닥이 평평한 곳에 설치하세요.
문이 열리지 않아요.	세탁기 내부 온도가 높나요?	세탁기 내부 온도가 70℃ 이상이거나 물 온도가 50℃ 이상인 경우 문이 열리지 않습니다. 내부 온도가 내려갈 때까지 잠시 기다리세요.
	세탁조에 물이 남아 있나요?	탈수를 선택하여 물을 배수하세요.

46 다음 중 세탁기를 적절한 장소에 설치하고자 할 때, 장소 선정 시 고려해야 할 사항으로 적절하지 않은 것은?

① 세탁기와 수도꼭지와의 거리를 확인한다.
② 220V / 60Hz 콘센트인지 확인한다.
③ 물이 새는 곳이 있는지 확인한다.
④ 바닥이 튼튼하고 수평인지 확인한다.

47 다음 중 세탁기 이용 도중 세탁기 문이 열리지 않을 때, 해결방법으로 가장 적절한 것은?

① 세탁조에 물이 남아 있는 것을 확인하고 급수를 선택하여 물을 급수하도록 한다.
② 세탁기 내부 온도가 높으므로 세탁조에 차가운 물을 넣도록 한다.
③ 세탁기의 받침대를 다시 설치하여 세탁기의 흔들림을 최소화시켜야 한다.
④ 세탁기 내부 온도가 높으므로 내부 온도가 내려갈 때까지 기다린다.

48 **다음 중 기술적용 시 고려해야 할 사항이 아닌 것은?**

① 기술적용에 따른 비용이 많이 드는가?
② 기술의 수명주기는 어떻게 되는가?
③ 기술의 전략적 중요도는 어떻게 되는가?
④ 기술 매뉴얼은 있는가?

49 **다음 중 산업재해에 대한 설명으로 옳지 않은 것은?**

① 산업활동 중의 사고로 인해 사망하거나 부상을 당하는 것이다.
② 우리나라는 산업안전보건법에 의해 산업재해를 정의하고 있다.
③ 산업재해의 기본적 원인에는 교육적 원인, 기술적 원인, 작업관리상 원인이 있다.
④ 산업재해의 직접적 원인에는 안전한 행동, 안전한 상태가 있다.

50 **다음 중 미래사회에 유망하다고 판단되는 기술과 산업분야를 연결한 내용으로 옳은 것은?**

① 지능형 로봇 – 화학생명공학
② 하이브리드 자동차 – 전기전자정보공학
③ 재생에너지 산업 – 기계공학
④ 지속가능한 건축시스템 기술 – 건설환경공학

2일 차
기출응용 모의고사

〈문항 및 시험시간〉

영역	문항 수	시험시간	모바일 OMR 답안채점 / 성적분석 서비스
[공통] 의사소통능력+수리능력+ 문제해결능력+자원관리능력 [사무직] 조직이해능력 [기술직] 기술능력	50문항	50분	사무직 기술직

국가철도공단 NCS

2일 차 기출응용 모의고사

문항 수 : 50문항
시험시간 : 50분

| 01 | 공통

01 다음 경청 훈련에 대한 글의 빈칸에 들어갈 말로 가장 적절한 것은?

> _____은/는 보통 '누가·언제·어디서·어떻게'라는 어휘로 시작하며, 상대방의 다양한 생각을 이해하고 상대방으로부터 많은 정보를 얻는 방법이다. 서로에 대한 이해를 높일 수 있고, "직장을 옮기는 것에 대해 어떤 생각을 하고 있어요?", "당신, 기운이 없어 보이는군요. 무슨 일이 있어요?" 등의 표현을 예로 들 수 있다.

① '왜?'라는 질문 피하기
② 정확성을 위해 요약하기
③ 주의 기울이기
④ 개방적인 질문하기

02 다음 중 맞춤법이 옳지 않은 문장은?

① 오늘은 웬일인지 지호가 나에게 웃으며 인사해 주었다.
② 그녀의 집은 살림이 넉넉지 않다.
③ 분위기에 걸맞은 옷차림이다.
④ 영희한테 들었는데 이 집 자장면이 그렇게 맛있데.

03 다음 문장을 논리적 순서대로 바르게 나열한 것은?

(가) 환경 영향 평가 제도는 각종 개발 사업이 환경에 끼치는 영향을 예측하고 분석하여 부정적인 환경 영향을 줄이는 방안을 마련하는 수단이다.
(나) 그리하여 각종 개발 계획의 추진 단계에서부터 환경을 고려하는 환경 영향 평가 제도가 도입되었다.
(다) 개발로 인해 환경오염이 심각해지고 자연 생태계가 파괴됨에 따라 오염 물질의 처리 시설 설치와 같은 사후 대책만으로는 환경 문제에 대한 해결이 어려워졌다.
(라) 그 결과 환경 영향 평가 제도는 환경 훼손을 최소화하고 환경 보전에 대한 사회적 인식을 제고하는 등 개발과 보전 사이의 균형추 역할을 수행했다.

① (가) – (다) – (나) – (라)
② (가) – (다) – (라) – (나)
③ (다) – (나) – (라) – (가)
④ (다) – (라) – (가) – (나)

04 다음 밑줄 친 ㉠ ~ ㉣의 수정 방안으로 적절하지 않은 것은?

동양의 산수화에는 자연의 다양한 모습을 대하는 화가의 개성 혹은 태도가 ㉠ 드러나 있는데, 이를 표현하는 기법 중의 하나가 준법이다. 준법(皴法)이란 점과 선의 특성을 활용하여 산, 바위, 토파(土坡) 등의 입체감, 양감, 질감, 명암 등을 나타내는 기법으로, 산수화 중 특히 수묵화에서 발달하였다.
수묵화는 선의 예술이다. 수묵화에서는 먹(墨)만을 사용하기 때문에 대상의 다양한 모습이나 질감을 ㉡ 표현하는데 한계가 있다. ㉢ 거친 선, 부드러운 선, 곧은 선, 꺾은 선 등 다양한 선을 활용하여 대상에 대한 느낌, 분위기를 표현한다. 이 과정에서 선들이 지닌 특성과 효과 등이 점차 유형화되어 발전된 것이 준법이다.
준법 가운데 보편적으로 쓰이는 것에는 피마준, 수직준, 절대준, 미점준 등이 있다. 일정한 방향과 간격으로 선을 여러 개 그어 산의 등선을 표현하여 부드럽고 차분한 느낌을 주는 것이 피마준이다. 반면 수직준은 선을 위에서 아래로 죽죽 내려 그어 강하고 힘찬 느낌을 주어 뾰족한 바위산을 표현할 때 주로 사용한다. 절대준은 수평으로 선을 긋다가 수직으로 꺾어 내리는 것을 반복하여 마치 'ㄱ'자 모양이 겹쳐진 듯 표현한 것이다. 이는 주로 모나고 거친 느낌을 주는 지층이나 바위산을 표현할 때 쓰인다. 미점준은 쌀알 같은 타원형의 작은 점을 연속적으로 ㉣ 찍혀 주로 비 온 뒤의 습한 느낌이나 수풀을 표현할 때 사용한다.
준법은 화가가 자연에 대해 인식하고 표현하는 수단이다. 화가는 준법을 통해 단순히 대상의 외양뿐만 아니라 대상에 대한 자신의 느낌, 인식의 깊이까지 화폭에 그려내는 것이다.

① ㉠ : 문맥의 흐름을 고려하여 '들어나'로 고친다.
② ㉡ : 띄어쓰기가 올바르지 않으므로 '표현하는 데'로 고친다.
③ ㉢ : 문장을 자연스럽게 연결하기 위해 문장 앞에 '그래서'를 추가한다.
④ ㉣ : 목적어와 서술어의 호응 관계를 고려하여 '찍어'로 고친다.

05 다음 글의 빈칸에 들어갈 말로 가장 적절한 것은?

죄가 언론 보도의 주요 소재가 되고 있다. 그 이유는 언론이 범죄를 취재감으로 찾아내기가 쉽고 편의에 따라 기사화할 수 있을 뿐만 아니라, 범죄 보도를 통하여 시청자의 관심을 끌 수 있기 때문이다. 이러한 보도는 범죄에 대한 국민의 알 권리를 충족시키는 공적 기능을 수행하기 때문에 사회적으로 용인되는 경향이 있다. 그러나 지나친 범죄 보도는 범죄자나 범죄 피의자의 초상권을 침해하여 법적·윤리적 문제를 일으키기도 한다.

일반적으로 초상권은 얼굴 및 기타 사회 통념상 특정인임을 식별할 수 있는 신체적 특징을 타인이 함부로 촬영하여 공표할 수 없다는 인격권과 이를 광고 등에 영리적으로 이용할 수 없다는 재산권을 포괄한다. 언론에 의한 초상권 침해의 유형으로는 본인의 동의를 구하지 않은 무단 촬영·보도, 승낙의 범위를 벗어난 촬영·보도, 몰래 카메라를 동원한 촬영·보도 등을 들 수 있다.

법원의 판결로 이어진 대표적인 사례로는 교내에서 불법으로 개인 지도를 하던 대학 교수를 현행범으로 체포하려는 현장을 방송 기자가 경찰과 동행하여 취재하던 중 초상권을 침해한 경우를 들 수 있다. 법원은 '원고의 동의를 구하지 않고, 연습실을 무단으로 출입하여 취재한 것은 원고의 사생활과 초상권을 침해하는 행위'라고 판시했다. 더불어 취재의 자유를 포함하는 언론의 자유는 다른 법익을 침해하지 않는 범위 내에서 인정되며, 비록 취재 당시 원고가 현행범으로 체포되는 상황이라 하더라도, 원고의 연습실과 같은 사적인 장소는 수사 관계자의 동의 없이는 출입이 금지되고, 이를 무시한 취재는 원칙적으로 불법이라고 판결했다.

이 사례는 법원이 언론의 자유와 초상권 침해의 갈등을 어떤 기준으로 판단하는지 보여주었다. 또한, 이 판결은 사적 공간에서의 취재 활동이 어디까지 허용되는가에 대한 법적 근거를 제시한다. 언론 보도에 노출된 범죄 피의자는 경제적·직업적·가정적 불이익을 당할 뿐만 아니라, 인격이 심하게 훼손되거나 심지어는 생명을 버리기까지도 한다. 따라서 사회적 공기(公器)인 언론은 개인의 초상권을 존중하고 언론 윤리에 부합하는 범죄 보도가 될 수 있도록 신중을 기해야 한다. 범죄 보도가 초래하는 법적·윤리적 논란은 언론계 전체의 신뢰도에 치명적인 손상을 가져올 수도 있다. 이는 범죄가 언론에는 매혹적인 보도 소재이지만, 자칫 ________이 될 수도 있음을 의미한다.

① 시금석
② 부메랑
③ 아킬레스건
④ 악어의 눈물

06 다음 중 (가) ~ (라) 문단의 주제로 적절하지 않은 것은?

(가) 우리는 최근 '사회가 많이 깨끗해졌다.'라는 말을 자주 듣는다. 실제로 우리의 일상생활은 정말 많이 깨끗해졌다. 과거에 비하면 일상생활에서 뇌물이 오가는 경우가 거의 없어진 것이다. 그런데 왜 부패인식지수가 나아지기는커녕 도리어 나빠지고 있을까? 일상생활과 부패인식지수가 전혀 다른 모습을 보이는 이유는 어디에 있을까?

(나) 부패인식지수가 산출되는 과정에서 그 물음의 답을 찾을 수 있다. 부패인식지수는 국제투명성기구에서 매년 조사하여 발표하고 있는 세계적으로 가장 권위 있는 부패 지표로, 지수는 국제적인 조사 및 평가를 실시하고 있는 여러 기관의 조사 결과를 바탕으로 산출된다. 각 기관의 조사 항목과 조사 대상은 서로 다르지만, 주요 항목은 공무원의 직권 남용 억제 기능, 공무원의 공적 권력의 사적 이용, 공공서비스와 관련한 뇌물 등으로 공무원의 뇌물과 부패에 초점이 맞추어져 있다.

(다) 부패인식지수를 이해하는 데 주목해야 할 또 하나의 중요한 점은 부패인식지수 계산에 사용된 각 지수의 조사 대상이다. 조사에 따라 약간의 차이가 있기는 하지만, 조사는 주로 해당 국가나 해당 국가와 거래하고 있는 고위 기업인과 전문가들을 대상으로 이루어진다. 일반 시민이 아닌 기업 활동에서 공직자들과 깊숙한 관계를 맺고 있어 공직자들의 행태를 누구보다 잘 알고 있을 것으로 추정되는 사람들의 의견을 대상으로 하는 것이다. 결국 부패인식지수는 고위 기업경영인과 전문가들의 공직 사회의 뇌물과 부패에 대한 평가라 할 수 있다.

(라) 그렇다면 부패인식지수를 개선하는 방법은 무엇일까? 그간 정부는 공무원행동강령, 청탁금지법, 부패방지기구 설치 등 많은 제도적인 노력을 기울여왔다. 이러한 정부의 노력에도 불구하고 정부 반부패정책은 대부분 효과가 없는 것으로 보인다. 정부 노력에 대한 일반 시민들의 시선도 차갑기만 하다. 결국 법과 제도적 장치는 우리 사회에 만연한 연줄 문화 앞에서 힘을 쓰지 못하고 있는 것으로 해석할 수 있다.

① (가) : 일상부패에 대한 인식과 부패인식지수의 상반되는 경향에 대한 의문
② (나) : 공공분야에 맞추어진 부패인식지수의 산출과정
③ (다) : 특정 계층으로 집중된 부패인식지수의 조사 대상
④ (라) : 부패인식지수의 효과적인 개선방안

※ C씨는 임산부 운전에 대한 유의사항을 다음과 같이 작성하였다. 이어지는 질문에 답하시오. **[7~8]**

> 임산부에게는 대중교통을 이용하는 것보다 승용차를 이용하는 것이 편리하고 안전한데요. 과연 임산부가 직접 운전을 하는 것은 안전할까요? 각별히 주의한다면 출산 예정일 한두 달 전까지는 큰 문제가 없다고 합니다. 신체적으로 불편하고, 심적으로도 부담감이 큰 임산부를 위한 운전 시 주의사항을 알려드립니다.
> ‘뱃속에 아기가 안전벨트의 압박 때문에 불편해하지는 않을까?’라는 생각을 하고 안전벨트를 착용하지 않는 것은 굉장히 위험한 생각입니다. 임신 중에도 의외로 편안하고 안정적으로 안전벨트를 착용할 수 있습니다. 어깨로 내려오는 벨트가 어깨를 지나 불룩해진 배를 피해 왼쪽으로 위치하게 매고, 아랫배를 가로지르는 벨트는 나온 배의 가장 아래쪽 부분인 허벅지 위쪽으로 착용하면 됩니다. 임산부의 몸속에 있는 뼈와 근육, 조직, 양수 등이 태아에게 쿠션 역할을 하기 때문에 차량 승차 시 태아를 보호하는 가장 좋은 방법은 산모를 보호하는 것입니다. 즉, 임산부가 안전벨트를 매 자신을 보호해야 한다는 것입니다.
> 임신 32주가 넘으면 부른 배로 인해 핸들의 조작이 어려워지며, 무거워진 몸으로 인해 운전석에 앉는 것조차 힘들 수 있습니다. 따라서 가급적 임신 8개월 이상이 된 산모는 운전을 삼가는 것이 안전합니다.
> 익숙하지 않은 길을 갈 때는 긴장감이 높아져 스트레스를 많이 느끼게 되는데요. 이러한 임산부의 불안감은 태아에게 그대로 전해져 좋지 않은 영향을 주게 됩니다. 따라서 초행길 운전을 해야 한다면 동행자에게 운전을 맡기는 것이 스트레스와 긴장감을 덜 수 있습니다. 간혹 뒤에서 경적을 울리며 재촉하는 차량에게도 임산부임을 표시한다면 배려를 기대할 수 있습니다.
> 임신 중에는 임신호르몬의 영향으로 인해 쉽게 피로감을 느끼고, 반사 신경도 둔해져 갑작스러운 상황에 대한 대처 능력도 크게 떨어집니다. 따라서 입덧이 심하거나 수면이 부족한 상태와 같이 컨디션이 좋지 않다고 판단되는 날에 운전을 하는 것은 위험합니다. 운전을 할 경우에는 최대 2시간을 넘기지 않는 것이 좋습니다. 차량 내부는 환기가 잘 되지 않아 어지럼증이 생길 수도 있으며, 오랜 시간 같은 자세를 유지하다보면 배가 당기거나 허리 통증이 발생할 수도 있습니다. 따라서 최대 운전시간은 2시간을 넘기지 말고, 운전 후에는 반드시 충분한 휴식을 취해 주는 것이 좋습니다.
> 이상으로 임산부의 운전 시 주의해야 할 사항들을 알아보았는데요. 임산부와 동행하는 운전자라면 조수석보다는 뒷좌석에게 넓게 앉기, 넓은 공간에 주차하기와 같은 행동으로 산모를 배려해 주시면 좋을 것 같습니다.

07 임산부 운전에 대한 유의사항을 간단하게 요약하여 글의 서두에 부각시키고자 할 때, C씨가 요약한 내용으로 적절하지 않은 것은?

① 안전벨트는 반드시 착용　　② 최대 40주까지 운전 가능
③ 긴장감과 스트레스 최소화　　④ 최대 2시간 운전, 충분한 휴식

08 윗글을 이해한 내용으로 적절하지 않은 것은?

① 임신 중에 안전벨트를 매면 불편할 줄 알았는데, 배를 피해서 매면 괜찮을 것 같아.
② 초행길을 운전하게 될 때는 남편에게 운전을 부탁하는 것이 좋겠어.
③ 임산부 차량 스티커를 받아 차 뒤에 붙여놓으면 배려를 받을 수 있겠다.
④ 외부 공기가 나쁠 경우 어지럼증이 생길 수도 있으니, 창문을 닫고 운전하는 것이 좋겠어.

09 다음 글의 중심 내용으로 가장 적절한 것은?

대부분의 동물에게 후각은 생존에 필수적인 본능으로 진화되었다. 수컷 나비는 몇 km 떨어진 곳에 있는 암컷 나비의 냄새를 맡을 수 있고, 돼지는 15cm 깊이의 땅 속에 숨어있는 송로버섯의 냄새를 맡을 수 있다. 그중에서도 가장 예민한 후각을 가진 동물은 개나 다람쥐처럼 냄새분자가 가라앉은 땅에 코를 바짝 댄 채 기어 다니는 짐승이다. 때문에 지구상의 거의 모든 포유류의 공통점은 '후각'의 발달이라고 할 수 있다.
여기서 주목할 만한 점은 만물의 영장이라 하는 인간이 후각 기능만큼은 대부분의 포유류보다 한참 뒤떨어진 수준이라는 사실이다. 개는 2억 2,000만 개의 후각세포를 갖고 있고, 토끼는 1억 개를 갖고 있는 반면, 인간은 500만 개의 후각세포를 갖고 있을 뿐이며, 그마저도 실제로 기능하는 것은 평균 375개 정도라고 알려져 있다.
이처럼 인간의 진화과정에서 유독 후각이 퇴화한 이유는 무엇일까? 새는 지면에서 멀리 떨어진 곳에 활동영역이 있기 때문에 맡을 수 있는 냄새가 제한적이다. 자연스레 그들은 후각기관을 퇴화시키는 대신 시각기관을 발달시켰다. 인간 역시 직립보행 이후에는 냄새를 맡고 구별하는 능력보다는 시야의 확보가 생존에 더 중요해졌고, 점차 시각정보에 의존하기 시작하면서 후각은 자연스레 퇴화한 것이다.
따라서 인간의 후각정보를 관장하는 후각 중추는 이처럼 대폭 축소된 후각 기능을 반영이라도 하듯 아주 작다. 뇌 전체의 0.1% 정도에 지나지 않는 후각 중추는 감정을 관장하는 변연계의 일부이고, 언어 중추가 있는 대뇌지역과는 직접적인 연결이 없다. 따라서 후각은 시각이나 청각을 통해 감지한 요소에 비해 언어로 분석해서 묘사하기가 어려우며, 감정이 논리적 사고와 같이 정밀하고 체계적이지 못한 것처럼, 후각도 체계적이지 않다. 인간이 후각을 언어로 표현하는 것은 시각을 언어로 표현하는 것보다 세밀하지 못하며, 동일한 냄새에 대한 인지도 현저히 떨어진다는 사실은 이미 다양한 연구를 통해 증명되었다.
그러나 후각과 뇌변연계의 연결고리는 여전히 제법 강력하다. 냄새는 감정과 욕망을 넌지시 암시하고 불러일으킨다. 또한 냄새는 일단 우리의 뇌 속에 각인되면 상당히 오랫동안 지속되고, 이와 관련된 기억들을 상기시킨다. 언어로 된 기억은 기록의 힘을 빌리지 않고는 오래 남겨 두기 어렵지만, 냄새로 이루어진 기억은 작은 단서만 있으면 언제든 다시 꺼낼 수 있다. 뿐만 아니라 후각은 청각이나 시각과 달리, 차단할 수 없는 유일한 감각이기도 하다. 하루에 2만 번씩 숨을 쉴 때마다 후각은 계속해서 작동하고 있고, 지금도 우리에게 영향을 끼치고 있다.

① 후각은 다른 모든 감각을 지배하는 상위 기능을 담당한다.
② 인간은 선천적인 뇌구조로 인해 후각이 발달하지 못했다.
③ 모든 동물은 정밀한 감각을 두 가지 이상 갖기 어렵다.
④ 인간은 진화하면서 필요에 따라 후각을 부수적인 기능으로 남겨 두었다.

10 다음 글을 비판하는 근거로 적절하지 않은 것은?

> 태어날 때부터 텔레비전을 좋아하거나 싫어하는 아이는 없다. 다만, 좋아하도록 습관이 들 뿐이다. 이 사실은 부모가 텔레비전을 시청하는 태도나 시청하는 시간을 잘 선도하면 바람직한 방향으로 습관이 형성될 수도 있다는 점을 시사해 준다. 텔레비전을 많이 보는 아이들보다 적게 보는 아이들이 행실도 바르고, 지능도 높으며, 학업 성적도 좋다는 사실을 밝혀 낸 연구 결과도 있다. 부모의 시청 시간과 아이들의 시청 행위 사이에도 깊은 관계가 있다. 일반적으로 텔레비전을 장시간 시청하는 가족일수록 가족 간의 대화나 가족끼리 하는 공동 행위가 적다. 결과적으로 텔레비전과 거리가 멀수록 좋은 가정이 된다는 말이다.

① 가족끼리 저녁 시간에 같은 텔레비전 프로그램을 보면서 대화하는 경우도 많다.
② 텔레비전 프로그램에는 교육적인 요소도 많이 있고 학습을 위한 전문방송도 있다.
③ 여가 시간에 텔레비전을 시청하는 것은 개인의 휴식에 도움이 된다.
④ 가족 내에서도 개인주의가 만연하는 시대에 드라마 시청 시간만이라도 가족들이 모이는 시간을 가질 수 있다.

11 다음은 일정한 규칙으로 나열한 수열이다. 빈칸에 들어갈 알맞은 수는?

121 144 169 ( ) 225

① 182 ② 186
③ 192 ④ 196

12 민석이는 산을 올라갈 때는 $a$km/h로, 내려올 때는 $b$km/h로 내려왔다고 한다. 그런데 내려올 때는 올라갈 때보다 3km가 더 긴 등산로였고, 내려올 때와 올라갈 때는 같은 시간이 걸려 총 6시간이 걸렸다고 한다. 내려올 때의 속력을 a에 관해 바르게 나타낸 것은?

① $(a+1)$km/h ② $(a+2)$km/h
③ $(a+3)$km/h ④ $2a$km/h

13 은경이는 태국 여행에서 A ~ D 4가지 종류의 손수건을 총 9장 구매했으며, 그중 B손수건은 3장, 나머지는 각각 같은 개수를 구매했다. 기념품으로 친구 3명에게 종류가 다른 손수건 3장씩 나눠줬을 때, 가능한 경우의 수는?

① 5가지 ② 6가지
③ 7가지 ④ 8가지

14 화창한 어느 날 낮에 농도 3%의 설탕물 400g이 들어있는 컵을 창가에 놓아두었다. 저녁에 살펴보니 물이 증발하여 농도가 5%가 되었다. 남아있는 물의 양은 몇 g인가?

① 220g ② 230g
③ 240g ④ 250g

15 석훈이와 소영이는 운동장에 있는 달리기 트랙의 같은 지점에서 출발해 반대방향으로 달리기 시작했다. 석훈이는 평균 6m/s의 속력으로, 소영이는 평균 4m/s의 속력으로 달렸는데 출발할 때를 제외하고 두 번째 만날 때까지 걸린 시간이 1분 15초일 때, 운동장 트랙의 길이는 얼마인가?

① 315m ② 325m
③ 355m ④ 375m

16 다음은 우리나라의 연도별 적설량에 대한 자료이다. 이를 그래프로 바르게 변환한 것은?

〈우리나라 연도별 적설량〉

(단위 : cm)

구분	2021년	2022년	2023년	2024년
서울	25.3	12.9	10.3	28.6
수원	12.2	21.4	12.5	26.8
강릉	280.2	25.9	94.7	55.3

①
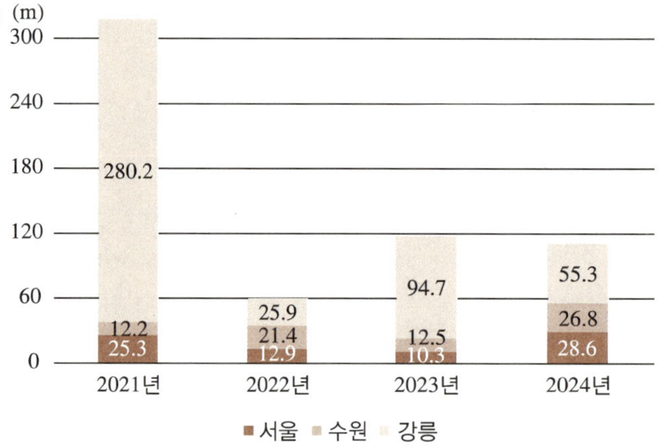

②
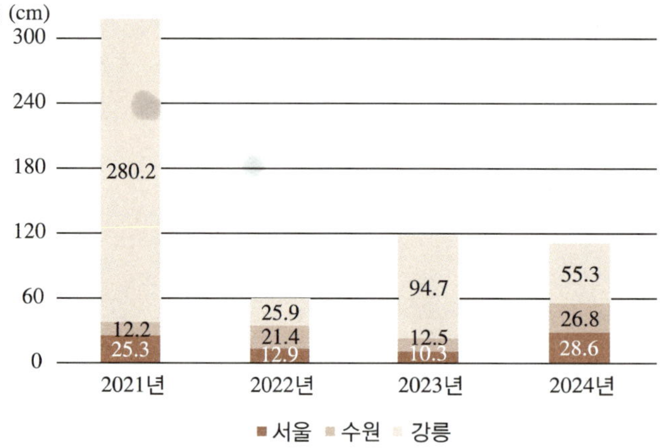

③
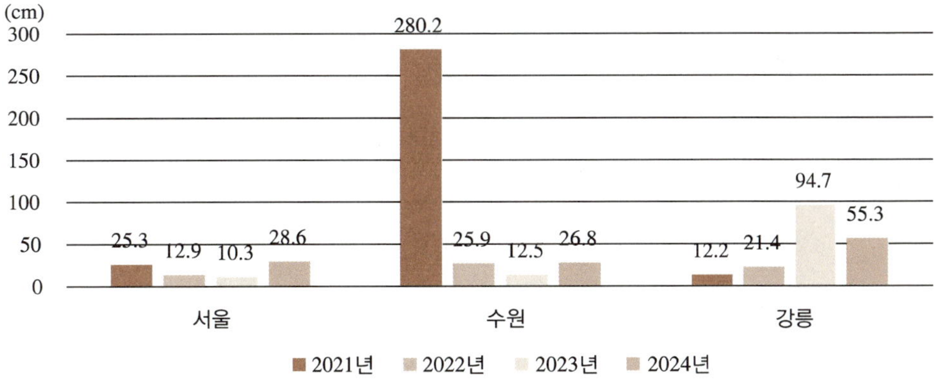
(cm)
300
250
200
150
100
50
0
280.2
94.7
55.3
25.3
12.9
10.3
28.6
25.9
12.5
26.8
12.2
21.4
서울
수원
강릉
2021년
2022년
2023년
2024년

④
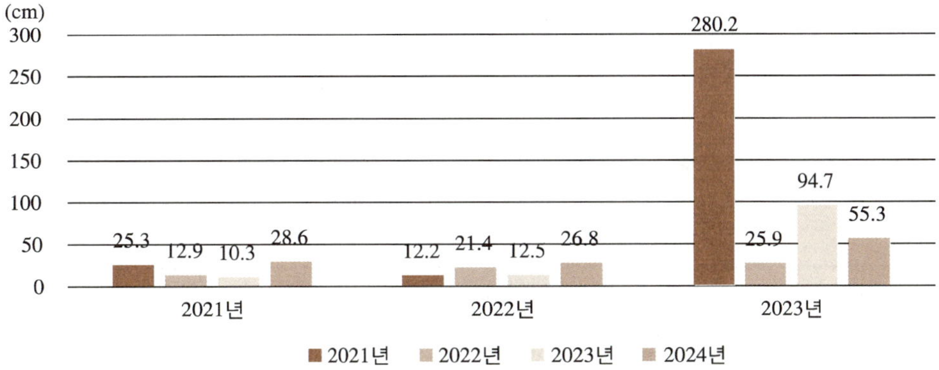
(cm)
300
250
200
150
100
50
0
280.2
94.7
55.3
25.3
12.9
10.3
28.6
12.2
21.4
12.5
26.8
25.9
2021년
2022년
2023년
2021년
2022년
2023년
2024년

17 다음은 상업용 무인기의 국내 시장 판매량 및 수출입량과 매출액에 대한 자료이다. 〈보기〉 중 이에 대한 설명으로 옳은 것을 모두 고르면?

〈상업용 무인기 국내 시장 판매량〉

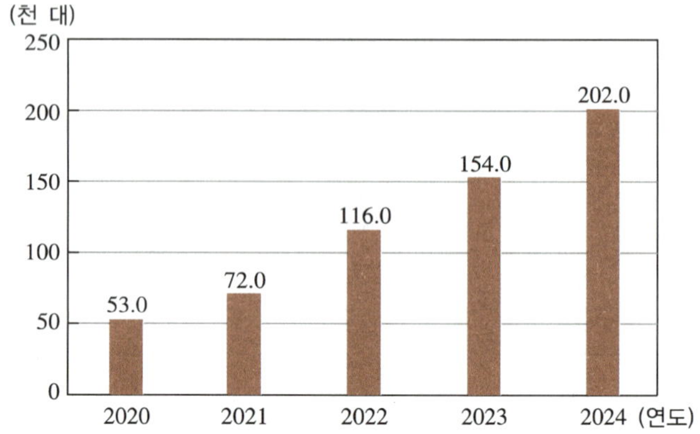

〈상업용 무인기 수출입량〉

(단위 : 천 대)

구분	2020년	2021년	2022년	2023년	2024년
수출량	1.2	2.5	18.0	67.0	240.0
수입량	1.1	2.0	3.5	4.2	5.0

※ 수출량은 국내 시장 판매량에 포함되지 않음
※ 수입량은 당해 연도 국내 시장에서 모두 판매됨

〈C사의 상업용 무인기 매출액〉

(단위 : 백만 달러)

구분	2020년	2021년	2022년	2023년	2024년
매출액	4.3	43.0	304.4	1,203.1	4,348.4

보기

ㄱ. 2024년 상업용 무인기의 국내 시장 판매량 대비 수입량의 비율은 3.0% 이하이다.
ㄴ. 2021 ~ 2024년 동안 상업용 무인기 국내 시장 판매량의 전년 대비 증가율이 가장 큰 해는 2022년이다.
ㄷ. 2021 ~ 2024년 동안 상업용 무인기 수입량의 전년 대비 증가율이 가장 작은 해에는 상업용 무인기 수출량의 전년 대비 증가율이 가장 크다.
ㄹ. 2022년 상업용 무인기 수출량의 전년 대비 증가율과 2022년 C사의 상업용 무인기 매출액의 전년 대비 증가율의 차이는 30%p 이하이다.

① ㄱ, ㄴ
② ㄷ, ㄹ
③ ㄱ, ㄴ, ㄷ
④ ㄱ, ㄴ, ㄹ

※ 다음은 연도별 농업 및 축산업 생산액을 나타낸 자료이다. 이어지는 질문에 답하시오. **[18~19]**

〈연도별 농·축산업별 생산액〉

(단위 : 억 원)

구분	재배업				과실	축산
	식량작물		채소	기타		
	쌀	기타				
1981년	21,793	6,724	14,414	5,704	2,472	12,273
1991년	65,380	8,614	33,232	17,452	13,087	39,214
2001년	105,046	9,310	67,385	31,309	25,805	80,824
2011년	67,874	17,414	113,231	43,054	40,953	174,714
2021년	84,012	23,301	115,289	35,520	45,084	197,307

18 다음 중 쌀 생산액이 두 번째로 낮은 연도의 과실과 축산 생산액의 합은 얼마인가?

① 56,606억 원
② 55,258억 원
③ 53,217억 원
④ 52,301억 원

19 2021년 재배업 생산액 대비 채소 생산액 비율은 얼마인가?(단, 비율은 소수점 둘째 자리에서 반올림한다)

① 38.7%
② 44.7%
③ 48.7%
④ 52.7%

20 다음은 여성 취업자 중 전문·관리직 종사자 구성비를 나타낸 자료이다. 이에 대한 설명으로 옳지 않은 것은?

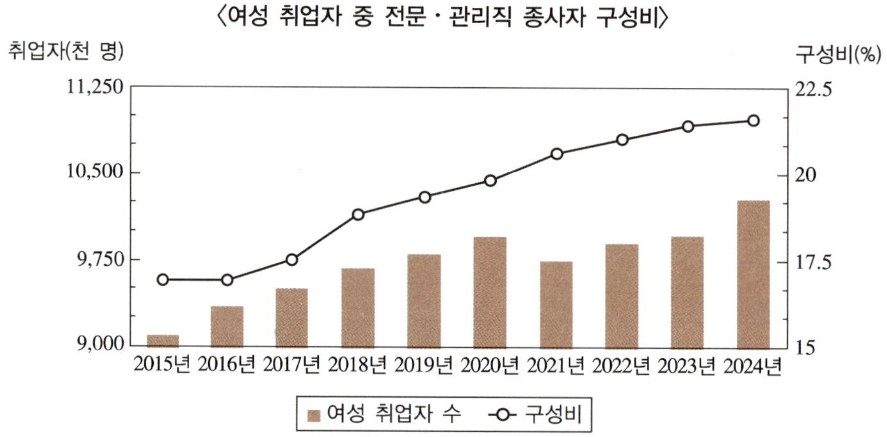

① 여성 취업자 중 전문·관리직 종사자의 구성비는 2016년 이후 꾸준히 증가했다.

② 여성 취업자 수는 전년 대비 2021년 잠시 감소했다가 2022년부터 다시 증가하기 시작했다.

③ 2023년의 여성 취업자 수 중 전문·관리직 종사자의 수는 약 1,800천 명 이상이다.

④ 2023년 여성 취업자 중 전문·관리직 종사자는 50% 이상이다.

21 A ~ F 6명의 학생이 아침, 점심, 저녁을 먹는데, 메뉴는 김치찌개와 된장찌개뿐이다. 다음 〈조건〉이 모두 참일 때, 옳지 않은 것은?

조건
- 아침과 저녁은 다른 메뉴를 먹는다.
- 점심과 저녁에 같은 메뉴를 먹은 사람은 4명이다.
- 아침에 된장찌개를 먹은 사람은 3명이다.
- 하루에 된장찌개를 한 번만 먹은 사람은 3명이다.

① 아침에 된장찌개를 먹은 사람은 모두 저녁에 김치찌개를 먹었다.

② 된장찌개는 총 9그릇이 필요하다.

③ 저녁에 된장찌개를 먹은 사람들은 모두 아침에 김치찌개를 먹었다.

④ 김치찌개는 총 10그릇이 필요하다.

22 **국제영화제 행사에 참석한 H는 A ~ F영화를 다음 〈조건〉에 맞춰 8월 1일부터 8월 6일까지 하루에 한 편씩 보려고 한다. 이때 항상 옳은 것은?**

조건

- F영화는 3일과 4일 중 하루만 상영된다.
- D영화는 C영화가 상영된 날 이틀 후에 상영된다.
- B영화는 C, D영화보다 먼저 상영된다.
- 첫째 날 B영화를 본다면, 5일에 반드시 A영화를 본다.

① A영화는 C영화보다 먼저 상영될 수 없다.
② C영화는 E영화보다 먼저 상영된다.
③ D영화는 5일 상영작이나 폐막작으로 상영될 수 없다.
④ B영화는 1일 또는 2일에 상영된다.

23 **C사는 6층 건물의 모든 층을 사용하고 있으며, 건물에는 기획부, 인사 교육부, 서비스 개선부, 연구·개발부, 해외사업부, 디자인부가 층별로 위치하고 있다. 다음 〈조건〉을 참고할 때 항상 옳은 것은?(단, 6개의 부서는 서로 다른 층에 위치하며, 3층 이하에 위치한 부서의 직원은 출근 시 반드시 계단을 이용해야 한다)**

조건

- 기획부의 문대리는 해외사업부의 이주임보다 높은 층에 근무한다.
- 인사 교육부는 서비스 개선부와 해외사업부 사이에 위치한다.
- 디자인부의 김대리는 오늘 아침 엘리베이터에서 서비스 개선부의 조대리를 만났다.
- 6개의 부서 중 건물의 옥상과 가장 가까이에 위치한 부서는 연구·개발부이다.
- 연구·개발부의 오사원이 인사 교육부 박차장에게 휴가 신청서를 제출하기 위해서는 4개의 층을 내려와야 한다.
- 건물 1층에는 회사에서 운영하는 커피숍이 함께 있다.

① 출근 시 엘리베이터를 탄 디자인부의 김대리는 5층에서 내린다.
② 디자인부의 김대리가 서비스 개선부의 조대리보다 먼저 엘리베이터에서 내린다.
③ 인사 교육부와 커피숍은 같은 층에 위치한다.
④ 기획부의 문대리는 출근 시 반드시 계단을 이용해야 한다.

24 다음 중 SWOT 분석에 대한 설명으로 가장 적절한 것은?

SWOT 분석에서 강점(S)은 경쟁기업과 비교하여 기업의 내부환경에서 소비자로부터 강점으로 인식되는 것이 무엇인지, 약점(W)은 경쟁기업과 비교하여 소비자로부터 약점으로 인식되는 것이 무엇인지, 기회(O)는 외부환경에서 유리한 기회 요인은 무엇인지, 위협(T)은 외부환경에서 불리한 위협 요인은 무엇인지를 찾아내는 것이다. SWOT 분석의 가장 큰 장점은 기업의 내부 및 외부환경의 변화를 동시에 파악할 수 있다는 것이다.

① 제품의 우수한 품질은 기회 요인으로 볼 수 있다.
② 초고령화 사회는 실버산업에 있어 기회 요인으로 볼 수 있다.
③ 기업의 비효율적인 업무 프로세스는 위협 요인으로 볼 수 있다.
④ 살균제 달걀 논란은 빵집에게 있어 약점 요인으로 볼 수 있다.

25 K공사는 공사에서 추진하는 행사에 대한 후원을 받기 위해 행사 시작 전 임원진, 직원, 주주와 협력업체 사람들을 강당에 초대하였다. 다음 〈조건〉을 참고할 때, 후원 행사에 참석한 협력업체 사람들은 모두 몇 명인가?

조건

- 강당에 모인 인원은 총 270명이다.
- 전체 인원 중 50%는 차장급 이하 직원들이다.
- 차장급 이하 직원들을 제외한 인원의 20%는 임원진이다.
- 차장급 이하 직원과 임원진을 제외한 나머지 좌석에는 주주들과 협력업체 사람들이 1 : 1비율로 앉아 있다.

① 51명　　② 52명
③ 53명　　④ 54명

26 결혼을 준비 중인 A씨가 SMART 법칙에 따라 계획한 내용이 다음과 같을 때, SMART 법칙에 적절하지 않은 계획은?

- S(Specific) : 내년 5월, 결혼을 하기 위해 집을 구매하고, 비상금을 저금한다.
- M(Measurable) : 집을 구매하기 위해 대출금을 포함한 5억 원과 비상금 천만 원을 마련한다.
- A(Action-oriented) : 생활에 꼭 필요하지 않다면 구매하지 않고 돈을 아낀다.
- R(Realistic) : 월급이나 이자 등의 수입이 발생하면 목표 달성까지 전부 저금한다.
- T(Time-limited) : 비상금은 3월까지 저금하고, 4월에 집을 구매한다.

① S ② M
③ A ④ R

27 다음 〈조건〉을 토대로 구했을 때 총무처의 직원 수는?

조건

- 총무처의 직원은 기획부의 직원보다 많다.
- 홍보실의 직원은 인사팀보다 많다.
- 홍보실, 인사팀, 품질관리팀의 직원을 모두 합하면 기획부의 직원 수와 같다.
- 총무처와 기획부 직원 수의 차이와 홍보실과 인사팀 직원 수의 차이는 각 5명이다.
- 인사팀의 직원은 품질관리팀의 2배이다.
- 인사팀의 직원은 12명이다.

① 34명 ② 36명
③ 38명 ④ 40명

28 다음 정렬 방법을 근거로 판단할 때, 정렬 대상에서 두 번째로 위치를 교환해야 하는 두 수로 옳은 것은?

〈정렬 방법〉

다음은 정렬되지 않은 여러 개의 서로 다른 수를 작은 것에서 큰 것 순서로 정렬하는 방법이다.

(1) 가로로 나열된 수 중 가장 오른쪽의 수를 피벗(Pivot)이라 하며, 나열된 수에서 제외시킨다.
  예 나열된 수가 5, 3, 7, 1, 2, 6, 4라고 할 때, 4가 피벗이고 남은 수는 5, 3, 7, 1, 2, 6이다.

(2) 피벗보다 큰 수 중 가장 왼쪽의 수를 찾는다.
  예 5, 3, 7, 1, 2, 6에서는 5이다.

(3) 피벗보다 작은 수 중 가장 오른쪽의 수를 찾는다.
  예 5, 3, 7, 1, 2, 6에서는 2이다.

(4) (2)와 (3)에서 찾은 두 수의 위치를 교환한다.
  예 5와 2를 교환하여(첫 번째 위치 교환) 2, 3, 7, 1, 5, 6이 된다.

(5) 피벗보다 작은 모든 수가 피벗보다 큰 모든 수보다 왼쪽에 위치할 때까지 (2) ~ (4)의 과정을 반복한다.
  예 2, 3, 7, 1, 5, 6에서 7은 피벗 4보다 큰 수 중 가장 왼쪽의 수이며, 1은 피벗 4보다 작은 수 중 가장 오른쪽의 수이다. 이 두 수를 교환하면(두 번째 위치 교환) 2, 3, 1, 7, 5, 6이 되어, 피벗 4보다 작은 모든 수는 피벗 4보다 큰 모든 수보다 왼쪽에 있다.

〈정렬 대상〉

15, 22, 13, 27, 12, 10, 25, 20

① 15와 10
② 20과 13
③ 22와 10
④ 27과 12

29 직원 수가 100명인 회사에서 치킨을 주문하려고 한다. 1마리를 2명이 나눠 먹는다고 할 때, 최소 비용으로 치킨을 먹을 수 있는 방법은?

구분	정가	할인	
		방문 포장 시	단체 주문 시(50마리 이상)
A치킨	15,000원/마리	35%	5%
B치킨	16,000원/마리	20%	3%

※ 방문 포장 시 유류비와 이동할 때의 번거로움 등을 계산하면 A치킨은 50,000원, B치킨은 15,000원의 비용이 듦
※ 중복 할인이 가능하며, 중복 할인 시 할인율을 더한 값으로 계산함

① A치킨에서 방문 포장하고 단체 주문 옵션을 선택한다.
② B치킨에서 방문 포장하고 단체 주문 옵션을 선택한다.
③ A치킨에서 배달을 시킨다.
④ A치킨과 B치킨에서 반씩 방문 포장하고 단체 주문 옵션을 선택한다.

30 민호는 여름방학 동안 6개의 도시를 여행했다. 다음 〈조건〉을 토대로 부산이 민호의 네 번째 여행이었다면, 전주는 몇 번째 여행지였는가?

조건
- 춘천은 세 번째 여행지였다.
- 대구는 여섯 번째 여행지였다.
- 전주는 강릉의 바로 전 여행지였다.
- 부산은 안동의 바로 전 여행지였다.

① 첫 번째 ② 두 번째
③ 세 번째 ④ 네 번째

31 다음은 K공단 직원들이 참여한 직장 갑질 가능성 정도를 점검한 설문지를 종합한 결과표이다. 가중치를 적용한 점수의 평균은 몇 점인가?

〈K공단 직장 갑질 가능성 점검 설문지 결과표〉

(단위 : 명)

점검 내용	전혀 아니다 (1점)	아니다 (2점)	보통이다 (3점)	그렇다 (4점)	매우 그렇다 (5점)
1. 상명하복의 서열적인 구조로 권위주의 문화가 강하다.	−	3	7	−	−
2. 관리자(상급기관)가 직원(하급기관)들의 말을 경청하지 않고 자신의 의견만 주장하는 경우가 많다.	−	2	5	2	1
3. 관리자(상급기관)가 직원(하급기관)에게 지휘감독이라는 명목 하에 부당한 업무지시를 하는 사례가 자주 있다.	7	3	−	−	−
4. 업무처리 과정이나 결과가 투명하게 공개되지 않는다.	−	1	1	6	2
5. 기관의 부당한 행위에 대해 직원들이 눈치 보지 않고 이의제기를 할 수 없다.	6	3	1	−	−
6. 사회적으로 문제가 될 수 있는 부당한 행위가 기관의 이익 차원에서 합리화 및 정당화되는 경향이 있다. (예 협력업체에 비용전가 등)	8	2	−	−	−
7. 갑질 관련 내부신고 제도 등이 존재하더라도 신고하면 불이익을 당할 수 있다는 의식이 강하다.	−	−	−	8	2
8. 우리 기관은 민간업체에 대한 관리·감독, 인허가·규제 업무를 주로 수행한다.	−	−	5	2	3
9. 우리기관이 수행하는 업무는 타 기관에 비해 업무적 독점성이 강한 편이다.	−	2	6	1	1
10. 우리 기관에 소속된 공직유관단체(투자·출연기관 등)의 수는 타 기관에 비해 많다.	−	2	7	−	1

※ 직장 갑질 가능성 정도는 점수와 비례함

〈질문 선택지별 가중치〉

전혀 아니다	아니다	보통이다	그렇다	매우 그렇다
0.2	0.4	0.6	0.8	1.0

① 25.7점 ② 23.9점

③ 21.6점 ④ 18.7점

32 현재 K기업은 제품을 순회배송(서울 → 광주 → 부산 → 서울)하고 있으며, 배송당 1만 개의 제품을 운송하고 있다. 향후 대전에 Hub물류센터를 구축하여 순회배송망(서울 → 대전 → 광주 → 대전 → 부산 → 대전 → 서울)을 구축할 예정이다. 이에 대한 설명으로 옳지 않은 것은?[단, 숫자는 제품 단위별 운송비(원)이며, 화살표는 이동방향이다]

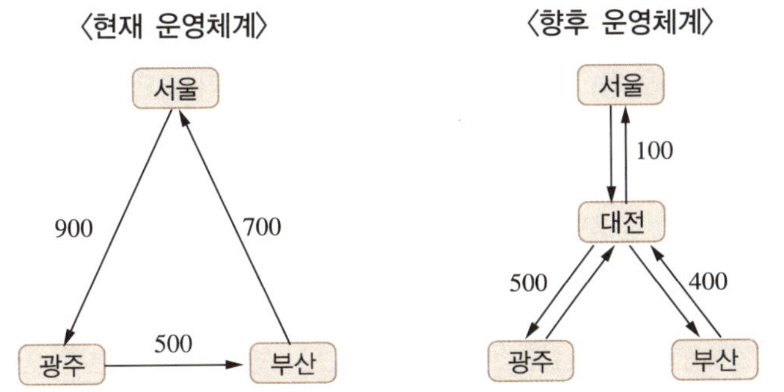

① 향후 서울 → 광주의 제품 단위별 운송비는 900원에서 600원으로 300원 절감된다.

② 향후 1회 순회배송 시 전체 운송비는 1,900만 원이 된다.

③ 향후 부산 → 서울의 제품 단위별 운송비는 700원에서 500원으로 200원 절감된다.

④ 향후 광주 → 부산의 제품 단위별 운송비는 500원에서 900원으로 400원 증가한다.

33 다음은 S가 다니는 대학 근처 자취방의 월세와 대학교까지 거리를 나타낸 자료이다. 한 달을 기준으로 S가 선택할 수 있는 가장 저렴한 비용의 자취방은?

〈자취방별 월세와 거리 정보〉

구분	월세	대학교까지 거리
A자취방	330,000원	1.8km
B자취방	310,000원	2.3km
C자취방	350,000원	1.3km
D자취방	320,000원	1.6km

※ 대학교 통학일(한 달 기준) : 15일

※ 거리비용 : 1km당 2,000원

① A자취방 ② B자취방

③ C자취방 ④ D자취방

34 K공사에서 비품구매를 담당하고 있는 S사원은 비품관리 매뉴얼과 비품현황을 고려해 비품을 구매하려고 한다. 가장 먼저 구매해야 하는 비품은 무엇인가?

〈비품관리 매뉴얼〉

1. 비품을 재사용할 수 있는 경우에는 구매하지 않고 재사용하도록 한다.
2. 구매요청 부서가 많은 비품부터 순서대로 구매한다.
3. 비품은 빈번하게 사용하는 정도에 따라 등급을 매겨 구매가 필요한 경우 A, B, C 순서대로 구매한다.
4. 필요한 비품 개수가 많은 비품부터 순서대로 구매한다.

※ 매뉴얼에 언급된 순서대로 적용한다.

〈비품별 요청사항〉

구분	필요 개수(개)	등급	재사용 가능 여부	구매요청 부서	구분	필요 개수(개)	등급	재사용 가능 여부	구매요청 부서
연필	5	B	×	인사팀 총무팀 연구팀	커피	10	A	×	인사팀 총무팀 생산팀
볼펜	10	A	×	생산팀	녹차	6	C	×	홍보팀
지우개	15	B	×	연구팀	A4	12	A	×	홍보팀 총무팀 인사팀
메모지	4	A	×	홍보팀 총무팀	문서용 집게	4	B	○	인사팀 총무팀 생산팀 연구팀
수첩	3	C	×	홍보팀	클립	1	C	○	연구팀
종이컵	20	A	×	총무팀	테이프	0	B	×	총무팀

① A4　　② 커피

③ 문서용 집게　　④ 연필

※ K베이커리 사장은 새로운 직원을 채용하기 위해 아르바이트 공고문을 게재하였고, 지원자 명단은 다음과 같다. 이어지는 질문에 답하시오. **[35~36]**

■ 아르바이트 공고문

- 업체명 : K베이커리
- 업무내용 : 고객응대 및 매장관리
- 지원자격 : 경력, 성별, 학력 무관 / 나이 : 20 ~ 40세
- 근무조건 : 6개월 / 월 ~ 금요일 / 08:00 ~ 20:00(협의 가능)
- 급여 : 희망 임금
- 연락처 : 010-1234-1234

■ 아르바이트 지원자 명단

성명	성별	나이	근무가능시간	희망 임금	기타
김갑주	여성	28	08:00 ~ 16:00	시급 8,000원	• 1일 1회 출근만 가능함 • 최소 2시간 이상 연속 근무하여야 함
강을미	여성	29	15:00 ~ 20:00	시급 7,000원	
조병수	남성	25	12:00 ~ 20:00	시급 7,500원	
박정현	여성	36	08:00 ~ 14:00	시급 8,500원	
최강현	남성	28	14:00 ~ 20:00	시급 8,500원	
채미나	여성	24	16:00 ~ 20:00	시급 7,500원	
한수미	여성	25	10:00 ~ 16:00	시급 8,000원	

※ 근무시간은 지원자가 희망하는 근무시간대 내에서 조절 가능하다.

35 K베이커리 사장은 최소비용으로 가능한 한 최대인원을 채용하고자 한다. 매장에는 항상 2명의 직원이 상주하고 있어야 하며, 기존 직원 1명은 오전 8시부터 오후 3시까지 근무를 하고 있다. 지원자 명단을 참고하였을 때, 누구를 채용하겠는가?

① 김갑주, 강을미, 조병수
② 김갑주, 강을미, 박정현, 채미나
③ 김갑주, 강을미, 조병수, 채미나, 한수미
④ 강을미, 조병수, 박정현, 최강현, 채미나

36 35번에서 결정한 인원을 채용했을 때, 급여를 한 주 단위로 지급한다면 사장이 지급해야 하는 임금은?(단, 기존 직원의 시급은 8,000원으로 계산한다)

① 805,000원　　② 855,000원
③ 890,000원　　④ 915,000원

※ K공사는 코로나 확산 방지를 위해 교대출근을 하기로 하였다. 다음 자료를 참고하여 이어지는 질문에 답하시오. **[37~38]**

〈교대출근 편성표 조건〉

- 각 팀당 최소 1명은 출근을 하여야 한다. 단, 회계팀은 최소 2명 출근하여야 한다.
- 주 2회 출근을 원칙으로 하되 부득이한 경우 주 3회 이상 출근은 가능하나 최소한의 일수만 출근하도록 한다. 단, 해외여행이나 대구, 인천을 다녀온 사람은 별다른 증상이 없을 시 다녀온 날(한국 도착일)부터 한 달 이후에 출근하도록 하며, 출근가능일이 속한 주의 출근가능일이 2회 이하일 경우 모두 출근하고 3회 이상일 경우에는 위 규정과 동일하게 적용한다.
  예 2월 8일 다녀온 사람은 3월 9일부터 출근 가능
- 코로나 확산 방지를 위해 수요일은 휴일로 정한다.

〈K공사 직원 명단 및 기타사항〉

- 회계팀
  - 김하나 : 7월 21일 ~ 7월 25일 여름 휴가로 일본여행을 다녀옴
  - 이솔비 : 7월 24일 인천 출장을 다녀옴
  - 정지수 : 계약직 대체인력으로 매주 목요일은 출근하지 않음
  - 최수지 : 7월 22일 이솔비와 출장을 동행함, 매주 금요일 본사교육으로 근무 불가
  - 김예나 : 8월 24일 강원 출장 예정
  - 강여울 : 팀장으로 매주 월요일과 금요일은 회의 및 출장으로 근무 불가
- 경영팀
  - 최바울 : 김하나 남편으로 같이 여름 휴가를 다녀옴
  - 이하율 : 계약직 대체인력으로 매주 화요일은 출근하지 않음
  - 김선율 : 팀장으로 매주 월요일과 금요일은 회의 및 출장으로 근무 불가
  - 정하람 : 지인 결혼식으로 7월 22일 대구를 다녀옴
- 인사팀
  - 강지은 : 특이사항 없음
  - 김하영 : 팀장으로 매주 월요일과 금요일은 회의 및 출장으로 근무 불가

37 다음 중 8월 23일 화요일 출근할 수 있는 직원을 바르게 나열한 것은?

① 김하나, 정지수
② 이솔비, 김예나
③ 강여울, 이하율
④ 김선율, 김하영

38 교대출근 편성표 조건 중 일부를 다음과 같이 변경하기로 하였다면 매주 금요일에 반드시 출근해야 하는 직원이 아닌 사람은?

〈교대출근 편성표 조건 중 일부 변경 내용〉

코로나 확산 방지를 위해 수요일 업무는 중단하나, 금요일에 있는 본사교육 및 회의·출장을 수요일로 일괄 변경한다. 이와 관련된 당사자는 수요일에 출근하여 본사교육 및 회의·출장 업무를 하도록 하고, 금요일에 출근하여 본사교육 및 회의·출장 관련 내용을 해당 팀 직원에게 전달하도록 한다.

① 최수지
② 강여울
③ 김선율
④ 정하람

39 K공사 경영지원실 C주임은 새롭게 부서 비품관리를 맡게 되었다. 물적자원 관리과정에 맞춰 C주임의 행동을 순서대로 나열한 것은?

(가) 비품관리실 한쪽에 위치한 서랍 첫 번째 칸에 필기구와 메모지를 넣어두고 A4 용지는 습기가 없는 장소에 보관한다.
(나) 바로 사용할 비품 중 필기구와 메모지를 따로 분류한다.
(다) 기존에 있던 비품 중 사용할 사무용품과 따로 보관해둘 물품을 분리한다.

① (가) – (다) – (나)
② (나) – (가) – (다)
③ (나) – (다) – (가)
④ (다) – (나) – (가)

40 인사팀은 11월 월간 일정표와 〈조건〉을 고려하여 1박 2일 워크숍 날짜를 결정하려고 한다. 다음 중 인사팀의 워크숍 날짜로 옳은 것은?

〈11월 월간 일정표〉

월	화	수	목	금	토	일
	1	2 오전 10시 연간 채용계획 발표(A팀장)	3	4 오전 10시 주간업무보고 오후 7시 B대리 송별회	5	6
7	8 오후 5시 총무팀과 팀 연합회의	9	10	11 오전 10시 주간업무보고	12	13
14 오전 11시 승진대상자 목록 취합 및 보고(C차장)	15	16	17 A팀장 출장	18 오전 10시 주간업무보고	19	20
21 오후 1시 팀미팅(30분 소요 예정)	22	23 D사원 출장	24 외부인사 방문 일정	25 오전 10시 주간업무보고	26	27
28 E대리 휴가	29	30				

조건

- 워크숍은 평일로 한다.
- 워크숍에는 모든 팀원들이 빠짐없이 참석해야 한다.
- 워크숍 일정은 첫날 오후 3시 출발부터 다음 날 오후 2시까지이다.
- 다른 팀과 함께 하는 업무가 있는 주에는 워크숍 일정을 잡지 않는다.
- 매월 말일에는 월간 업무 마무리를 위해 워크숍 일정을 잡지 않는다.

① 11월 9 ~ 10일
② 11월 18 ~ 19일
③ 11월 21 ~ 22일
④ 11월 28 ~ 29일

| 02 | 사무직

41 K는 취업스터디에서 기업 분석을 하며 기업의 경영 전략을 정리하였다. 다음 〈보기〉의 예시와 경영 전략이 바르게 연결된 것은?

> • 차별화 전략 : 가격 이상의 가치로 브랜드 충성심을 이끌어 내는 전략
> • 원가우위 전략 : 업계에서 가장 낮은 원가로 우위를 확보하는 전략
> • 집중화 전략 : 특정 세분시장만 집중공략하는 전략

보기

㉠ I기업은 S/W에 집중하기 위해 H/W의 한글 전용 PC 분야를 한국계 기업과 전략적으로 제휴하고 회사를 설립해 조직체에 위양하였으며 이후 고유분야였던 S/W에 자원을 집중하였다.
㉡ B마트는 재고 네트워크를 전산화해 원가를 절감하고 양질의 제품을 최저가격에 판매하고 있다.
㉢ A호텔은 5성급 호텔로 하루 숙박비용이 상당히 비싸지만, 환상적인 풍경과 더불어 친절한 서비스를 제공하고 객실 내 제품이 모두 최고급으로 비치되어 있어 이용객들에게 높은 만족도를 준다.

	차별화 전략	원가우위 전략	집중화 전략
①	㉠	㉡	㉢
②	㉠	㉢	㉡
③	㉢	㉡	㉠
④	㉢	㉠	㉡

42 티베트에서는 손님이 찻잔을 비우면 주인이 계속 첨잔을 하는 것이 기본 예절이며, 손님의 입장에서는 주인이 권하는 차를 거절하면 실례가 된다. 티베트에 출장 중인 K사원은 이를 숙지하고 티베트인 집에서 차 대접을 받게 되었다. K사원이 찻잔을 비울 때마다 주인이 계속 첨잔을 하여 곤혹을 겪고 있을 때, 다음 중 K사원의 행동으로 가장 적절한 것은?

① 주인에게 그만 마시고 싶다며 단호하게 말한다.
② 잠시 자리를 피하도록 한다.
③ 차를 다 비우지 말고 입에 살짝 댄다.
④ 힘들지만 계속 마시도록 한다.

43 **다음 중 국제매너에 대한 설명으로 적절하지 않은 것은?**

① 명함을 구기거나 계속 만지는 것은 예의에 어긋나는 일이다.
② 러시아, 라틴아메리카 사람들과 포옹으로 인사하는 것은 예의에 어긋난다.
③ 동부 유럽 사람들은 약속 시간에 상대방이 늦으면 기다리는 것에 너그럽다.
④ 식사를 할 때, 수프는 소리 내며 먹지 않는다.

44 **B대리는 업무상 미국인 C씨와 만나야 한다. B대리가 알아두어야 할 예절로 적절하지 않은 것은?**

A부장 :	B대리, K기업 C씨를 만날 준비는 다 되었습니까?
B대리 :	네, 부장님. 필요한 자료는 다 준비했습니다.
A부장 :	그래요. 우리 회사는 해외 진출이 경쟁사에 비해 많이 늦었는데 K기업과 파트너만 된다면 큰 도움이 될 겁니다. 아, 그런데 업무 관련 자료도 중요하지만 우리랑 문화가 다르니까 실수하지 않도록 준비 잘하세요.
B대리 :	네, 알겠습니다.

① 무슨 일이 있어도 시간은 꼭 지켜야 한다.
② 악수를 할 때 눈을 똑바로 보는 것은 실례이다.
③ 어떻게 부를 것인지 상대방에게 미리 물어봐야 한다.
④ 명함은 악수를 한 후 교환한다.

45 **다음 중 맥킨지의 3S 기법의 Situation에 해당하는 발언은?**

① 죄송하지만 저도 현재 업무가 많아 그 부탁은 들어드리기 힘들 것 같습니다.
② 그 일을 도와드릴 수 있는 다른 사람을 추천해드리겠습니다.
③ 다음 달에는 가능할 것 같은데 괜찮으신가요?
④ 힘드시지 않으세요? 저도 겪어봐서 그 마음 잘 알고 있습니다.

46 Z씨가 팀장의 업무지시를 받고 업무스케줄을 작성하였을 때, 적절하지 않은 것은?

> 팀장 : Z씨, 제가 한 시간 뒤에 출장을 가야 하니까 금일 업무에 대해서 미리 전달할게요. 우선 제가 10시에 나가기 전에 거래처에게 보여줄 샘플상품을 준비해 주세요. 그리고 제가 출장 간 후에 작성한 업무보고서는 점심시간 전까지 부서장님께 전달해 주세요. 오후에는 3시에 있을 프로젝트 회의를 준비해 주세요. 마이크, 노트북 등 프레젠테이션을 할 수 있도록 세팅을 부탁해요. 참! 점심 때 인사부 박부장님께서 오시기로 했어요. 만약 제가 늦는다면 약속장소에 대해 안내해 드리고 저에게 연락해 줘요. 바로 약속장소로 갈 테니까요. 그리고 오늘까지 지난 출장 때 사용했던 경비에 대해 지출결의서를 총무부에 제출해야 돼요. 업무처리를 위해서 퇴근하기 1시간 전까지는 직접 전달해 주세요. 그리고 관리부에 들러서 프로젝트 회의에 사용할 노트북도 대여해 주세요.

①	09:00 ~ 10:00	• 팀장님 업무지시 수령 • 거래처 샘플상품 준비	업무 시간
	10:00 ~ 11:00	• 부서장님께 업무보고서 전달	
	11:00 ~ 12:00		
②	12:00 ~ 13:00	• 인사부 박부장님 마중 (팀장님 부재 시 연락 및 약속장소 안내)	점심 시간
	13:00 ~ 14:00		업무 시간
③	14:00 ~ 15:00	• 노트북 대여(관리부) • 프로젝트 회의 준비(마이크, 노트북 등 세팅)	
	15:00 ~ 16:00		
	16:00 ~ 17:00		
④	17:00 ~ 18:00	• 지출결의서 제출(총무부)	
	–		퇴근

47 K사 인사팀에 근무하는 A사원은 곧 있을 계약직 사원의 면접을 위해 계약직 사원 면접평가표를 제작 중이다. 같은 부서의 B대리의 조언에 맞추어 다음과 같이 면접평가표를 작성하였을 때, B대리의 조언과 별개로 A사원이 추가한 질문사항의 개수는 총 몇 개인가?

B대리 : A씨, 곧 있을 계약직 사원에 대한 면접평가표는 잘 작성하고 있나요? 면접평가표에 다음과 같은 사항을 추가해 주었으면 좋겠어요. 우선 직업이란 무엇이라고 생각하며, 향후 어떤 직업을 갖고 싶은지에 대한 질문을 넣어 주세요. 아르바이트와 같은 사회 경험 유무와 자기 발전을 위해 현재 하고 있는 일도 면접관님들이 궁금하다고 하시니 추가해 주시고요. 그리고 아무래도 주거지가 회사와 가까웠으면 좋겠으니, 이에 대한 질문도 넣어 주세요. 아참, 최근까지 했던 일과 본인의 장점, 10년 후 자신의 모습도 질문에 추가해 주세요. 지급될 급여와 본인이 맡게 될 업무에 대해 어떻게 생각하는지도 추가하면 더 좋을 것 같네요. 지금까지 제가 말한 질문사항과 별개로 A씨가 더 질문사항을 추가해서 작성해 주길 바랍니다. 완성되면 제가 검토해 볼게요.

〈계약직 사원 면접평가표〉

구분	질문사항	회답	평가 및 척도				
			1	2	3	4	5
기본사항	지금 주소에서 당사까지 얼마나 걸렸습니까?						
	최근에는 무슨 일을 하고 있었습니까?						
	당사에 대해 어떤 연구, 준비를 하셨습니까?						
	당신의 장점을 객관적으로 설명하십시오.						
	당사에 오셔서 느낀 점은 무엇입니까?						
	당신의 10년 후의 모습은 무엇입니까?						
직업에 대한 마음가짐	당신은 향후 어떤 직업을 갖고 싶습니까?						
	직업은 무엇이라고 생각합니까?						
	계약직 / 정규직의 차이는 무엇이라고 생각합니까?						
	본 업무를 하는 동안 당신에게는 어떤 도움이 되나요?						
	계약기간 동안 무엇을 배워 나가고 싶습니까?						
	계약이 종료되면 향후 어떤 계획이 있습니까?						
	계약연장 및 정규직 전환을 회사에서 요구할 경우, 당신의 선택은 어떻습니까?						
기타사항	아르바이트 및 다른 직업과 같은 사회 경험이 있습니까?						
	계속되는 경기침체에 대해서는 어떻게 생각합니까?						
	전혀 경험이 없는 일을 맡았을 경우 어떻게 하겠습니까?						
	자기 발전을 위해 현재 무엇을 하고 있습니까?						
	근무시간 외 추가근무가 생긴다면 당신은 어떻게 하겠습니까?						
	계약기간 동안 지급될 급여가 적당하다고 생각됩니까?						
	맡게 될 업무에 대해 어떻게 생각하십니까?						

① 10개　　② 11개
③ 12개　　④ 13개

48 다음 조직도를 바르게 이해한 사람을 〈보기〉에서 모두 고르면?

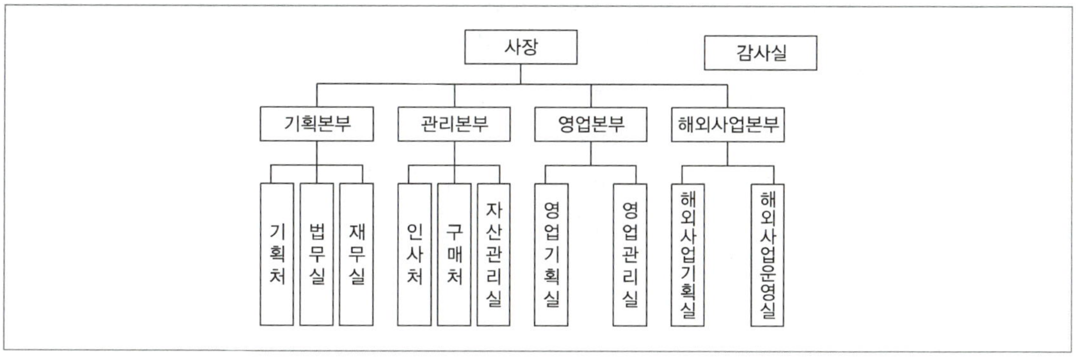

보기

A : 조직도를 보면 4개 본부, 3개의 처, 8개의 실로 구성돼 있어.

B : 사장 직속으로 4개의 본부가 있고, 그중 한 본부에서는 인사를 전담하고 있네.

C : 감사실은 사장 직속이지만 별도로 분리되어 있구나.

D : 해외사업기획실과 해외사업운영실은 둘 다 해외사업과 관련이 있으니까 해외사업본부에 소속되어 있는 것이 맞아.

① A, B　　② A, C

③ A, D　　④ B, D

49 **C사원은 베트남에서의 국내 자동차 판매량에 대해 조사를 하던 중에 한 가지 특징을 발견했다. 베트남 사람들은 간접적인 방법을 통해 구매하는 것보다 매장에 직접 방문해 구매하는 것을 더 선호한다는 사실이다. 이를 참고하여 C사원이 기획한 신사업 전략으로 옳지 않은 것은?**

① 인터넷과 TV광고 등 비대면채널 홍보를 활성화한다.

② 쾌적하고 깔끔한 매장 환경을 조성한다.

③ 언제 손님이 방문할지 모르므로 매장에 항상 영업사원을 배치한다.

④ 매장 곳곳에 홍보물을 많이 비치해 둔다.

50 **인사담당자 B는 채용설명회를 준비하며 포스터를 만들려고 한다. 다음 제시된 인재상을 실제 업무환경과 관련지어 포스터 문구로 삽입하려고 할 때, 옳은 문구가 아닌 것은?**

인재상	업무환경
• 책임감 • 고객지향 • 열정 • 목표의식 • 글로벌 인재	• 토요 격주 근무 • 자유로운 분위기 • 잦은 출장 • 고객과 직접 대면하는 업무 • 해외지사와 업무협조

① 고객을 최우선으로 생각하고 행동하는 인재

② 자기 일을 사랑하고 책임질 수 있는 인재

③ 어느 환경에서도 잘 적응할 수 있는 인재

④ 중압적인 분위기를 잘 이겨낼 수 있는 열정적인 인재

| 03 | 기술직

41 **다음 중 불안전한 행동을 방지하는 방법으로 옳지 않은 것은?**

① 기계가 항상 양호한 상태로 작동하도록 유지·관리를 철저히 한다.
② 근로자의 불안전한 행동을 지적할 수 있는 안전 규칙 및 안전 수칙을 제정한다.
③ 근로자 상호 간 불안전한 행동을 지적하여 안전에 대한 이해를 증진시킨다.
④ 정리·정돈, 조명, 환기 등을 잘 수행하여 쾌적한 작업 환경을 조성한다.

42 **다음 사례에 나타난 산업재해의 원인으로 옳지 않은 것은?**

> 전선 제조 사업장에서 고장난 변압기 교체를 위해 C전력 작업자가 변전실에서 작업을 준비하던 중 특고압 배전반 내 충전부 COS 1차 홀더에 접촉 감전되어 치료 도중 사망하였다. 목격자 증언에 따르면 변전실 TR-5 패널의 내부는 협소하고, 피재해자의 키에 비하여 경첩의 높이가 높아 문턱 위에 서서 불안전한 작업 자세로 작업을 실시하였다고 한다. 또한 피재해자는 전기 관련 자격이 없었으며, 복장은 일반 안전화, 면장갑, 패딩점퍼를 착용한 상태였다.

① 불안전한 행동　　② 불안전한 상태
③ 작업 관리상 원인　　④ 기술적 원인

43 **다음 중 OJT에 대한 설명으로 옳은 것은?**

① 별도의 외부 기관을 통해 직무 교육을 받으며 기업에 적응할 수 있도록 돕는 시스템이다.
② 지도자는 교육자가 스스로 깨달아야 하므로 지식을 전달하는 능력은 부족하여도 무관하다.
③ OJT는 과거에는 없던 최신식 신입사원 직무 교육 과정이다.
④ 신입사원에게 직무 경험을 쌓을 수 있는 기회를 제공한다.

※ 다음은 제습기 사용과 보증기간에 대한 설명서이다. 이어지는 질문에 답하시오. [44~45]

〈사용 전 알아두기〉

- 제습기의 적정 사용온도는 18 ~ 35℃입니다.
  - 18℃ 미만에서는 냉각기에 결빙이 시작되어 제습량이 줄어들 수 있습니다.
- 제습 운전 중에는 컴프레서 작동으로 실내 온도가 올라갈 수 있습니다.
- 설정한 희망 습도에 도달하면 운전을 멈추고 실내 습도가 높아지면 자동 운전을 다시 시작합니다.
- 물통이 가득 찰 경우 제습기 작동이 멈춥니다.
- 안전을 위하여 제습기 물통에 다른 물건을 넣지 마십시오.
- 제습기가 작동하지 않거나 아무 이유 없이 작동을 멈추는 경우 다음 사항을 확인하세요.
  - 전원플러그가 제대로 끼워져 있는지 확인하십시오.
  - 위의 사항이 정상인 경우, 전원을 끄고 10분 정도 경과 후 다시 전원을 켜세요.
  - 여전히 작동이 안 되는 경우, 판매점 또는 서비스센터에 연락하시기 바랍니다.
- 현재 온도 / 습도는 설치장소 및 주위 환경에 따라 실제와 차이가 있을 수 있습니다.

〈보증기간 안내〉

- 보증기간 산정 기준
  - 품목별 소비자 피해 보상규정에 의거 아래와 같이 제품에 대한 보증을 실시합니다.
- 제품 산정 기준
  - 제품 보증기간이라 함은 제조사 또는 제품 판매자가 소비자에게 정상적인 상태에서 자연 발생한 품질 성능 기능 하자에 한하여 무상 수리해 주겠다고 약속한 기간을 말합니다.
  - 제품 보증기간은 구입일자를 기준으로 산정하며, 구입일자의 확인은 제품보증서를 기준으로 합니다. 단, 보증서가 없는 경우는 제조일(제조번호 검사필증)로부터 3개월이 경과한 날부터 보증기간을 계산합니다.
  - 중고품(전파상 구입, 모조품) 구입 시 보증기간은 적용되지 않으며, 수리 불가의 경우 피해보상을 책임지지 않습니다.
- 당사와의 계약을 통해 납품되는 제품의 보증은 그 계약내용을 기준으로 합니다.
- 제습기 보증기간은 일반제품으로 1년으로 합니다.
  - 2020년 1월 이전 구입분은 2년 적용

〈제습기 부품 보증기간〉

- 인버터 컴프레서(2019년 1월 이후 생산 제품) : 10년
- 컴프레서(2021년 1월 이후 생산 제품) : 4년
- 인버터 컴프레서에 한해서 5년차부터 부품대만 무상 적용함

44 **다음 중 구매자가 서비스센터에 연락해야 할 상황은 무엇인가?**

① 실내 온도가 17℃일 때 제습량이 줄어들었다.

② 제습기 사용 후 실내 온도가 올라갔다.

③ 물통에 물이 $\frac{1}{2}$ 정도 들어있을 때 작동이 멈췄다.

④ 제습기가 갑자기 작동되지 않아 잠시 10분 꺼두었다가 다시 켰더니 작동하였다.

45 **보증기간 안내 및 제습기 및 부품 보증기간을 참고할 때, 제습기 사용자가 잘못 이해한 내용은 무엇인가?**

① 제품 보증서가 없는 경우, 구매자가 영수증에 찍힌 구입한 날짜부터 계산한다.

② 보증기간 무료 수리는 정상적인 상태에서 자연 발생한 품질 성능 기능 하자가 있을 때이다.

③ 제습기 보증기간은 구입일로부터 1년이다.

④ 2020년 이전에 구입한 제습기는 보증기간이 2년 적용된다.

※ 정보기획팀에 근무하는 귀하는 새롭게 입사할 인턴사원들을 위하여 컴퓨터에 복합기를 설정해 두려고 한다. 복합기 설치 방법 및 설명서에는 다음의 내용이 포함되어 있다. 이어지는 질문에 답하시오. [46~47]

〈복합기 설치 방법 및 설명서〉

폴더 공유 보안 설정 변경 / 확인

▶ [시작] → [설정] → [제어판] → [네트워크 및 공유센터]를 클릭한다.

▶ 네트워크가 홈 또는 회사 네트워크인지 확인한다.
주의 : 공용인 경우 설정이 정상으로 되어 있어도, 스캔 문서가 저장이 되지 않는 문제가 발생함

▶ 홈 또는 회사 네트워크인지 확인 후, 고급 공유 설정 변경을 클릭한다.

▶ 고급 공유 설정 변경에서 다음의 항목들의 설정을 변경한다(필수사항).
- 네트워크 검색 : 네트워크 검색 켜기
- 파일 및 프린터 공유 : 파일 및 프린터 공유 켜기
- 파일공유연결 : 40비트 또는 54비트 암호화를 사용하는 장치에 대해 파일 공유
- 암호로 보호된 공유 : 암호 보호 공유 끄기

▶ [시작] → [설정] → [제어판] → [네트워크 및 공유 센터]에서 로컬 영역 연결을 더블 클릭한다.

▶ 로컬 영역 연결 '속성'에서 Internet Protocol Version 4(TCP / IPv4) '속성'을 클릭한다.

폴더 공유 보안 설정 변경 / 확인, IP주소 확인

▶ Internet Protocol Version 4(TCP / IPv4) '고급'에서 NetBIOS over TCP / IP 사용 선택을 한다.
단, IP 취득방법이 '다음 IP 주소사용'으로 되어 있는 경우, 'IP 주소'를 메모한다.

▶ [제어판] → [Windows 방화벽]을 선택한다.

▶ 'Windows 방화벽을 통해 프로그램 또는 기능 허용'을 선택한다.

▶ 파일 및 프린터 공유를 체크한다.

폴더 공유 권한 부여

▶ 스캔 문서가 저장이 될 폴더를 만들고 마우스 오른쪽 버튼 클릭 후 '속성'에서 '공유'를 선택한다.

▶ Everyone 계정을 추가하고, 읽기 / 쓰기 권한 부여 후, '공유'를 클릭하여 공유 설정을 완료한다.

PC 이름확인

▶ 바탕화면 '내 컴퓨터' 속성 또는 '시작 – 컴퓨터'의 속성 또는 '제어판 – 시스템' 항목을 클릭한다.

▶ 컴퓨터 이름을 메모한다(IP 취득방법이 자동으로 되어 있을 경우임).
IP가 고정으로 설정되어 있을 경우는 PC의 IP 주소를 메모한다.

PC 계정확인

▶ [제어판] → [사용자 계정 및 가족보호] → [사용자 계정 항목]에서 로그인 계정을 확인한다. 또는 [내 컴퓨터] → [관리] → [로컬 사용자 및 그룹] → [사용자 항목]에서 로그인 계정을 확인한다. 단, 2개의 계정이 틀린 경우 컴퓨터 관리에서 확인한 계정을 메모한다.

46 **S사원은 설명서를 토대로 복합기 설정을 마무리하였다. 올바르게 작동하는지 테스트하기 위하여 스캔을 한 결과, 문서가 저장이 되지 않는다는 것을 알았다. 해당 문제점의 원인을 파악하기 위해서 반드시 확인해야 할 사항이 아닌 것은?**

① 네트워크가 공유로 되어 있는지 여부

② 고급 공유 설정 변경에서 네트워크 검색이 켜져 있는지 여부

③ 고급 공유 설정 변경에서 파일 및 프린터 공유가 켜져 있는지 여부

④ 고급 TCP/IP 설정에서 LMHOSTS 조회 가능이 선택되었는지 여부

47 **K대리는 A인턴에게 자신의 컴퓨터에 있는 공유폴더에서 신입사원 교육자료를 인쇄하여 숙지하라고 지시하였다. 그러나 A인턴은 공유폴더를 찾을 수 없다고 한다. A인턴이 공유폴더를 볼 수 없는 이유는 무엇인가?**

① 고급 공유 설정 변경에서 파일 및 프린터 공유 켜기 여부

② 제어판 → Windows 방화벽에서 원격 데스크톱이 설정되어 있는지 여부

③ 내 컴퓨터 → 관리 → 로컬 사용자 및 그룹 → 사용자 항목에서 로그인 계정이 설정되어 있는지 여부

④ 고급 TVP/IP 설정에서 LMHOSTS 조회 가능이 선택되었는지 여부

48 K전자 상담원인 귀하는 전자파와 관련된 고객의 문의전화를 받았다. 가전제품 전자파 절감 가이드라인을 참고했을 때, 상담내용 중 옳지 않은 것을 모두 고르면?

〈가전제품 전자파 절감 가이드라인〉

오늘날 전자파는 우리 생활을 풍요롭고 편리하게 해 주는 떼려야 뗄 수 없는 존재가 되었습니다. 일상생활에서 사용하는 가전제품의 전자파 세기는 매우 미약하고 안전하지만 여전히 걱정이 된다고요? 그렇다면 일상생활에서 전자파를 줄이는 가전제품 사용 가이드라인에 대해 알려 드리겠습니다.

1. 생활가전제품 사용 시에는 가급적 30cm 이상 거리를 유지하세요.
   - 가전제품의 전자파는 30cm 거리를 유지하면 밀착하여 사용할 때보다 1/10로 줄어듭니다.
2. 전기장판은 담요를 깔고, 온도는 낮게, 온도조절기는 멀리 하세요.
   - 전기장판의 자기장은 3 ~ 5cm 두께의 담요나 이불을 깔고 사용하면 밀착 시에 비해 50% 정도 줄어듭니다.
   - 전기장판의 자기장은 저온(취침모드)으로 낮추면 고온으로 사용할 때에 비해 50% 줄어듭니다.
   - 온도조절기와 전원접속부는 전기장판보다 전자파가 많이 발생하니 가급적 멀리 두고 사용하세요.
3. 전자레인지 동작 중에는 가까운 거리에서 들여다보지 마세요.
   - 사람의 눈은 민감하고 약한 부위에 해당되므로 전자레인지 동작 중에는 가까운 거리에서 내부를 들여다보는 것을 삼가는 것이 좋습니다.
4. 헤어드라이기를 사용할 때에는 커버를 분리하지 마세요.
   - 커버가 없을 경우 사용부위(머리)와 가까워져 전자파에 2배 정도 더 노출됩니다.
5. 가전제품은 필요한 시간만 사용하고 사용 후에는 항상 전원을 뽑으세요.
   - 가전제품을 사용한 후 전원을 뽑으면 불필요한 전자파를 줄일 수 있습니다.
6. 시중에서 판매되고 있는 전자파 차단 필터는 효과가 없습니다.
7. 숯, 선인장 등은 전자파를 줄이거나 차단하는 효과가 없습니다.

상담원 : 안녕하십니까, K전자 고객상담팀 김○○입니다.

고객 : 안녕하세요, 문의할 게 있어서 전화했습니다. 이번에 전기장판을 사용하는데 윙윙거리는 전자파 소리가 들려서 도저히 불안해서 사용할 수가 없네요. 전기장판에서 발생하는 전자파는 어느 정도인가요?

상담원 : ㉠ <u>일상생활에서 사용하는 모든 가전제품에서는 전자파가 나오지만 그 세기는 매우 미약하고 안전하니 걱정하지 않으셔도 됩니다.</u>

고객 : 하지만 괜히 몸도 피곤하고 전기장판에서 자면 개운하지 않은 것 같아서요.

상담원 : ㉡ <u>혹시 온도조절기가 몸과 가까이 있지 않나요? 온도조절기와 전원접속부는 전기장판보다 전자파가 더 많이 발생하니 멀리 두고 사용하면 전자파를 줄일 수 있습니다.</u>

고객 : 네, 온도조절기가 머리 가까이 있었는데 위치를 바꿔야겠네요.

상담원 : ㉢ <u>또한 전기장판은 저온으로 장시간 이용하는 것보다 고온으로 온도를 올리고 있다가 저온으로 낮춰 사용하는 것이 전자파 절감에 더 효과가 있습니다.</u>

고객 : 그럼 혹시 핸드폰에서 발생하는 전자파를 절감할 수 있는 방법도 있나요?

상담원 : ㉣ <u>핸드폰의 경우 시중에 판매하는 전자파 차단 필터를 사용하시면 50% 이상의 차단 효과를 보실 수 있습니다.</u>

① ㉠, ㉡ ② ㉠, ㉢

③ ㉡, ㉢ ④ ㉢, ㉣

49 다음 중 매뉴얼에 대한 설명으로 옳은 것은?

① 사전적 의미로는 어떤 기계의 조작방법을 설명해 놓은 사용지침서이다.
② 제품 매뉴얼은 어떤 일의 진행방식, 지켜야 할 규칙 등을 일관성 있게 표준화하여 설명하는 지침서이다.
③ 제품 매뉴얼에는 프랜차이즈 점포의 '편의점 운영 매뉴얼', '제품 진열 매뉴얼' 등이 있다.
④ 업무 매뉴얼은 사용자를 위해 제품의 특징이나 기능 설명, 사용방법 등 제품에 관련된 모든 서비스를 제공하는 것이다.

50 다음 글을 읽고 이해한 내용으로 옳지 않은 것은?

> 일반적으로 기술에 대한 특징은 다음과 같이 정의될 수 있다.
> 첫째, 하드웨어나 인간에 의해 만들어진 비자연적인 대상, 혹은 그 이상을 의미한다.
> 둘째, 기술은 '노하우(Knowhow)'를 포함한다. 즉, 기술을 설계하고, 생산하고, 사용하기 위해 필요한 정보, 기술, 절차를 갖는 데 노하우(Knowhow)가 필요한 것이다.
> 셋째, 기술은 하드웨어를 생산하는 과정이다.
> 넷째, 기술은 인간의 능력을 확장시키기 위한 하드웨어와 그것의 활용을 뜻한다.
> 다섯째, 기술은 정의 가능한 문제를 해결하기 위해 순서화되고 이해 가능한 노력이다.
> 이와 같은 기술이 어떻게 형성되는가를 이해하는 것과 사회에 의해 형성되는 방법을 이해하는 것은 두 가지 원칙에 근거한다. 먼저 기술은 사회적 변화의 요인이다. 기술체계는 의사소통의 속도를 증가시켰으며, 이것은 개인으로 하여금 현명한 의사결정을 할 수 있도록 도와준다. 또한, 사회는 기술 개발에 영향을 준다. 사회적, 역사적, 문화적 요인은 기술이 어떻게 활용되는가를 결정한다.
> 기술은 두 개의 개념으로 구분될 수 있으며, 하나는 모든 직업 세계에서 필요로 하는 기술적 요소들로 이루어지는 광의의 개념이고, 다른 하나는 구체적 직무수행능력 형태를 의미하는 협의의 개념이다.

① 기술은 건물, 도로, 교량, 전자장비 등 인간이 만들어낸 모든 물질적 창조물을 생산하는 과정으로 볼 수 있다.
② 전기산업기사, 건축산업기사, 정보처리산업기사 등의 자격 기술은 기술의 광의의 개념으로 볼 수 있다.
③ 영국에서 시작된 산업혁명 역시 기술 개발에 영향을 주었다고 볼 수 있다.
④ 컴퓨터의 발전은 기술체계가 개인으로 하여금 현명한 의사결정을 할 수 있는 사례로 볼 수 있다.

시대에듀

M E M O

3일 차
기출응용 모의고사

〈문항 및 시험시간〉

영역	문항 수	시험시간	모바일 OMR 답안채점 / 성적분석 서비스
[공통] 의사소통능력+수리능력+ 문제해결능력+자원관리능력 [사무직] 조직이해능력 [기술직] 기술능력	50문항	50분	사무직 / 기술직

국가철도공단 NCS

3일 차 기출응용 모의고사

문항 수 : 50문항
시험시간 : 50분

| 01 | 공통

01 다음 글을 읽고 추론한 내용으로 가장 적절한 것은?

> 캔 음료의 대부분은 원기둥 모양과 함께 밑바닥이 오목한 아치 형태를 이루고 있다는 것을 우리는 잘 알고 있다. 삼각기둥도 있고, 사각기둥도 있는데 왜 굳이 원기둥 모양에 밑면이 오목한 아치 형태를 고집하는 것일까? 그 이유는 수학과 과학으로 설명할 수 있다.
> 먼저, 삼각형, 사각형, 원이 있을 때 각각의 둘레의 길이가 같다면 어느 도형의 넓이가 가장 넓을까? 바로 원의 넓이이다. 즉, 같은 높이의 삼각기둥, 사각기둥, 원기둥이 있다면 이 중 원기둥의 부피가 가장 크다는 것이다. 이것은 원기둥이 음료를 많이 담을 수 있으면서도, 캔을 만들 때 사용되는 재료인 알루미늄은 가장 적게 사용된다는 것이고, 이는 생산 비용을 절감시키는 효과로 이어지는 것이다.
> 다음으로 캔의 밑바닥을 살펴보면, 같은 원기둥 모양의 캔이라도 음료 캔에 비해 참치 통조림의 경우는 밑면이 평평하다. 이 두 캔의 밑면이 다른 이유는 내용물에 '기체가 포함되느냐, 포함되지 않느냐'와 관련이 있다. 탄산음료의 경우에, 이산화탄소가 팽창하면 캔 내부의 압력이 커져 폭발할 우려가 있는데, 이것을 막기 위해 캔의 밑바닥을 아치형으로 만드는 것이다. 밑바닥이 안쪽으로 오목하게 들어가면 캔의 내용물이 팽창하여 위에서 누르는 힘을 보다 효과적으로 견딜 수 있기 때문이다.

① 교량을 평평하게 만들면 차량의 하중을 보다 잘 견딜 수 있다.
② 집에서 사용하는 살충제 캔의 바닥이 오목하게 들어간 것은 과학적 이유가 있다.
③ 원기둥 모양의 음료 캔은 과학적으로 제작해서 경제성과는 관련이 없다.
④ 우리의 갈비뼈는 체내의 압력을 견디기 위해서 활처럼 둥글게 생겼다.

02 다음 중 문서를 이해하는 과정에 대한 설명으로 옳지 않은 것은?

① 문서를 이해하기 위해서는 우선 문서의 목적을 이해하는 것이 첫 번째로 수행되어야 한다.
② 상대방의 의도를 도표, 그림 등으로 요약해보는 것은 문서의 이해에 큰 도움이 되는 과정이다.
③ 문서의 핵심내용만 아는 것으로는 문서를 이해하는 데에 한계가 있으므로, 모든 내용을 파악하는 것이 필수적이다.
④ 정확한 문서 이해를 위해서는 문서를 분석하기 이전에 문서 작성의 배경과 주체를 파악해야 한다.

03 다음 빈칸 ㉠~㉤에 들어갈 내용이 바르게 연결된 것은?

〈경청의 5단계〉

단계	경청 정도	내용
㉠	0%	상대방은 이야기를 하지만, 듣는 사람에게 전달되는 내용은 하나도 없는 단계
㉡	30%	상대방의 이야기를 듣는 태도는 취하고 있지만, 자기 생각 속에 빠져 있어 이야기의 내용이 전달되지 않는 단계
㉢	50%	상대방의 이야기를 듣기는 하나, 자신이 듣고 싶은 내용을 선택적으로 듣는 단계
㉣	70%	상대방이 어떤 이야기를 하는지 내용에 집중하면서 듣는 단계
㉤	100%	상대방의 이야기에 집중하면서 의도와 목적을 추측하고, 이해한 내용을 상대방에게 확인하면서 듣는 단계

	㉠	㉡	㉢	㉣	㉤
①	선택적 듣기	무시	듣는 척하기	공감적 듣기	적극적 듣기
②	듣는 척하기	무시	선택적 듣기	적극적 듣기	공감적 듣기
③	듣는 척하기	무시	선택적 듣기	공감적 듣기	적극적 듣기
④	무시	듣는 척하기	선택적 듣기	적극적 듣기	공감적 듣기

04 다음 글을 논리적 순서대로 바르게 나열한 것은?

(가) 물체의 회전 상태에 변화를 일으키는 힘의 효과를 돌림힘이라고 한다. 물체에 회전 운동을 일으키거나 물체의 회전 속도를 변화시키려면 물체에 힘을 가해야 한다. 같은 힘이라도 회전축으로부터 얼마나 멀리 떨어진 곳에 가해 주느냐에 따라 회전 상태의 변화 양상이 달라진다. 물체에 속한 점 X와 회전축을 최단 거리로 잇는 직선과 직각을 이루는 동시에 회전축과 직각을 이루도록 힘을 X에 가한다고 하자. 이때 물체에 작용하는 돌림힘의 크기는 회전축에서 X까지의 거리와 가해준 힘의 크기의 곱으로 표현되고 그 단위는 Nm(뉴턴미터)이다.

(나) 회전 속도의 변화는 물체에 알짜 돌림힘이 일을 해 주었을 때만 일어난다. 돌고 있는 팽이에 마찰력이 일으키는 돌림힘을 포함하여 어떤 돌림힘도 작용하지 않으면 팽이는 영원히 돈다. 일정한 형태의 물체에 일정한 크기와 방향의 알짜 돌림힘을 가하여 물체를 회전시키면, 알짜 돌림힘이 한 일은 알짜 돌림힘의 크기와 회전 각도의 곱이고 그 단위는 줄(J)이다. 알짜 돌림힘이 물체를 돌리려는 방향과 물체의 회전 방향이 일치하면 알짜 돌림힘이 양(+)의 일을 하고 그 방향이 서로 반대이면 음(−)의 일을 한다.

(다) 동일한 물체에 작용하는 두 돌림힘의 합을 알짜 돌림힘이라 한다. 두 돌림힘의 방향이 같으면 알짜 돌림힘의 크기는 두 돌림힘의 크기의 합이 되고 그 방향은 두 돌림힘의 방향과 같다. 두 돌림힘의 방향이 서로 반대이면 알짜 돌림힘의 크기는 두 돌림힘의 크기의 차가 되고 그 방향은 더 큰 돌림힘의 방향과 같다. 지레의 힘을 주지만 물체가 지레의 회전을 방해하는 힘을 작용점에 주어 지레가 움직이지 않는 상황처럼, 두 돌림힘의 크기가 같고 방향이 반대이면 알짜 돌림힘은 0이 되고 이때를 돌림힘의 평형이라고 한다.

(라) 지레는 받침과 지렛대를 이용하여 물체를 쉽게 움직일 수 있는 도구이다. 지레에서 힘을 주는 곳을 힘점, 지렛대를 받치는 곳을 받침점, 물체에 힘이 작용하는 곳을 작용점이라 한다. 받침점에서 힘점까지의 거리가 받침점에서 작용점까지의 거리에 비해 멀수록 힘점에서 작은 힘을 주어 작용점에서 물체에 큰 힘을 가할 수 있다. 이러한 지레의 원리에는 돌림힘의 개념이 숨어 있다.

① (가) – (나) – (다) – (라)
② (가) – (라) – (다) – (나)
③ (라) – (가) – (나) – (다)
④ (라) – (가) – (다) – (나)

05 다음의 문서 작성 시 유의해야 할 한글 맞춤법 및 어법을 토대로 쓴 문장 중 옳지 않은 것은?

〈한글 맞춤법 및 어법〉

1) 고 / 라고
앞말이 직접 인용되는 말임을 나타내는 조사는 '라고'이다. '고'는 앞말이 간접 인용되는 말임을 나타내는 격조사이다.

2) 로써 / 로서
지위나 신분 또는 자격을 나타내는 격조사는 '로서'이며, '로써'는 어떤 일의 수단이나 도구를 나타내는 격조사이다.

3) 율 / 률
받침이 있는 말 뒤에서는 '렬, 률', 받침이 없는 말이나 'ㄴ' 받침으로 끝나는 말 뒤에서는 '열, 율'로 적는다.

4) 년도 / 연도
한자음 '녀, 뇨, 뉴, 니'가 단어 첫머리에 올 때는 두음 법칙에 따라 '여, 요, 유, 이'로 적는다. 단, 의존 명사의 경우 두음 법칙을 적용하지 않는다.

5) 연월일의 표기
아라비아 숫자만으로 연월일을 표시할 경우 마침표는 연월일 다음에 모두 사용해야 한다.

① 이사장은 "이번 기회를 통해 소중함을 깨닫게 되었으면 좋겠다."라고 말했다.
② 모든 것이 말로써 다 표현되는 것은 아니다.
③ 올해의 상반기 목표 성장률을 달성하기 위해서는 모두가 함께 노력해야 한다.
④ 노인 일자리 추가 지원 사업을 시작한 지 반 연도 되지 않아 지원이 끝이 났다.

※ 다음은 최근 들어 전 연령대에 걸쳐 문제가 되고 있는 스마트폰 중독에 대한 내용을 정리한 자료이다. 이어지는 질문에 답하시오. [6~7]

〈스마트폰 중독 현황 및 차이점〉

구분	항목	내용
기존 물질중독 및 인터넷 중독의 공통적인 증상	의존 / 불안	스마트폰을 사용하지 않으면 우울하거나 초조함, 답답한 기분을 느끼며, 습관적으로 스마트폰을 사용하게 됨
	내성	더 많은 시간을 사용해야 만족을 느끼게 되며, 사용 시간이 점점 증가하게 되어 나중에는 많이 사용해도 만족감이 없는 상태
	금단	스마트폰에 대한 강박적 사고나 환상을 가지게 되며, 스마트폰이 옆에 없으면 불안하고 초조함을 느끼는 현상
	일상 생활 장애	의존, 내성, 금단 증상 등이 반복적이고 만성화되어 기분 변화 및 일상 생활의 문제가 발생 예 일상 업무 및 학업 부적응, 언어파괴 문제 등
스마트폰과 인터넷의 차이	편리성 증대	한 번의 터치만으로 PC보다 훨씬 편하게 원하는 시간에 접속하거나 소셜 네트워크 등을 사용할 수 있음
	접근성 증대	항상 손에 들고 다니면서 자신이 원하는 특정 정보나 메시지를 즉각적으로 확인할 수 있으며, 스마트폰 애플리케이션의 푸시기능으로 인해 SNS 서비스의 즉시성을 더욱 극대화시켜줌
	사용자 중심의 다양한 APP 활용 가능	개인의 선호에 따라 선택적으로 애플리케이션을 구성할 수 있고 스토어에서 자신의 취향 및 개성에 맞는 소프트웨어를 다운받아 활용 가능
	새로운 중독 콘텐츠 생성 가능성	기존의 인터넷 중독 카테고리에 추가로 SNS 중독, 애플리케이션 중독 등의 새로운 중독 콘텐츠 카테고리 생성이 가능해짐

06 스마트폰 중독현상 중 금단 증상에 해당하는 것은?

① 밤새 스마트폰으로 동영상을 보면서 잠을 이루지 못해 다음 날 직장에 지각하거나 직장에서 업무에 집중하지 못하는 상황이 반복된다.

② 밤 11시 이후에 스마트폰을 하지 않으려고 거실에 두었으나 얼마 지나지 않아 SNS 메시지가 왔을 것 같은 생각과 휴대폰 게임이 계속 떠오르는 현상 때문에 거실을 몇 번이나 들락날락거리며 잠을 못 잔다.

③ 출・퇴근 길 전철 안에서, 업무 중에, 퇴근 후 집에서 등 장소를 불문하고 항상 스마트폰을 사용하지만 중요한 강의를 들어야 하거나 누군가를 만날 땐 스마트폰을 사용하지 않는다.

④ 스마트폰 사용 시간을 줄이기 위해 사용 시간을 제한하려고 노력하지만 자주 실패하고, 스마트폰을 사용할 때에는 아무리 많은 시간 동안 사용하더라도 특별히 많이 사용했다는 생각이 들지 않는다.

07 다음 중 스마트폰 중독으로 인해 나타나는 행동으로 적절하지 않은 것은?

① A씨는 편하게 접속할 수 있는 스마트폰의 주식 관련 애플리케이션을 사용하기 시작하면서 이전보다 더 많은 시간을 주식 거래에 할애하고 있다.

② B씨는 시간이 날 때마다 자신의 관심 블로그에 새 글이 등록되지는 않았는지, 쇼핑 애플리케이션에서 쿠폰이 발송되지는 않았는지 습관처럼 확인한다.

③ C씨는 얼마 전 즐겨하던 인터넷 게임이 스마트폰 애플리케이션으로 출시되면서 시도 때도 없이 게임을 하느라 일상에 지장을 겪고 있다.

④ D씨는 출·퇴근 시간에는 스마트폰으로 자신이 좋아하는 만화를 보며, PC를 사용할 수 있을 때는 인터넷을 이용하여 만화를 보고 있다.

08 다음 글에서 〈보기〉가 들어갈 위치로 가장 적절한 곳은?

> 휴대폰은 어린이들이 자신의 속마음을 고백하기도 하고, 그가 하는 말을 들어주기도 하며, 자신의 품속에 끌어안기도 하는 곰돌이 인형과 유사하다. 다른 점이 있다면, 곰돌이 인형은 말하는 사람에게 주의 깊게 귀를 기울여 준다는 것이다. (가)
> 휴대폰이 제기하는 핵심 문제는 바로 이러한 모순 가운데 있다. 곰돌이 인형과 달리 휴대폰을 통해 듣는 목소리는 우리가 듣기를 바라는 것과는 다른 대답을 자주 한다. 그것은 특히 우리가 대화 상대자와 다른 시간과 다른 장소 그리고 다른 정신상태에 처해 있기 때문이다. (나)
> 그리 오래 전 일도 아니지만, 우리가 시·공간적으로 떨어져 있는 상대와 대화를 나누고 싶을 때 할 수 있는 일이란 기껏해야 독백을 하거나 글쓰기에 호소하는 것밖에 없었다. 하지만 글을 써본 사람이라면 펜을 가지고 구어(口語)적 사고를 진행시킨다는 것이 얼마나 어려운 일인지 잘 알 것이다. (다)
> 반면 우리가 머릿속에 떠오르는 말들에 따라 그때그때 우리가 취하는 어조와 몸짓들은 얼마나 다양한가! 휴대폰으로 말미암아 우리는 혼자 말하는 행복을 되찾게 되었다. 더 이상 독백의 기쁨을 만끽하기 위해서 혼자 숨어들 필요가 없는 것이다. (라)
> 어린이에게 자신이 보호받고 있다는 느낌을 주기 위해 발명된 곰돌이 인형을 어린이는 가장 좋은 대화 상대자로 이용한다. 마찬가지로 통신 수단으로 발명된 휴대폰은 고독 속에서 우리를 안도시키는 절대적 수단이 될 것이다.

> **보기**
> 곰돌이 인형에게 이야기하는 어린이가 곰돌이 인형이 자기 말을 듣고 있다고 믿는 이유는 인형이 결코 대답하는 법이 없기 때문이다. 만일 곰돌이 인형이 대답을 한다면 그것은 어린이가 자신의 마음속에서 듣는 말일 것이다.

① (가)　　② (나)
③ (다)　　④ (라)

※ 다음은 토마토를 소개한 글이다. 이어지는 질문에 답하시오. [9~10]

(가) 토마토는 우리말로 '일년감'이라 하며, 한자명은 남만시(南蠻柿)라고 한다. 우리나라에서는 토마토를 처음에는 관상용으로 심었으나 차츰 영양가가 밝혀져 밭에 재배하기 시작했고 식용으로 대중화되었다. 토마토는 가짓과에 속하는 일년생 반덩굴성 식물열매이며 원산지는 남미 페루이다. 16세기 초 콜럼버스가 신대륙을 발견한 즈음 유럽으로 건너가 스페인과 이탈리아에서 재배되기 시작했다. 우리나라에는 19세기 초 일본을 거쳐서 들어왔다고 추정되고 있다. 한때 미국에서 정부와 업자 사이에 '토마토가 과일이냐 채소냐'의 논란이 있었는데, 이에 대법원에서는 토마토를 채소로 판결 내렸다. 어찌 됐든 토마토는 과일과 채소의 두 가지 특성을 갖추고 있으며 비타민과 무기질 공급원으로 아주 우수한 식품이다. 세계적인 장수촌으로 알려진 안데스 산맥 기슭의 빌카밤바(Vilcabamba) 사람들은 토마토를 많이 먹은 덕분으로 장수를 누렸다고 전해 오고 있다.

(나) 토마토에 함유되어 있는 성분에는 구연산, 사과산, 호박산, 아미노산, 루틴, 단백질, 당질, 회분, 칼슘, 철, 인, 비타민 A, 비타민 B1, 비타민 B2, 비타민 C, 식이섬유 등이 있다. 특히 비타민 C의 경우 토마토 한 개에 하루 섭취 권장량의 절반가량이 들어 있다. 토마토가 빨간색을 띠는 것은 카로티노이드라는 식물 색소 때문인데, 특히 빨간 카로티노이드 색소인 라이코펜이 주성분이다. 라이코펜은 베타카로틴 등과 더불어 항산화 작용을 하는 물질이며, 빨간 토마토에는 대략 7 ~ 12mg의 라이코펜이 들어 있다.

(다) 파란 토마토보다 빨간 토마토가 건강에 더 유익하므로 완전히 빨갛게 익혀 먹는 것이 좋으며, 라이코펜이 많은 빨간 토마토를 그냥 먹을 경우 체내 흡수율이 떨어지므로 열을 가해 조리해서 먹는 것이 좋다. 열을 가하면 라이코펜이 토마토 세포벽 밖으로 빠져나와 우리 몸에 잘 흡수되기 때문이다. 실제 토마토 소스에 들어 있는 라이코펜의 흡수율은 생토마토의 5배에 달한다고 한다.

(라) 토마토의 껍질을 벗길 때는 끓는 물에 잠깐 담갔다가 건진 후 찬물에서 벗기면 손쉽게 벗길 수 있다. 잘 익은 토마토의 껍질을 벗기고 으깨 체에 밭쳐 졸인 것을 '토마토 퓨레(채소나 과일의 농축 진액)'라고 한다. 그리고 토마토 퓨레에 소금과 향신료를 조미한 것이 '토마토 소스'이며, 소스를 보다 강하게 조미하고 단맛을 낸 것이 '토마토 케첩'이다. 토마토의 라이코펜과 지용성 비타민은 기름에 익힐 때 흡수가 잘 되므로 기름에 볶아 푹 익혀서 퓨레 상태로 만들면 편리하다. 마늘과 쇠고기를 다져서 올리브유에 볶다가 적포도주 조금, 그리고 토마토 퓨레를 넣으면 토마토 소스가 된다. 토마토 소스에 파스타나 밥을 볶으면 쉽게 맛을 낼 수 있다.

그런데 토마토와 같이 산(酸)이 많은 식품을 조리할 때는 단시간에 조리하거나 스테인리스 스틸 재질의 조리 기구를 사용해야 한다. 알루미늄제 조리 기구를 사용하게 되면 알루미늄 성분이 녹아 나올 수 있기 때문이다. 세계보건기구(WHO)는 지난 1997년 알루미늄에 대해 신체 과다 노출 시 구토, 설사, 메스꺼움 등을 유발할 수 있다고 경고한 바 있다.

09 **다음 중 (가) ~ (라) 문단의 소제목으로 적절하지 않은 것은?**

① (가) : 토마토가 우리에게 오기까지
② (나) : 토마토의 다양한 성분
③ (다) : 토마토를 건강하게 먹는 방법
④ (라) : 토마토가 사랑받는 이유

10 **윗글을 읽고 이해한 내용으로 적절하지 않은 것은?**

① 토마토는 그냥 먹는 것보다 열을 가해 먹는 것이 더 좋다.
② 토마토는 일본을 거쳐 우리나라에 들어온 것으로 추정된다.
③ 토마토를 조리할 때는 알루미늄제 조리 기구를 사용해야 한다.
④ 토마토의 라이코펜은 기름에 익힐 때 흡수가 잘된다.

11 다음은 일정한 규칙으로 나열한 수열이다. 빈칸에 들어갈 알맞은 수는?

1　2　8　(　)　148　765　4,626

① 12　② 33

③ 24　④ 27

12 올림픽 양궁 시합에서 우리나라 선수가 10점 만점 중 10점을 쏠 확률은 $\frac{1}{5}$ 이다. 4번의 화살을 쐈을 때 4번 중 2번은 10점, 나머지 2번은 10점을 쏘지 못할 확률은?

① $\frac{16}{125}$　② $\frac{24}{125}$

③ $\frac{16}{625}$　④ $\frac{96}{625}$

13 영훈이네 집에서 할아버지 댁까지는 총 50km라고 한다. 10km/h의 속력으로 25km를 갔더니 도착하기로 한 시간이 얼마 남지 않아서 15km/h의 속력으로 뛰어가 오후 4시에 할아버지 댁에 도착할 수 있었다. 영훈이가 집에서 나온 시각은 언제인가?

① 오전 11시 50분　② 오후 12시 10분

③ 오후 12시 50분　④ 오후 1시 10분

14 다음은 지역별 인구 및 인구밀도에 대한 자료이다. 이에 대한 설명으로 옳은 것을 〈보기〉에서 모두 고르면?

〈지역별 인구 및 인구밀도〉

(단위 : 천 명, 천 명/km^2)

지역 \ 인구 및 인구밀도	2022년		2023년		2024년	
	인구	인구밀도	인구	인구밀도	인구	인구밀도
서울	10,032	16,574	10,036	16,582	10,039	16,593
부산	3,498	4,566	3,471	4,531	3,446	4,493
대구	2,457	2,779	2,444	2,764	2,431	2,750
인천	2,629	2,602	2,645	2,576	2,661	2,586

※ $(\text{면적})=\frac{(\text{인구})}{(\text{인구밀도})}$

보기

㉠ 2022년에서 2023년까지 감소한 인구가 2024년 전체 인구에서 차지하는 비율은 부산보다 대구가 더 크다.

㉡ 인천의 면적은 1,000km^2보다 넓다.

㉢ 부산의 면적은 대구의 면적보다 넓다.

① ㉠　　② ㉠, ㉡

③ ㉡　　④ ㉡, ㉢

15 K사는 추석을 맞이해 직원들에게 선물을 보내려고 한다. 선물은 비슷한 가격대의 상품으로 다음과 같이 준비하였으며, 전체 직원을 대상으로 투표를 실시하였다. 가장 많은 표를 얻은 상품 하나를 선정하여 선물을 보낸다면, 총 얼마의 비용이 들겠는가?

〈추석 선물 상품별 가격 및 투표결과〉

상품내역		투표결과					
상품명	가격	총무부	기획부	영업부	생산부	관리부	연구소
한우 세트	80,000원	2	1	5	13	1	1
영광굴비	78,000원	0	3	3	15	3	0
장뇌삼	85,000원	1	0	1	21	2	2
화장품	75,000원	2	1	6	14	5	1
전복	70,000원	0	1	7	19	1	4

※ 투표에 대해 무응답 및 중복응답은 없음

① 9,200,000원
② 9,450,000원
③ 9,650,000원
④ 9,800,000원

16 다음은 성별로 구분한 국민연금 가입자 현황이다. 이에 대한 설명으로 옳은 것은?

〈성별 국민연금 가입자 수〉

(단위 : 명)

구분	사업장가입자	지역가입자	임의가입자	임의계속가입자	합계
남자	8,059,994	3,861,478	50,353	166,499	12,138,324
여자	5,775,011	3,448,700	284,127	296,644	9,804,482
합계	13,835,005	7,310,178	334,480	463,143	21,942,806

① 남자 사업장가입자 수는 남자 지역가입자 수의 2배 미만이다.
② 여자 사업장가입자 수는 이를 제외한 항목의 여자 가입자 수를 모두 합친 것보다 적다.
③ 전체 지역가입자 수는 전체 사업장가입자 수의 50% 미만이다.
④ 전체 가입자 중 여자 가입자 수의 비율은 40% 이상이다.

※ 다음은 국가별 교통서비스 수입 현황을 나타낸 자료이다. 이어지는 질문에 답하시오. [17~18]

〈국가별 교통서비스 수입 현황〉

(단위 : 백만 달러)

구분	해상	항공	기타	합계
한국	25,160	5,635	776	31,571
인도	63,835	13,163	258	77,256
튀르키예	5,632	4,003	522	10,157
멕시코	8,550	6,136	–	14,686
미국	36,246	53,830	4,268	94,344
브라질	9,633	4,966	305	14,904
이탈리아	7,598	10,295	8,681	26,574

17 다음 중 해상 교통서비스 수입액이 많은 국가부터 순서대로 나열한 것은?

① 인도 – 미국 – 한국 – 브라질 – 멕시코 – 이탈리아 – 튀르키예
② 인도 – 미국 – 한국 – 멕시코 –브라질 – 튀르키예 – 이탈리아
③ 인도 – 한국 – 미국 – 브라질 – 멕시코 – 이탈리아 – 튀르키예
④ 인도 – 미국 – 한국 – 브라질 – 이탈리아 – 튀르키예 – 멕시코

18 다음 중 자료에 대한 설명으로 옳지 않은 것은?

① 튀르키예의 교통서비스 수입에서 항공 수입이 차지하는 비중은 45% 미만이다.
② 전체 교통서비스 수입 금액이 첫 번째와 두 번째로 높은 국가의 차이는 17,088백만 달러이다.
③ 해상 교통서비스 수입보다 항공 교통서비스 수입이 더 높은 국가는 미국과 튀르키예이다.
④ 멕시코는 해상과 항공 교통서비스만 수입하였다.

19 다음은 K공사에서 서울 및 수도권 지역의 가구를 대상으로 난방 방식 및 난방연료 사용현황을 조사한 자료이다. 이에 대한 내용으로 옳은 것은?

〈난방 방식 현황〉

(단위 : %)

구분	서울	인천	경기남부	경기북부	전국 평균
중앙난방	22.3	13.5	6.3	11.8	14.4
개별난방	64.3	78.7	26.2	60.8	58.2
지역난방	13.4	7.8	67.5	27.4	27.4

〈난방연료 사용현황〉

(단위 : %)

구분	서울	인천	경기남부	경기북부	전국 평균
도시가스	84.5	91.8	33.5	66.1	69.5
LPG	0.1	0.1	0.4	3.2	1.4
등유	2.4	0.4	0.8	3.0	2.2
열병합	12.6	7.4	64.3	27.1	26.6
기타	0.4	0.3	1.0	0.6	0.3

① 경기북부의 경우 도시가스를 사용하는 가구 수가 등유를 사용하는 가구 수의 30배 이상이다.

② 다른 난방연료와 비교했을 때 서울과 인천에서는 등유를 사용하는 비율이 낮다.

③ 지역난방을 사용하는 가구 수는 서울이 인천의 약 1.7배이다.

④ 경기남부의 가구 수가 경기북부의 가구 수의 2배라면 경기지역에서 개별난방을 사용하는 가구 수의 비율은 약 37.7%이다.

20 다음은 축산물 수입 추이를 나타낸 그래프이다. 이를 해석한 내용으로 옳지 않은 것은?

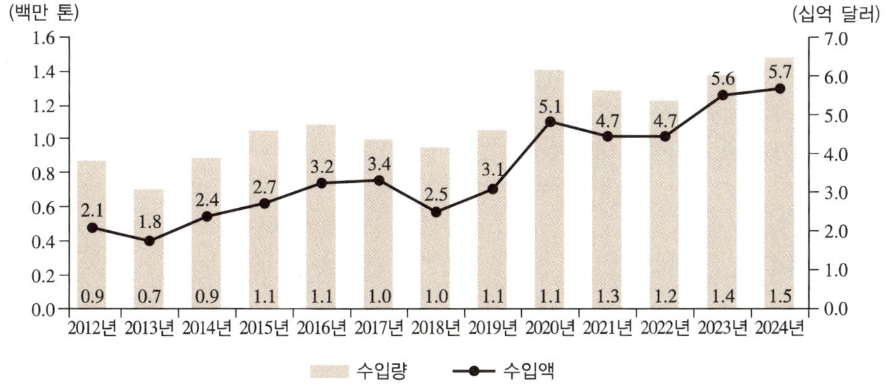

① 2024년 축산물 수입량은 2014년 대비 약 67% 증가하였다.
② 처음으로 2012년 축산물 수입액의 두 배 이상 수입한 해는 2020년이다.
③ 전년 대비 축산물 수입액의 증가율이 가장 높았던 해는 2020년이다.
④ 축산물 수입량과 수입액의 변화 추세는 동일하다.

21 K씨는 인터넷뱅킹 사이트에 가입하기 위해 가입절차에 따라 정보를 입력하는데, 패스워드 만드는 과정이 까다로워 계속 실패 중이다. 사이트 가입 시 패스워드 〈조건〉이 다음과 같을 때, 이에 부합하는 패스워드는 무엇인가?

조건
- 패스워드는 7자리이다.
- 영어 대문자와 소문자, 숫자, 특수기호를 적어도 하나씩 포함해야 한다.
- 숫자 0은 다른 숫자와 연속해서 나열할 수 없다.
- 영어 대문자는 다른 영어 대문자와 연속해서 나열할 수 없다.
- 특수기호를 첫 번째로 사용할 수 없다.

① a?102CB　　② 7!z0bT4
③ #38Yup0　　④ ssng99&

22 A ~ E학생은 영어, 수학, 국어, 체육 수업 중 두 개의 수업을 듣는다. 〈조건〉이 다음과 같을 때, E학생이 듣는 수업으로 바르게 짝지어진 것은?

조건

- A학생과 B학생은 영어 수업만 같이 듣는다.
- B학생은 C학생, E학생과 수학 수업을 함께 듣는다.
- C학생은 D학생과 체육 수업을 함께 듣는다.
- A학생은 D학생, E학생과 어떤 수업도 같이 듣지 않는다.

① 영어, 수학
② 영어, 국어
③ 수학, 체육
④ 국어, 체육

23 다음 〈보기〉 중 강제연상법에 해당하는 것을 모두 고르면?

보기

ㄱ. 생각나는 대로 자유롭게 발상함으로써 다양한 아이디어를 창출한다.
ㄴ. 각종 힌트를 통해 사고 방향을 미리 정하고, 그와 연결 지어 아이디어를 발상한다.
ㄷ. 주제의 본질과 닮은 것을 힌트로 하여 아이디어를 발상한다.
ㄹ. 대상과 비슷한 것을 찾아내어 그것을 힌트로 새로운 아이디어를 창출한다.
ㅁ. 실제로는 관련이 없어 보이는 것들을 조합하여 새로운 아이디어를 도출한다.
ㅂ. 집단의 효과를 통해 아이디어의 연쇄반응을 일으켜 다양한 아이디어를 창출한다.
ㅅ. 찾고자 하는 내용을 표로 정리해 차례대로 그와 관련된 아이디어를 도출한다.

① ㄱ, ㄷ
② ㄴ, ㅅ
③ ㄱ, ㅂ, ㅅ
④ ㄴ, ㄹ, ㅁ, ㅅ

24 A ~ E 5명이 순서대로 퀴즈게임을 해서 벌칙 받을 사람 1명을 선정하고자 한다. 다음 게임 규칙과 결과에 근거할 때, 항상 옳은 것을 〈보기〉에서 모두 고르면?

〈퀴즈게임 규격 및 결과〉

■ 규칙

- A → B → C → D → E 순서대로 퀴즈를 1개씩 풀고, 모두 한 번씩 퀴즈를 풀고 나면 한 라운드가 끝난다.
- 퀴즈 2개를 맞힌 사람은 벌칙에서 제외되고, 다음 라운드부터는 게임에 참여하지 않는다.
- 라운드를 반복하여 맨 마지막까지 남는 1명이 벌칙을 받는다.
- 벌칙에서 제외되는 4명이 확정되면 라운드 중이라도 더 이상 퀴즈를 출제하지 않으며, 이 외에는 라운드 끝까지 퀴즈를 출제한다.
- 게임 중 동일한 문제는 출제하지 않는다.

■ 결과

3라운드에서 A는 참가자 중 처음으로 벌칙에서 제외되었고, 4라운드에서는 오직 B만 벌칙에서 제외되었으며, 벌칙을 받을 사람은 5라운드에서 결정되었다.

보기

ㄱ. 5라운드까지 참가자들이 정답을 맞힌 퀴즈는 총 9개이다.
ㄴ. 게임이 종료될 때까지 총 22개의 퀴즈가 출제되었다면, E는 5라운드에서 퀴즈의 정답을 맞혔다.
ㄷ. 게임이 종료될 때까지 총 21개의 퀴즈가 출제되었다면, 퀴즈를 푸는 순서가 벌칙을 받을 사람 선정에 영향을 미친 것으로 볼 수 있다.

① ㄱ ② ㄴ
③ ㄱ, ㄷ ④ ㄴ, ㄷ

25 K기업은 가전전시회에서 자사의 제품을 출품하기로 하였다. 자사의 제품을 보다 효과적으로 홍보하기 위하여 다음과 같이 행사장의 A ~ G 중 3곳에서 홍보판촉물을 배부하기로 하였다. 가장 많은 사람들에게 홍보판촉물을 나눠 줄 수 있는 위치는 어디인가?

- 전시관은 제1전시관 → 제2전시관 → 제3전시관 → 제4전시관 순서로 배정되어 있다.
- 행사장 출입구는 한 곳이며, 다른 곳으로는 출입이 불가능하다.
- 방문객은 행사장 출입구로 들어와서 시계 반대 방향으로 돌며, 4개의 전시관 중 2개의 전시관만을 골라 관람한다.
- 방문객은 자신이 원하는 2개의 전시관을 모두 관람하면 행사장 출입구를 통해 나가기 때문에 한 바퀴를 초과해서 도는 방문객은 없다.
- 방문객은 전시관 입구로 들어가면 출구로 나오기 때문에 전시관의 입구와 출구 사이에 있는 외부 통로를 동시에 지나치지 않는다.
- 행사장에는 시간당 평균 400명이 방문하며, 각 전시관의 시간당 평균 방문객 수는 다음과 같다.

제1전시관	제2전시관	제3전시관	제4전시관
100명	250명	150명	300명

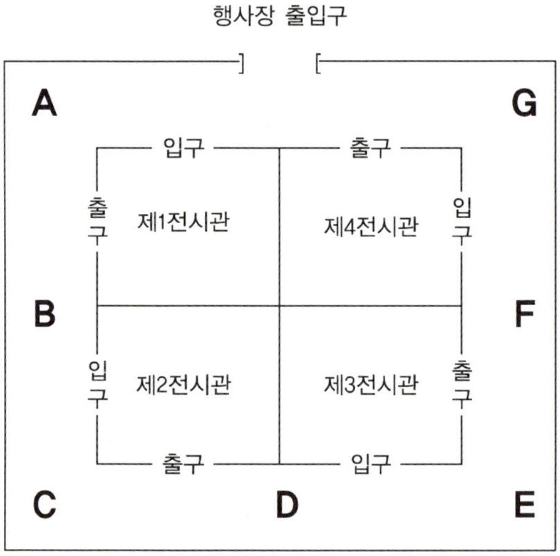

① A, B, C
② A, D, G
③ B, C, E
④ B, D, F

26 다음 글을 근거로 판단할 때, 〈보기〉에서 옳은 것을 모두 고르면?

- 손글씨 대회 참가자 100명을 왼손으로만 필기할 수 있는 왼손잡이, 오른손으로만 필기할 수 있는 오른손잡이, 양손으로 필기할 수 있는 양손잡이로 분류하고자 한다.
- 참가자를 대상으로 아래 3가지 질문을 차례대로 하여 해당하는 참가자는 한 번만 손을 들도록 하였다.
  [질문 1] 왼손으로만 필기할 수 있는 사람은?
  [질문 2] 오른손으로만 필기할 수 있는 사람은?
  [질문 3] 양손으로 필기할 수 있는 사람은?
- 양손잡이 중 일부는 제대로 알아듣지 못해 질문 1, 2, 3에 모두 손을 들었고, 그 외 모든 참가자는 바르게 손을 들었다.
- 질문 1에 손을 든 참가자는 16명, 질문 2에 손을 든 참가자는 80명, 질문 3에 손을 든 참가자는 10명이다.

보기

ㄱ. 양손잡이는 총 10명이다.
ㄴ. 왼손잡이 수는 양손잡이 수보다 많다.
ㄷ. 오른손잡이 수는 왼손잡이 수의 6배 이상이다.

① ㄱ
② ㄴ
③ ㄱ, ㄴ
④ ㄱ, ㄷ

27 다음 자료는 우체국 택배에 대한 SWOT 분석 결과이다. 이를 바탕으로 세운 전략으로 옳지 않은 것은?

〈우체국 택배 SWOT 분석 결과〉

강점(Strength)	약점(Weakness)
• 공공기관으로서의 신뢰성 • 우편 서비스에 대한 높은 접근성 • 전국적인 물류망 확보	• 인력 및 차량의 부족 • 공공기관으로서의 보수적 조직문화 • 부족한 마케팅 자원
기회(Opportunity)	**위협(Threat)**
• 전자상거래 활성화로 인한 택배 수요 증가 • 경쟁력 확보를 위한 기관의 노력	• 민간 업체들과의 경쟁 심화 • 기존 업체들의 설비 및 투자 확대 • 대기업 중심의 업체 진출 증가

① SO전략 : 전국적 물류망을 기반으로 택배 배송 지역을 확장한다.
② WO전략 : 보수적 조직문화의 개방적 쇄신을 통해 공공기관으로서의 경쟁력을 확보한다.
③ ST전략 : 민간 업체와의 경쟁에서 공공기관으로서의 높은 신뢰도를 차별화 전략으로 활용한다.
④ WT전략 : 지역별로 분포된 우체국 지점의 접근성을 강조한 마케팅으로 대기업의 공격적 마케팅에 대응한다.

28 다음 〈조건〉을 근거로 판단할 때, A ~ E 5개 국가 중 2개 이상의 국가를 공격할 수 있는 국가로 바르게 짝지어진 것은?

조건1

- A국가와 B국가는 민주주의 국가이다.
- B국가와 E국가, C국가와 D국가는 각각 동맹관계에 있다.
- D국가는 핵무기를 보유하고 있다.
- 군사력의 크기는 B국가 > A국가 = D국가 > C국가 > E국가이다.

조건2

- 민주주의 국가는 서로 공격하지 않는다.
- 핵무기를 가진 국가는 공격받지 않는다.
- 동맹국은 서로 공격하지 않고, 동맹국이 다른 국가를 공격을 할 경우 동참하여야 한다.
- 연합군의 형성은 동맹국 간에 한한다.
- 자신보다 강한 국가를 단독으로 공격하지 않는다.

① A국가, B국가, C국가　　② A국가, C국가, D국가
③ A국가, D국가, E국가　　④ B국가, D국가, E국가

29 K씨는 로봇청소기를 합리적으로 구매하기 위해 모델별로 성능을 비교 및 분석하였다. 다음 〈보기〉에 따라 K씨가 선택할 로봇청소기 모델은?

〈로봇청소기 모델별 성능 분석표〉

모델	청소 성능		주행 성능			소음 방지	자동 복귀	안전성	내구성	경제성
	바닥	카펫	자율주행 성능	문턱 넘김	추락 방지					
A	★★★	★	★★	★★	★★	★★★	★★★	★★★	★★★	★★
B	★★	★★★	★★★	★★★	★	★★★	★★	★★★	★★★	★★
C	★★★	★★★	★★★	★	★★★	★★★	★★★	★★★	★★★	★
D	★★	★★	★★★	★★	★	★★	★★	★★★	★★	★★

※ ★★★ : 적합, ★★ : 보통, ★ : 미흡

보기

K씨 : 로봇청소기는 내구성과 안전성이 1순위이고 집에 카펫은 없으니 바닥에 대한 청소 성능이 2순위야. 글을 쓰는 아내를 위해서 소음도 중요하겠지. 문턱이나 추락할 만한 공간은 없으니 자율주행성능만 좋은 것으로 살펴보면 되겠네. 나머지 기준은 크게 신경 안 써도 될 것 같아.

① A모델　　② B모델
③ C모델　　④ D모델

30 다음 중 퍼실리테이션의 문제해결에 대한 설명으로 옳지 않은 것은?

① 어떤 그룹이나 집단이 의사결정을 잘하도록 도와주는 일을 의미한다.
② 깊이 있는 커뮤니케이션을 통해 서로의 문제점을 이해하고 공감함으로써 창조적인 문제해결을 도모한다.
③ 구성원의 동기뿐만 아니라 팀워크도 한층 강화되는 특징을 보인다.
④ 제3자가 합의점이나 줄거리를 준비해놓고 예정대로 결론을 도출한다.

31 K제약회사는 하반기 신입사원 공개채용을 시행했다. 서류전형과 인적성, 면접전형이 모두 끝나고 최종 면접자들의 점수를 확인하여 합격 점수 산출법에 따라 합격자를 선정하려고 한다. 총점이 80점 이상인 지원자가 합격한다고 할 때, 합격자끼리 바르게 짝지어진 것은?

〈최종 면접 점수〉

구분	A	B	C	D	E
자원관리능력	75	65	60	68	90
의사소통능력	52	70	55	45	80
문제해결능력	44	55	50	50	49

〈합격 점수 산출법〉

- (자원관리능력)×0.6
- (의사소통능력)×0.3
- (문제해결능력)×0.4
- 총점 : 80점 이상

※ 과락 점수(미만) : 직업기초능력 60점, 의사소통능력 50점, 문제해결능력 45점

① A, C
② A, D
③ B, E
④ C, E

32 독일인 A씨는 베를린에서 한국을 경유하여 일본으로 가는 비행기표를 구매하였다. A씨의 일정이 다음과 같을 때, A씨가 인천공항에 도착하는 한국시각과 A씨가 참여했을 환승투어를 바르게 짝지은 것은?(단, 제시된 조건 외에는 고려하지 않는다)

〈A씨의 일정〉

한국행 출발시각 (독일시각 기준)	비행시간	인천공항 도착시각	일본행 출발시각 (한국시각 기준)
11월 2일 19:30	12시간 20분		11월 3일 19:30

※ 독일은 한국보다 8시간 느리다.
※ 비행 출발 1시간 전에는 공항에 도착해야 한다.

〈환승투어 코스 안내〉

구분	코스	소요 시간
엔터테인먼트	인천공항 → 파라다이스시티 아트테인먼트 → 인천공항	2시간
인천시티	• 인천공항 → 송도한옥마을 → 센트럴파크 → 인천공항 • 인천공항 → 송도한옥마을 → 트리플 스트리트 → 인천공항	2시간
산업	인천공항 → 광명동굴 → 인천공항	4시간
전통	인천공항 → 경복궁 → 인사동 → 인천공항	5시간
해안관광	인천공항 → 을왕리해변 또는 마시안해변 → 인천공항	1시간

	도착시각	환승투어
①	11월 2일 23:50	산업
②	11월 2일 15:50	엔터테인먼트
③	11월 3일 23:50	전통
④	11월 3일 15:50	인천시티

33 K사에서 승진대상자 중 2명을 승진시키려고 한다. 승진의 조건은 동료평가에서 '하'를 받지 않고 합산점수가 높은 순이다. 합산점수는 100점 만점의 점수로 환산한 승진시험 성적, 영어 성적, 성과 평가의 수치를 합산한다. 승진시험의 만점은 100점, 영어 성적의 만점은 500점, 성과 평가의 만점은 200점이라고 할 때, 승진 대상자 2명은 누구인가?

〈K사 직원들의 승진 평가 항목별 점수〉

구분	승진시험 성적	영어 성적	동료 평가	성과 평가
A	80	400	중	120
B	80	350	상	150
C	65	500	상	120
D	70	400	중	100
E	95	450	하	185
F	75	400	중	160
G	80	350	중	190
H	70	300	상	180
I	100	400	하	160
J	75	400	상	140
K	90	250	중	180

① B, K
② E, I
③ F, G
④ H, D

34 다음 중 직장에서 발생할 수 있는 시간낭비 요인이 아닌 것은?

① 우선순위 없이 일하기
② 불명확한 목적
③ 1일 계획의 불충분
④ 짧은 회의

35 다음은 어느 도서 대여 업체에 소속된 선생님들의 한 주간 실적을 나타낸 자료이다. 실적에 대한 급여 산출 방식을 본인이 직접 선택할 수 있다고 할 때, 급여 산출 방식을 잘못 선택한 선생님은?(단, 모두 최대의 이익을 원한다)

〈분야별 지도 학생 수〉

(단위 : 명)

구분	도서대여	독서지도	글쓰기지도	학습지풀이	급여 산출 방식
A선생님	15	10	3	–	1안
B선생님	6	–	5	3	2안
C선생님	8	5	–	7	2안
D선생님	14	–	2	9	1안

〈급여 산출 방식〉

(단위 : 원/명)

구분	1안	2안
도서 대여	5,000	3,000
독서 지도	10,000	12,000
글쓰기 지도	15,000	10,000
학습지 풀이	7,000	10,000

① A선생님
② B선생님
③ C선생님
④ D선생님

36 다음은 K기업의 재고 관리 사례이다. 금요일까지 부품 재고 수량이 남지 않게 완성품을 만들 수 있도록 월요일에 주문할 A ~ C부품 개수로 옳은 것은?(단, 주어진 조건 이외에는 고려하지 않는다)

〈부품 재고 수량과 완성품 1개당 소요량〉

부품명	부품 재고 수량	완성품 1개당 소요량
A	500	10
B	120	3
C	250	5

〈완성품 납품 수량〉

항목 \ 요일	월	화	수	목	금
완성품 납품 개수	없음	30	20	30	20

※ 부품 주문은 월요일에 한 번 신청하며, 화요일 작업 시작 전에 입고된다.

※ 완성품은 부품 A, B, C를 모두 조립해야 한다.

	A	B	C
①	100	100	100
②	100	180	200
③	500	180	250
④	500	150	200

37 기획팀 A사원은 다음 주 금요일에 열릴 세미나 장소를 섭외하라는 부장님의 지시를 받았다. 세미나에 참여할 인원은 총 17명이며, 모든 인원이 앉을 수 있는 테이블과 의자, 발표에 사용할 빔프로젝터 1개가 필요하다. A사원은 모든 회의실의 잔여상황을 살펴보고 가장 적합한 대회의실을 선택하였고, 필요한 비품은 회의실과 창고에서 확보한 후 부족한 물건을 주문하였다. 주문한 비품이 도착한 후 물건을 확인했지만 수량을 착각해 빠트린 것이 있었다. 다음 중 A사원이 추가 주문할 물품 목록으로 옳은 것은?

〈회의실별 비품현황〉

(단위 : 개)

구분	대회의실	1회의실	2회의실	3회의실	4회의실
테이블(2인용)	1	1	2	–	–
의자	3	2	–	–	4
빔프로젝터	–	–	–	–	–
화이트보드	–	–	–	–	–
보드마카	2	3	1	–	2

〈창고 내 비품보유현황〉

(단위 : 개)

구분	테이블(2인용)	의자	빔프로젝터	화이트보드	보드마카
창고	–	2	1	5	2

〈1차 주문서〉

2025년 3월 11일

1. 테이블 4개
2. 의자 1개
3. 화이트보드 1개
4. 보드마카 2개

① 빔프로젝터 1개, 의자 3개

② 빔프로젝터 1개, 테이블 1개

③ 테이블 1개, 의자 5개

④ 테이블 9개, 의자 6개

38 다음은 K기관의 10개 정책(가～차)에 대한 평가결과이다. K기관은 정책별로 A～D의 점수를 합산하여 총점이 낮은 정책부터 순서대로 4개 정책을 폐기할 계획이다. 폐기할 정책을 모두 고르면?

〈정책에 대한 평가결과〉

심사위원 / 정책	A	B	C	D
가	●	●	◑	○
나	●	●	◑	●
다	◑	○	●	◑
라	(　)	●	◑	(　)
마	●	(　)	●	◑
바	◑	◑	◑	●
사	◑	◑	◑	●
아	◑	◑	●	(　)
자	◑	◑	(　)	●
차	(　)	●	◑	○
평균(점)	0.55	0.70	0.70	0.50

※ 정책은 ○(0점), ◑(0.5점), ●(1.0점)으로만 평가됨

① 가, 다, 바, 사
② 나, 마, 아, 자
③ 다, 라, 바, 사
④ 다, 라, 아, 차

39 K공사는 사무실에 배치할 공기청정기를 다음 성능 비교 자료를 보고 선택하려고 한다. S대리가 공기청정기에 대하여 〈보기〉와 같이 요청하였을 경우, D씨가 선택해야 하는 공기청정기 모델은?

〈업체별 공기청정기 성능 비교〉

업체명	모델명	성능				유지관리비용		A/S 기간 (연)	렌탈비 (원/월)
		사용면적 (m^2)	탈취효율	유해가스 제거효율	소음방지 효율	에너지 사용량 (kWh/년)	필터 교체비용 (원)		
S전자	AL112WS	36.4	★★★	★★	★★★	67	46,500	1	267,000
S전자	DS302GV	39.9	★★★	★★★	★★★	67	51,000	1	273,000
H전자	GT227QA	41.2	★★★	★★★	★★	80	43,000	2	232,000
L전자	DC846PS	36.4	★★	★★★	★★★	73	52,500	1	215,000
S전자	LT356FE	38.9	★★	★★★	★★	42	41,500	2	352,000
H전자	PO946VG	45.3	★★★	★★	★★★	92	42,000	1	228,000
H전자	ER754LF	40.2	★★	★★	★★	99	46,500	2	313,000
L전자	AX754LS	36.8	★★	★★	★★★	115	43,000	2	259,000
S전자	PO754OU	38.7	★★★	★★★	★★★	103	42,500	1	262,000
성능 등급 표시	★★★ : 매우 우수 ★★ : 우수 ★ : 보통								

※ L전자의 제품은 등록비 10만 원을 별도로 지불해야 한다.
※ S전자는 4개월 렌탈비 무료 이벤트를 진행 중이다.
※ 공기청정기 필터는 10개월에 한 번씩 교체해야 한다.

보기

S대리 : D씨, 우리 사무실에 공기청정기를 대여해서 배치하려고 하는데 적절한 공기청정기 좀 찾아 주세요. 우선 탈취효율과 유해가스 제거효율은 우수 등급 이상이면 상관없지만, 사무실 분위기가 매우 조용한 편이니 소음방지효율 부분은 매우 우수 등급이어야 합니다. 사무실에 전기제품이 많다 보니 에너지 사용량도 신경 써야 할 것 같네요. 연당 100kWh 이하인 제품으로 부탁합니다. A/S 기간은 1년 이상인 제품으로 선택해 주세요. 공기청정기 사용면적은 $35m^2$ 이상이면 되겠네요. 2년간 대여할 예정이니 제품 등록비나 이벤트 확인해서 가장 저렴한 공기청정기를 저에게 알려 주세요.

① AL112WS
② DS302GV
③ DC846PS
④ PO946VG

40 다음 자료를 보고 K사원이 7월 출장여비로 받을 수 있는 총액을 바르게 구한 것은?

〈출장여비 계산기준〉

- 출장여비는 출장수당과 교통비의 합으로 계산한다.
- 출장수당의 경우 업무추진비 사용 시 1만 원을 차감하며, 교통비의 경우 관용차량 사용 시 1만 원을 차감한다.

〈출장지별 출장여비〉

구분	출장수당	교통비
D시	10,000원	20,000원
D시 이외	20,000원	30,000원

※ D시 이외 지역으로 출장을 갈 경우 13시 이후 출장 시작 또는 15시 이전 출장 종료 시 출장수당에서 1만 원 차감된다.

〈K사원의 7월 출장내역〉

구분	출장지	출장 시작 및 종료 시각	비고
7월 8일	D시	14 ~ 16시	관용차량 사용
7월 16일	S시	14 ~ 18시	-
7월 19일	B시	9 ~ 16시	업무추진비 사용

① 6만 원
② 8만 원
③ 9만 원
④ 10만 원

| 02 | 사무직

41 다음은 개인화 마케팅에 대한 내용이다. 개인화 마케팅의 사례로 적절하지 않은 것은?

> 소비자들의 요구가 점차 다양해지고 복잡해짐에 따라 개인별로 맞춤형 제품과 서비스를 제공하며 '개인화 마케팅'을 펼치는 기업이 늘어나고 있다. 개인화 마케팅이란 각 소비자의 이름, 관심사, 구매이력 등의 데이터를 기반으로 특정 고객에 대한 개인화 서비스를 제공하는 활동을 의미한다. 이러한 개인화 마케팅은 개별적 커뮤니케이션 실현을 통한 효율성 증대 및 기업 이윤 창출을 목적으로 하고 있다.
> 이러한 개인화 마케팅은 기업들의 지속적인 투자를 통해 다양한 방식으로 계속되고 있다. 빠르게 변화하고 있는 마케팅 시장에서 개인화된 서비스 제공을 통해 소비자 만족도를 끌어낼 수 있다는 점은 충분히 매력적일 수 있기 때문이다.

① 고객들의 사연을 받아 지하철역 에스컬레이터 벽면에 광고판을 만든 A배달업체는 고객들로 하여금 자신의 사연이 뽑히지 않았는지 관심을 두게 함으로써 광고 효과를 톡톡히 보고 있다.

② 최근 B전시관은 시각적으로 시원한 느낌을 주는 민트색 벽지와 그에 어울리는 시원한 음향, 상쾌한 민트 향기, 민트맛 사탕을 나눠주며 민트에 대한 다섯 가지 감각을 이용한 미술관 전시로 화제가 되었다.

③ C위생용품회사는 자사의 인기 상품에 대한 단종으로 사과의 뜻을 담은 뮤직비디오를 제작했다. 고객들은 뮤직비디오를 보기 전에 자신의 이름을 입력하면, 뮤직비디오에 자신의 이름이 노출되어 자신이 직접 사과를 받는 듯한 효과를 느낄 수 있다.

④ 참치캔을 생산하는 D사는 최근 소외계층에게 힘이 되는 응원 메시지를 댓글로 받아 77명을 추첨하여 댓글 작성자의 이름으로 소외계층들에게 참치캔을 전달하는 이벤트를 진행하였다.

42 다음 글을 보고 근로자가 선택한 행동으로 옳은 것을 〈보기〉에서 모두 고르면?

> 담합은 경제에 미치는 악영향도 크고 워낙 은밀하게 이뤄지는 탓에 경쟁 당국 입장에서는 적발하기 어렵다는 현실적인 문제가 있다. 독과점 사업자는 시장에서 어느 정도 드러나기 때문에 부당행위에 대한 감시・감독을 할 수 있지만, 담합은 그 속성상 증거가 없으면 존재 여부를 가늠하기 힘들기 때문이다.

보기

ㄱ. 신고를 통해 개인의 이익을 얻고 사회적으로 문제 해결을 한다.
ㄴ. 내부에서 먼저 합리적인 절차에 따라 문제 해결을 하고자 노력한다.
ㄷ. 근로자 개인이 받는 피해가 클지라도 기업 활동의 해악이 심각하면 이를 신고한다.

① ㄱ　　② ㄴ
③ ㄱ, ㄷ　　④ ㄴ, ㄷ

43 A씨는 업무상 만난 외국인 파트너와 식사를 하였다. A씨가 한 다음 행동 중 예절에 어긋나는 것은?

① 포크와 나이프를 바깥쪽에 있는 것부터 사용했다.
② 빵을 손으로 뜯어 먹었다.
③ 커피를 마실 때 손가락을 커피잔 고리에 끼지 않았다.
④ 수프를 숟가락으로 저으면 소리가 날까봐 입김을 불어 식혔다.

44 다음 〈보기〉 중 조직구조의 형태에 대한 설명으로 옳지 않은 것을 모두 고르면?

보기
ㄱ. 조직 내부의 효율성을 중시하는 조직은 기능적 조직구조보다는 사업별 조직구조의 형태를 띤다.
ㄴ. 사업별 조직구조는 안정적인 환경에서 대처가 용이한 조직구조이다.
ㄷ. 기능적 조직구조에서는 각 부서가 유사성과 관련성이 높은 업무들을 결합하여 관장하고 있다.
ㄹ. 환경 변화에 신속히 대처하기 위해서는 집권화된 의사결정구조보다 분권화된 구조가 유리하다.

① ㄱ, ㄴ
② ㄱ, ㄷ
③ ㄴ, ㄷ
④ ㄴ, ㄹ

45 다음 사례와 가장 어울리는 훈련 방식은?

영업팀 K과장은 신입직원들을 자신의 책상에 데리고 가서 책상 위에 놓여 있는 여러 영업 관련 서류를 읽게 하고, 그들에게 결재도 하면서 실제로 필요한 의사결정을 하게 하는 방식으로 훈련시키고 있다.

① 인 바스켓 훈련(In-basket Training) : 관리자의 의사결정능력을 제고하기 위해서 참가자들에게 가상의 기업에 대한 모든 정보를 제공하고 특정 상황에서 문제해결을 위한 의사결정을 하게 하는 훈련 방식이다.
② 비즈니스 게임(Business Game) : 교육 대상자들이 상호경쟁관계에 있는 모의 기업의 책임자로 참가하여 서로 이기기 위한 경영상의 의사결정을 하게 한 후, 컴퓨터로 분석하고 그 결과를 게임의 참가자들에게 피드백 시키는 기법이다.
③ 역할 연기법(Role Playing) : 특정 주제와 관련된 실제의 역할을 수행하게 하는 교육훈련의 기법이다.
④ 행동모델법(Behavoir Modeling) : 이상적인 행동을 비디오 테이프에 담아 행동 이유, 과정 등을 이해시키고 반복 연습하여 행동변화를 유도하는 기법이다.

46 **다음 중 이사원이 처리해야 할 업무를 순서대로 바르게 나열한 것은?**

현재 시각은 10시 30분. 이사원은 30분 후 거래처 직원과의 미팅이 예정되어 있다. 거래처 직원에게는 회사의 제1회의실에서 미팅을 진행하기로 미리 안내하였으나, 오늘 오전 현재 제1회의실 예약이 모두 완료되어 금일 사용이 불가능하다는 연락을 받았다. 또한 이사원은 오후 2시에 김팀장과 면담 예정이었으나, 오늘까지 문서 작업을 완료해달라는 부서장의 요청을 받았다. 이사원은 면담 시간을 미뤄보려 했지만, 김팀장은 이사원과의 면담 이후 부서 회의에 참여해야 하므로 면담 시간을 미룰 수 없다고 답변했다.

㉠ 거래처 직원과의 미팅
㉡ 11시에 사용 가능한 회의실 사용 예약
㉢ 거래처 직원에게 미팅 장소 변경 안내
㉣ 김팀장과의 면담
㉤ 부서장이 요청한 문서 작업 완료

① ㉠－㉢－㉡－㉣－㉤
② ㉡－㉢－㉠－㉤－㉣
③ ㉡－㉢－㉠－㉣－㉤
④ ㉢－㉡－㉠－㉤－㉣

47 **다음은 K공사의 해외시장 진출 및 지원 확대를 위한 전략과제의 필요성을 제시한 자료이다. 이를 통해 도출된 과제의 추진방향으로 적절하지 않은 것은?**

〈전략과제 필요성〉

- 해외시장에서 기관이 수주할 수 있는 산업 발굴
- 국제사업 수행을 통한 경험축적 및 컨소시엄을 통한 기술 · 노하우 습득
- 해당 산업 관련 민간기업의 해외진출 활성화를 위한 실질적 지원

① 국제기관의 다양한 자금을 활용하여 사업을 발굴하고, 해당 사업의 해외진출을 위한 기술역량을 강화한다.
② 해외봉사활동 등과 연계하여 기관 이미지 제고 및 사업에 대한 사전조사, 시장조사를 통한 선제적 마케팅 활동을 추진한다.
③ 국제경쟁입찰의 과열 경쟁 심화와 컨소시엄 구성 시 민간기업과 업무배분, 이윤 추구성향 조율에 어려움이 예상된다.
④ 해당 산업 민간(중소)기업을 대상으로 입찰 정보제공, 사업전략 상담, 동반 진출 등을 통한 실질적 지원을 확대한다.

48 다음 〈보기〉 중 경영의 4요소에 대한 설명으로 옳은 것을 모두 고르면?

> 보기
>
> ㄱ. 조직의 목적을 달성하기 위해 경영자가 수립하는 것으로, 더욱 구체적인 방법과 과정이 담겨 있다.
>
> ㄴ. 조직에서 일하는 구성원으로 경영은 이들의 직무수행에 기초하여 이루어지기 때문에 이것의 배치 및 활용이 중요하다.
>
> ㄷ. 생산자가 상품 또는 서비스를 소비자에게 유통하는 데 관련된 모든 체계적 경영 활동이다.
>
> ㄹ. 특정의 경제적 실체에 관하여 이해관계를 이루는 사람들에게 합리적인 경제적 의사결정을 하는 데 유용한 재무적 정보를 제공하기 위한 일련의 과정 또는 체계이다.
>
> ㅁ. 경영하는 데 사용할 수 있는 돈으로 이것이 충분히 확보되는 정도에 따라 경영의 방향과 범위가 정해지게 된다.
>
> ㅂ. 조직이 변화하는 환경에 적응하기 위하여 경영활동을 체계화하는 것으로, 목표달성을 위한 수단이다.

① ㄱ, ㄴ, ㄷ, ㄹ
② ㄱ, ㄴ, ㄷ, ㅁ
③ ㄱ, ㄴ, ㅁ, ㅂ
④ ㄷ, ㄹ, ㅁ, ㅂ

49 자동차 부품회사에 근무하는 J사원은 상사인 M사장으로부터 거래처인 서울자동차에 보낼 문서 두 건에 대한 지시를 받았다. 그 내용은 '만찬 초대에 대한 감사장'과 '부품 가격 인상 건'에 대한 공문이었다. 다음 중 문서 작성 및 처리 방법으로 옳은 것은?

① 두 건의 문서를 별도로 작성하고 따로 발송하였다.
② 문서 두 건은 같은 회사로 보낼 것이므로 '가격인상에 대한 고지 및 초대에 대한 감사'라는 제목으로 사외문서 한 장으로 작성하였다.
③ 하나의 문서에 두 개의 제목(제목 : 부품가격 인상 건 / 제목 : 초대에 대한 감사)을 쓰고 문서 내용은 1, 2로 작성하였다.
④ 두 건의 문서를 별도로 작성하고 같은 봉투에 두 장의 문서를 함께 발송하였다.

50 다음 중 조직에 대한 설명으로 옳지 않은 것은?

① 조직은 두 사람 이상이 있어야 한다.
② 무의식적으로 구성된 상호작용과 조정을 행하는 집합체이다.
③ 공동의 목표가 있어야 한다.
④ 직업인으로서 조직이란 직장을 의미한다.

41 기술개발팀에서 근무하는 귀하는 차세대 로봇에 사용할 주행 알고리즘을 개발하고 있다. 주행 알고리즘과 예시를 참고하였을 때, 바르게 이동한 로봇의 경로는?

〈주행 알고리즘〉

회전과 전진만이 가능한 로봇이 미로에서 목적지까지 길을 찾아가도록 구성하였다. 미로는 (4단위)×(4단위)의 정방형 단위구역(Cell) 16개로 구성되며, 미로 중앙부에는 1단위구역 크기의 도착지점이 있다. 도착지점에 이르기 전 로봇은 각 단위구역과 단위구역 사이를 이동할 때 벽의 유무를 탐지하여 벽이 없음이 감지되는 방향으로 주행한다. 로봇은 주명령을 수행하고, 이에 따라 주행할 수 없을 때만 보조명령을 따른다.

- 주명령 : 현재 단위구역(Cell)에서 로봇은 왼쪽, 앞쪽, 오른쪽 순서로 벽의 유무를 탐지하여 벽이 없음이 감지되는 방향의 단위구역을 과거에 주행한 기록이 없다면 해당 방향으로 한 단위구역만큼 주행한다.
- 보조명령 : 현재 단위구역에서 로봇이 왼쪽, 앞쪽, 오른쪽, 뒤쪽 순서로 벽의 유무를 탐지하여 벽이 없음이 감지되는 방향의 단위구역에 벽이 없음이 감지되는 방향과 반대 방향의 주행기록이 있을 때만, 로봇은 그 방향으로 한 단위구역만큼 주행한다.

〈예시〉

로봇이 A → B → C → B → A로 이동한다고 가정할 때, A에서 C로의 이동은 주명령에 의한 것이고 C에서 A로의 이동은 보조명령에 의한 것이다.

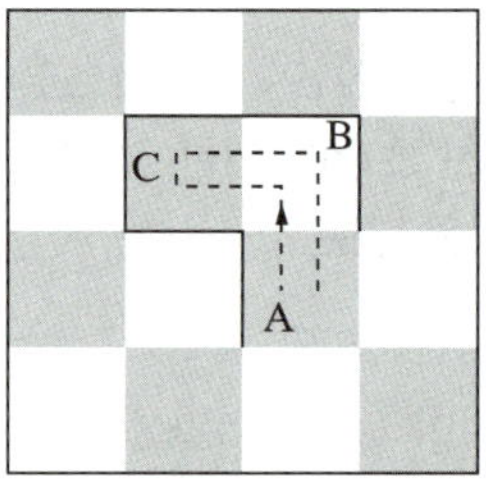

①
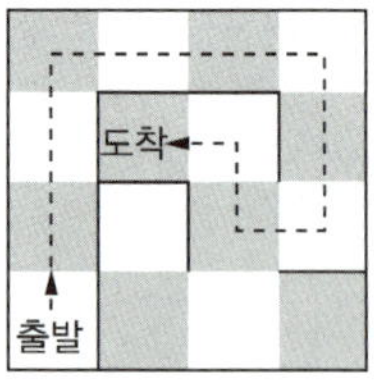

②
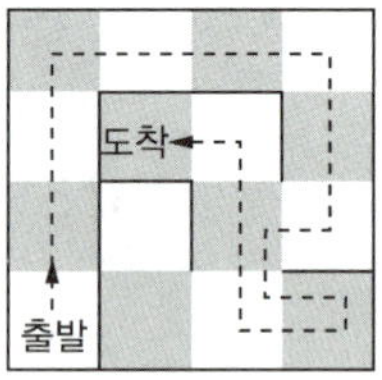

③
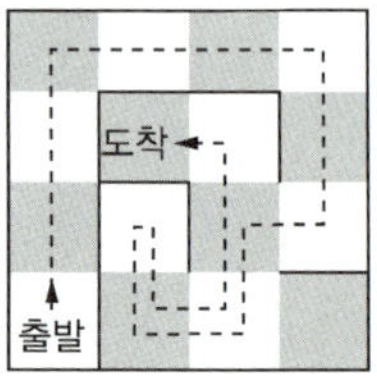

④
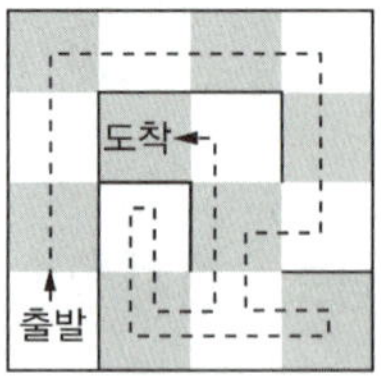

42 다음에서 설명하는 벤치마킹으로 가장 적절한 것은?

> 동일한 업종의 기업을 대상으로 상품이나 기술 및 경영방식 등을 배워 자사에 맞게 재창조하는 것으로, 동일한 업종이긴 하나 윤리적 문제가 발생할 여지가 없기 때문에 정보에 대한 접근 및 자료 수집이 용이하다. 하지만 문화나 제도적인 차이가 있기 때문에 이로 인해 발생할 문제에 대한 분석을 철저히 하지 않는다면 잘못된 결과를 얻을 수 있다.

① 내부 벤치마킹
② 경쟁적 벤치마킹
③ 비경쟁적 벤치마킹
④ 글로벌 벤치마킹

43 다음 중 기술에 대한 설명으로 옳지 않은 것은?

① 기술에 대한 정의는 통일되어 있다.
② 구체적으로는 제품을 생산하는 원료, 생산공정 등에 관한 지식의 집합체라고 정의할 수 있다.
③ 획득과 전수 방법에 따라 노하우(Knowhow)와 노와이(Know-why)로 나눌수 있다.
④ 노와이(Know-why)는 어떻게 기술이 성립하고 작용하는가에 관한 원리적 측면에 중심을 둔다.

44 다음 중 지속가능한 발전에 대한 설명으로 옳지 않은 것은?

① 인구와 산업의 발전이 무한히 계속될 수 없다는 문제를 제기하면서 등장했다.
② 지금 지구촌의 현재와 미래를 포괄하는 개념이다.
③ 우리의 현재 욕구만 충족시키면 되는 것이다.
④ 지속가능한 발전을 가능케 하는 기술을 '지속가능한 기술'이라고 한다.

※ 다음은 청소기 제품설명서이다. 이어지는 질문에 답하시오. [45~49]

〈제품설명서〉

청소기가 제대로 작동하지 않을 경우 아래 사항들을 먼저 확인해 보세요. 그래도 문제가 해결되지 않을 경우 가까운 서비스센터에 문의하세요.

1. 동작 관련

원인	조치
적외선 발신부가 몸에 가려져 있습니다.	적외선 발신부를 몸으로 가리지 말고 사용하세요.
손잡이 리모컨의 건전지 수명이 다하면 작동하지 않습니다.	손잡이 리모컨의 건전지를 교환해 주세요.
전원 플러그가 콘센트에 바르게 꽂혀 있지 않습니다.	전원 플러그를 콘센트에 정확히 꽂아 주세요.

2. 흡입력 약화 관련

원인	조치
출입구, 호스, 먼지통이 큰 이물질로 막혀 있거나 먼지통이 꽉 차 있습니다.	막혀 있는 곳의 이물질을 제거해 주세요.
필터가 더러워졌습니다.	본체에서 먼지통을 꺼낸 후 내부의 모터 보호필터를 청소용 솔로 청소해 주세요.
배기필터가 더러워졌습니다.	본체에서 먼지통을 꺼낸 후 배기필터 윗단 손잡이를 잡고 들어 올려 배기필터를 꺼내 주세요. 그리고 배기필터를 턴 뒤 본체에 밀어 넣은 후 먼지통을 삽입하세요.

3. 기타 문제 관련

증상	원인	조치
사용 중에 갑자기 멈췄어요.	먼지통이 가득 찼을 때 청소기를 동작시킨 경우	제품 내부에 모터과열방지 장치가 있어 왼쪽의 경우 제품이 일시적으로 멈출 수 있습니다. 막힌 곳을 손질하시고 2시간 정도 기다렸다가 다시 사용하세요(단, 온도에 따라 달라질 수 있습니다).
	흡입구가 막힌 상태로 청소기를 동작시킨 경우	
	틈새용 흡입구를 장시간 동작시킨 경우	
먼지통에서 '딸그락' 거리는 소리가 나요.	먼지통에 모래, 구슬, 돌 등의 이물질이 있는지 확인하세요.	소음의 원인이 되므로 먼지통을 비워 주세요.
청소기 배기구에서 냄새가 나요.	구입 후 3개월가량은 냄새가 발생할 수 있습니다.	먼지통을 자주 비워 주시고, 필터류를 자주 손질해 주세요.
	장기간 사용 시 먼지통에 쌓인 이물질 및 필터류에 낀 먼지로 인해 냄새가 발생할 수 있습니다.	

위의 사항을 모두 확인했음에도 불구하고 고장 증상이 계속된다면 서비스센터에 고장 신고를 해 주세요.

45 **청소기 사용 중 흡입력이 약화됐다면, 무엇을 먼저 확인해야 하는가?**

① 청소기를 장시간 사용한 것이 아닌지 확인한다.
② 전원 플러그가 제대로 꽂혀 있는지 확인한다.
③ 먼지통이 꽉 찼는지 확인한다.
④ 손잡이 리모컨의 건전지를 확인한다.

46 **손잡이 리모컨의 건전지 수명이 다했을 때, 어떤 조치를 취해야 하는가?**

① 전원 플러그를 콘센트에 제대로 꽂는다.
② 건전지를 교체한다.
③ 건전지 정품 여부를 확인한다.
④ 리모컨을 교체한다.

47 **청소기 사용 중 작동이 멈췄을 때, 그 원인과 관련 없는 것은?**

① 먼지통에 먼지가 가득 찼을 경우
② 구입한 지 얼마 안 됐을 경우
③ 전원 플러그가 뽑혔을 경우
④ 흡입구가 막혔을 경우

48 **배기필터가 더러워졌을 때, 가장 먼저 해야 할 일은 무엇인가?**

① 호스 입구의 먼지를 제거한다.
② 본체를 물로 닦는다.
③ 보호필터를 청소용 솔로 청소한다.
④ 본체에서 먼지통을 꺼낸다.

49 **배기구에서 냄새가 나서 먼지통을 비워도 같은 상황이 발생한다면, 어떻게 해야 하는가?**

① 적외선 발신부를 확인한다.
② 구입한 지 3개월이 지났다면 고장 신고를 한다.
③ 배기구 입구를 물로 세척한다.
④ 다시 먼지통을 비운다.

50 **다음 중 상향식 기술선택과 하향식 기술선택에 대한 설명으로 옳지 않은 것은?**

① 상향식 기술선택은 연구자나 엔지니어들이 자율적으로 기술을 선택한다.
② 상향식 기술선택은 기술 개발자들의 창의적인 아이디어를 활용할 수 있다.
③ 상향식 기술선택은 기업 간 경쟁에서 승리할 수 없는 기술이 선택될 수 있다.
④ 하향식 기술선택은 단기적인 목표를 설정하고 달성하기 위해 노력한다.

4일 차
기출응용 모의고사

〈문항 및 시험시간〉

영역	문항 수	시험시간	모바일 OMR 답안채점 / 성적분석 서비스	
[공통] 의사소통능력+수리능력+ 문제해결능력+자원관리능력 [사무직] 조직이해능력 [기술직] 기술능력	50문항	50분	사무직	기술직

국가철도공단 NCS

4일 차 기출응용 모의고사

문항 수 : 50문항
시험시간 : 50분

| 01 | 공통

01 다음 글의 주제로 가장 적절한 것은?

싱가포르에서는 1982년부터 자동차에 대한 정기검사 제도가 시행되었는데, 그 체계가 우리나라의 검사제도와 매우 유사하다. 단, 국내와는 다르게 재검사에 대해 수수료를 부과하고 있고 금액은 처음 검사 수수료의 절반이다.
자동차 검사에서 특이한 점은 2007년 1월 1일부터 디젤 자동차에 대한 배출가스 정밀검사가 시행되고 있다는 점이다. 안전도 검사의 검사방법 및 기준은 교통부에서 주관하고 배출가스 검사의 검사방법 및 기준은 환경부에서 주관하고 있다.
싱가포르는 사실상 자동차 등록 총량제에 의해 관리되고 있다. 우리나라와는 다르게 자동차를 운행할 수 있는 권리증을 자동차 구매와 별도로 구매하여야 하며 그 가격이 매우 높다. 또한 일정 구간(혼잡구역)에 대한 도로세를 우리나라의 하이패스 시스템과 유사한 시스템인 ERP시스템을 통하여 징수하고 있다.
강력한 자동차 안전도 규제, 이륜차에 대한 체계적인 검사와 ERP를 이용한 관리를 통해 검사진로 내에서 사진촬영보다 유용한 시스템을 적용한다. 그리고 분기별 기기 정밀도 검사를 시행하여 국민에게 신뢰받을 수 있는 정기검사 제도를 시행하고 국민의 신고에 의한 수시 검사제도를 통하여 불법자동차 근절에 앞장서고 있다.

① 싱가포르 자동차 관리 시스템
② 싱가포르와 우리나라의 교통규제시스템
③ 싱가포르의 자동차 정기검사 제도
④ 싱가포르의 불법자동차 근절방법

02 다음 입찰공고 문서의 밑줄 친 단어를 수정할 때 옳지 않은 것은?

공고 제○○ – ○○호

입찰공고

1. 입찰에 붙이는 사항
   가. 입찰건명 : 미래지향적 경영체계 구축을 위한 조직진단
   나. 계약기간(용역기한) : 계약채결일부터 6개월
   다. 총 사업예산 : 400,000,000원(VAT 등 모든 비용 포함)

2. 입찰방법 : 제한경쟁 / 협상에 의한 계약

〈입찰주의사항〉

- 입찰금액은 반드시 부가가치세 등 모든 비용을 포함한 금액으로 써내야 하며, 입찰결과 낙찰자가 면세 사업자인 경우 낙찰금액에서 부가가치세 상당액을 합산한 금액을 계약금액으로 함
- 기한 내 미제출 업체의 입찰서는 무효처리함
- 접수된 서류는 일체 반환하지 않음

① 붙이는 → 부치는
② 지향 → 지양
③ 채결 → 체결
④ 합산한 → 차감한

03 다음 〈보기〉 중 경청에 대한 설명으로 옳지 않은 것을 모두 고르면?

보기

ㄱ. 상대방의 성격상 지나친 경청은 부담스러워할 수 있으므로, 적당히 거리를 두며 듣는다.
ㄴ. 경청을 통해 상대방의 메시지와 감정이 더욱 효과적으로 전달될 수 있다.
ㄷ. 상대의 말에 대한 경청은 상대에게 본능적 안도감을 제공한다.
ㄹ. 경청을 하는 사람은 상대의 말에 무의식적 믿음을 갖게 된다.

① ㄱ
② ㄴ
③ ㄱ, ㄷ
④ ㄱ, ㄹ

04 다음 글의 '도덕적 딜레마 논증'에 대한 비판으로 적절한 것을 〈보기〉에서 모두 고르면?

1890년대에 이르러 어린이를 의료 실험 대상에서 배제시켜야 한다는 주장이 대두되었다. 그 주장의 핵심 근거는 어린이가 의료 실험과 관련하여 제한적인 동의 능력만을 가지고 있다는 것이었다. 여기서 동의능력이란 충분히 자율적인 존재가 제안된 실험의 특성이나 위험성 등에 대한 적절한 정보를 인식하고 그것에 기초하여 그 실험을 자발적으로 받아들일 수 있는 능력을 일컫는다. 그렇기 때문에 어린이를 실험 대상으로 하는 연구는 항상 도덕적 논란을 불러일으켰고, 1962년 이후 미국에서는 어린이에 대한 실험이 거의 시행되지 않았다. 이러한 상황에서 1968년 미국의 소아 약물학자 셔키는 다음과 같은 '도덕적 딜레마 논증'을 제시하였다. 어린이를 실험 대상에서 배제시키면, 어린이 환자 집단에 대해 충분한 실험을 하지 않은 약품들로 어린이를 치료하게 되어 어린이를 더욱 커다란 위험에 몰아넣게 된다. 따라서 어린이를 실험 대상에서 배제시키는 것은 도덕적으로 옳지 않다. 반면, 어린이를 실험 대상에서 배제시키지 않으면, 제한적인 동의 능력만을 가진 존재를 실험 대상에 포함시키게 된다. 제한된 동의 능력만을 가진 이를 실험 대상에 포함시키는 것은 도덕적으로 옳지 않다. 따라서 어린이를 실험 대상에 포함시키는 것은 도덕적으로 옳지 않다. 우리의 선택지는 어린이를 실험 대상에서 배제시키거나 배제시키지 않는 것뿐이다. 결국 어떠한 선택을 하든 도덕적인 잘못을 저지를 수밖에 없다.

보기

ㄱ. 어린이를 실험 대상으로 하는 연구는 그 위험성 여부와는 상관없이 모두 거부되어야 한다. 적합한 사전 동의 없이 행해지는 어떠한 실험도 도덕적 잘못이기 때문이다.

ㄴ. 동물실험이나 성인에 대한 임상실험을 통해서도 어린이 환자를 위한 안전한 약물을 만들어낼 수 있다. 따라서 어린이를 실험 대상에 포함시키지 않더라도 어린이 환자가 안전하게 치료받지 못하는 위험에 빠지지 않을 수 있다.

ㄷ. 부모나 법정 대리인을 통해 어린이의 동의 능력을 적합하게 보완할 수 있다. 어린이의 동의 능력이 부모나 법정 대리인에 의해 적합하게 보완된다면 어린이를 실험 대상에 포함시켜도 도덕적 잘못이 아닐 수 있다. 따라서 이런 경우 어린이를 실험 대상에 포함시켜도 도덕적 잘못이 아닐 수 있다.

① ㄱ
② ㄴ
③ ㄱ, ㄷ
④ ㄴ, ㄷ

※ 다음 글을 읽고 이어지는 질문에 답하시오. [5~6]

언어의 습득은 인종(人種)이나 지능(知能)과 관계없이 누구에게나 비슷한 수준으로 이루어진다. 그리고 하나의 언어를 일단 배우고 난 뒤에는 그것을 일상생활에서 자유자재로 구사할 수 있다. 마치 자전거나 스케이트를 한번 배우고 나면 그 뒤에는 별다른 신경을 쓰지 않고 탈 수 있는 것과 같다.
우리는 언어를 이처럼 쉽게 배우고 또 사용하고 있지만, 언어 사용과 관련하여 판단을 내리는 과정의 내면을 살펴보면, 그것이 그리 단순하지 않다는 사실을 알 수 있다. 지극히 간단한 언어 표현에 관한 문법성을 판단하기 위해서도 엄청난 양의 사고 과정이 요구되기 때문이다.
예컨대, 우리는 '27의 제곱은 얼마인가?'와 같은 계산을 위해서는 상당한 시간을 소모하지 않으면 안 되면서도, '너는 냉면 먹어라. 나는 냉면 먹을게.'와 같은 문장은 어딘가 이상한 문장이라는 사실, 어떻게 고쳐야 바른 문장이 된다는 사실을 특별히 심각하게 따져보지 않고도 거의 순간적으로 파악해 낼 수 있다. 그러나 막상 ㉠<u>'너는 냉면 먹어라. 나는 냉면 먹을게.'라는 문장이 틀린 이유</u>가 무엇인지 설명하라고 하면, 일반인으로서는 매우 곤혹스러움을 느끼게 된다. 이를 논리적으로 설명해 내기 위해서는 국어의 문법 현상에 관한 상당한 수준의 전문적 식견이 필요하기 때문이다.

… (중략) …

언어는 개방적이고 무한한 체계이기 때문에 우리는 언어를 통해서 반드시 보았거나 들은 것, 존재하는 것만을 이야기하는 데 그치지 않고 '용, 봉황새, 손오공, 유토피아…' 같이 현실에 존재하지 않은 상상의 산물, 나아가서는 '희망, 불행, 평화, 위기…', '의문, 제시, 제한, 효과, 실효성…' 등과 같은 관념적이고 추상적인 개념까지를 거의 무한에 가깝게 표현할 수가 있다.

05 다음 중 윗글의 설명 방식으로 가장 적절한 것은?

① 구체적인 사례를 들어 정보를 전달하고 있다.
② 대상 간의 차이점을 중심으로 서술하고 있다.
③ 상위 단위를 하위 단위로 나누어 설명하고 있다.
④ 대상의 변화 과정에 초점을 맞추어 전개하고 있다.

06 다음 중 밑줄 친 ㉠의 오류를 바르게 설명한 것은?

① 시간적으로 차이가 나는 두 행동을 마치 동시에 발생한 것처럼 표현했다.
② 이것과 저것의 다름을 나타내는 조사를 사용하면서 동일한 대상을 가리켰다.
③ 청자(聽者)가 분명한 상황에서 청자를 생략하는 것이 자연스러운데도 억지로 사용했다.
④ 반드시 들어가야 할 문장 성분을 생략함으로써 행위 주체를 분명하게 드러내지 않았다.

07 다음 글을 통해 추론한 내용으로 가장 적절한 것은?

'춤을 춘다. 아니, 차라리 곡예를 부린다는 표현이 더 어울린다. 정상적인 사람이 저렇게 움직일 수는 없다. 하지만 그 절박한 상황에서도 그는 온갖 문제들을 한꺼번에 해결한다. 왜소하고 어정쩡하고 어딘가 덜 떨어진 인물임에도 그는 언제나 최후의 승자가 된다.'
이는 할리우드 '슬랩스틱 코미디'의 전형적인 전개 방식이다. 여기서 그는 찰리 채플린일 수도 있고, 버스터 키튼일 수도 있다. 겉으로 보기에 그들은 볼품없는 남자지만 숨겨진 능력의 소유자이며, 무엇보다 선하고 정의롭다. 평범한 동시에 위대한 영웅이 탄생하는 것이다. 할리우드의 영광은 바로 그들과 함께 시작되었다. 물론 요즘 할리우드 영화는 예전과 같이 천편일률(千篇一律)적이라고 할 수 없다. 하지만 그 뿌리에는 슬랩스틱 코미디가 있고 지금의 할리우드 영화는 그에 대한 일종의 확대 재생산이라 할 수 있다.
이와 같이 출발한 할리우드 영화는 1920년대를 넘어서면서 오늘날과 같은 모델이 형성되었다. 할리우드는 영화를 생산함에 있어 포드자동차의 분업과 체계화된 노동 방식을 차용했다. 새로운 이야기를 만들기보다는 이야기를 표준화하여 그때그때 상황에 맞추어 솜씨 좋게 조합하는 방식을 취하는 것이다. 그 결과로서 서부극, 공포물, 드라마, 멜로물, 형사물 등의 장르 영화가 탄생한 것이다. 이로써 할리우드는 영화를 생산하는 '공장'이 되었고 상업적으로 성공을 거두었다.
영화의 예술성과 관련하여 두 가지 시각이 있다. 할리우드 영화는 짜임새 있는 이야기 구조, 하나의 극점을 향해 순차적으로 나아가는 사건 진행, 분명한 결말, 영웅적인 등장인물 등을 제시하며 나름대로 상당한 내적 완성도를 얻고 있다. 그러나 영화의 가치는 엉성한 줄거리와 구성 방식에서도 발견할 수 있다. 〈누벨바그〉를 비롯한 유럽의 실험적 영화들이 이에 속한다. 문제가 있다면 많은 관객들이 이들 영화를 즐길 만큼 영화의 예술성에 큰 가치를 두지 않는다는 사실이다.
바로 그 증거가 1950년대까지 계속된 할리우드 영화의 승승장구로 이어졌다. 대중은 영화의 첫 용도를 '재담꾼'으로 설정했던 것이다. 그러나 동시에 할리우드 영화는 고착된 관습과 매너리즘에 빠졌다. 그때 할리우드에 새로운 출구를 제시한 것이 장 뤽 고다르 등이 주축이 되었던 프랑스의 〈누벨바그〉였다. 할리우드는 '외부의 것'을 들여와 발전의 자양분으로 삼았던 것이다.
엄밀히 말해 오늘날 대부분의 영화는, 국적과 상관없이 사실상 모두 할리우드 영화의 강력한 영향에 있다. 할리우드가 만들어놓은 생산의 법칙, 분배의 법칙, 재생산의 법칙을 충실히 따라가고 있다. 단순한 '발명품'이었던 영화가 이제는 이렇듯 일상 깊숙이 침투하여 삶의 일부가 되도록 한 것은 분명 할리우드의 공적이라 할 수 있다.

※ 슬랩스틱 코미디 : 무성영화 시대에 인기를 끈 코미디의 한 형태이다.
※ 누벨바그 : 프랑스어로 '새로운 물결'이라는 뜻으로, 전(前) 세대 영화와 단절을 외치며 새로운 스타일의 화면을 만들었던 영화 운동이다.

① 초기 영화의 영향에서 탈피하여 예술성을 얻으려는 노력이 필요하다.
② 영화의 가치는 얼마만큼 대중들에게 영향력을 미치는가에 달려 있다.
③ 상업적 성공에 안주하지 말고 새로움을 위한 끊임없는 시도가 필요하다.
④ 오락적 성격만을 강조하는 것은 영화 예술에 대한 편견을 가져올 수 있으므로 지양해야 한다.

08 다음 글의 내용으로 적절하지 않은 것은?

꿀벌은 인간에게 단순히 달콤한 꿀을 제공하는 것을 넘어 크나큰 유익을 선사해 왔다. 꿀벌은 꽃을 찾아다니며 자신에게 필요한 단백질과 탄수화물을 꽃가루와 꿀에서 얻는데, 이를 꽃가루받이(Pollination)라 한다. 이 과정에서 벌의 몸에 묻은 꽃가루가 암술머리로 옮겨가고, 그곳에서 씨방으로 내려간 꽃가루는 식물의 밑씨와 결합한다. 씨가 생기고 뒤이어 열매가 열린다. 인간이 재배하는 작물 중 30%는 꽃가루받이에 의존하며, 세계 식량의 90%를 차지하는 100대 농작물 중 71%는 꿀벌 덕분에 얻을 수 있는 것들이다.
그러나 오랜 시간 동안 지구의 생태계를 지켜온 꿀벌은 지구에서 급격히 사라져가고 있다. 군집붕괴 현상(Colony Collapse Disorder)이라고 불리는 이 현상은 2006년 플로리다에서 시작되어 아메리카와 유럽, 아시아, 오세아니아에 이르기까지 지구촌 전역으로 확산되고 있다. 벌집을 나간 벌이 다시 돌아오지 않아 여왕벌과 유충이 잇달아 집단폐사하면서 미국은 2006년에 비해 꿀벌의 개체 수가 40%가량 감소했고, 2007년 여름 이미 북반구 꿀벌의 약 25%가 사라졌다는 보고가 있었다. 지구상에 존재하는 식물의 상당수는 벌을 매개로 종족을 번식한다. 꽃가루받이를 할 벌이 사라진다는 것은 꿀벌을 매개로 해 번식하는 식물군 전체가 열매를 맺지 못할 위기에 놓인다는 것을 의미한다.
벌을 위협하는 요인은 비단 몇 가지로 단정 지어 설명하기는 어렵다. 살충제와 항생제, 대기오염은 꿀벌을 병들게 만들었고, 꿀벌에게 필요한 수많은 식물들이 '잡초'라는 오명을 쓰고 사라져갔다. 최근에는 휴대폰 등 전자기기의 전자파가 꿀벌의 신경계를 마비시킨다는 연구 결과도 있다. 꿀벌이 사라짐에 따라 매년 과수원에는 꽃가루받이 수작업을 위해 수천 명의 자원봉사자가 투입되고 있다지만, 이는 미봉책에 불과하다. 인류의 삶에서, 나아가 전 생태계에서 양봉업과 농업이 차지하는 위상을 재고해야 한다. 그리하여 꿀벌과 상생할 수 있는 농업 방식과 도시 환경을 강구해야 할 것이다.

① 꿀벌이 식물의 번식에 도움을 주는 것은 자신의 먹이를 얻는 과정에서 이루어지는 비의도적으로 현상이다.
② 밖으로 나간 꿀벌이 다시 돌아오지 않아 꿀벌의 개체 수가 줄어드는 현상을 군집붕괴 현상이라고 한다.
③ 꿀벌의 개체 수가 감소하는 원인은 현대문명사회의 도래와 관련이 깊다.
④ 대다수 식물들은 벌을 매개로 한 방법 이외에 번식할 수 있는 방법이 없다.

09 다음 문장들을 논리적 순서대로 바르게 나열한 것은?

> (가) 콘크리트가 굳은 뒤에 당기는 힘을 제거하면, 철근이 줄어들면서 콘크리트에 압축력이 작용하여 외부의 인장력에 대한 저항성이 높아진 프리스트레스트 콘크리트가 만들어진다. 이러한 과정을 통해 만들어진 프리스트레스트 콘크리트가 사용된 킴벨 미술관은 개방감을 주기 위하여 기둥 사이를 30m 이상 벌리고 내부의 전시 공간을 하나의 층으로 만들었다.
>
> (나) 이처럼 건축 재료에 대한 기술적 탐구는 언제나 새로운 건축 미학의 원동력이 되어 왔다. 특히 근대 이후에는 급격한 기술의 발전으로 혁신적인 건축 작품들이 탄생할 수 있었고, 건축 재료와 건축 미학의 유기적인 관계는 앞으로도 지속될 것이다.
>
> (다) 이 간격은 프리스트레스트 콘크리트 구조를 활용하였기에 구현할 수 있었고, 일반적인 철근 콘크리트로는 구현하기 어려웠다. 이 구조로 이루어진 긴 지붕의 틈새로 들어오는 빛이 넓은 실내를 환하게 채우며 철근 콘크리트로 이루어진 내부를 대리석처럼 빛나게 한다.
>
> (라) 철근 콘크리트는 근대 이후 가장 중요한 건축 재료로 널리 사용되어 왔으며, 철근 콘크리트의 인장 강도를 높이려는 연구가 계속되어 프리스트레스트 콘크리트가 등장하였다. 프리스트레스트 콘크리트는 다음과 같이 제작되는데 먼저, 거푸집에 철근을 넣고 철근을 당긴 상태에서 콘크리트 반죽을 붓는다.

① (가) – (나) – (다) – (라)

② (가) – (다) – (라) – (나)

③ (라) – (가) – (나) – (다)

④ (라) – (가) – (다) – (나)

10 다음 글의 빈칸에 들어갈 내용으로 가장 적절한 것은?

> 알레르기는 도시화와 산업화가 진행되는 지역에서 매우 빠르게 증가하고 있다. 알레르기의 발병 원인에 대한 20세기의 지배적 이론은 알레르기는 병원균의 침입에 의해 발생하는 감염성 질병이라는 것이다.
> 하지만 1989년 영국 의사 S는 이 전통적인 이론에 맞서 다음과 같은 가설을 제시해 주장했다. ____________________________________ S는 1958년 3월 둘째 주에 태어난 17,000명 이상의 영국 어린이를 대상으로 그들이 23세가 될 때까지 수집한 개인 정보 데이터베이스를 분석하여, 이 가설을 뒷받침하는 증거를 찾았다. 이들의 가족 관계, 사회적 지위, 경제력, 거주 지역, 건강 등의 정보를 비교 분석한 결과, 두 개 항목이 꽃가루 알레르기와 상관관계를 가졌다. 첫째, 함께 자란 형제자매의 수이다. 외동으로 자란 아이의 경우 형제가 서넛인 아이에 비해 꽃가루 알레르기에 취약했다. 둘째, 가족 관계에서 차지하는 서열이다. 동생이 많은 아이보다 손위 형제가 많은 아이가 알레르기에 걸릴 확률이 낮았다.
> S의 주장에 따르면 가족 구성원이 많은 집에 사는 아이들은 가족 구성원, 특히 손위 형제들이 집안으로 끌고 들어오는 온갖 병균에 의한 잦은 감염 덕분에 장기적으로는 알레르기 예방에 오히려 유리하다. S는 유년기에 겪은 이런 감염이 꽃가루 알레르기를 비롯한 알레르기성 질환으로부터 아이들을 보호해 왔다고 생각했다.

① 알레르기는 유년기에 병원균 노출의 기회가 적을수록 발생 확률이 높아진다.
② 알레르기는 가족 관계에서 서열이 높은 가족 구성원에게 더 많이 발생한다.
③ 알레르기는 성인보다 유년기의 아이들에게 더 많이 발생한다.
④ 알레르기는 도시화에 따른 전염병의 증가로 인해 유발된다.

11 다음 빈칸에 들어갈 수로 옳은 것은?

$$\frac{1}{7} < (\quad) < \frac{4}{21}$$

① $\frac{1}{28}$
② $\frac{1}{6}$
③ $\frac{1}{3}$
④ $\frac{3}{7}$

12 다음은 K대학교의 학과별 입학정원 변화에 대한 자료이다. 이를 그래프로 변환한 내용으로 옳지 않은 것은?

〈학과별 입학정원 변화〉

(단위 : 명)

구분	2020년	2021년	2022년	2023년	2024년
A학과	110	142	135	157	150
B학과	68	55	62	60	54
C학과	128	130	148	150	144
D학과	90	87	80	85	77
E학과	66	67	64	60	65
F학과	50	40	48	42	45
G학과	115	114	114	110	120
H학과	106	110	108	105	100

① 2023 ~ 2024년 학과별 입학정원 변화

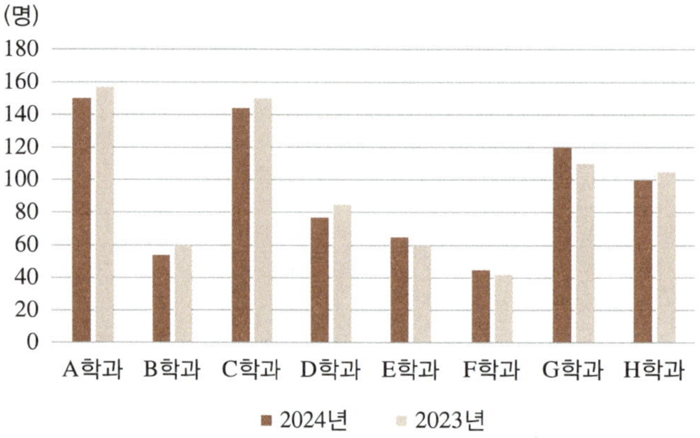

② 2020 ~ 2024년 A학과, C학과, D학과, G학과, H학과 입학정원 변화

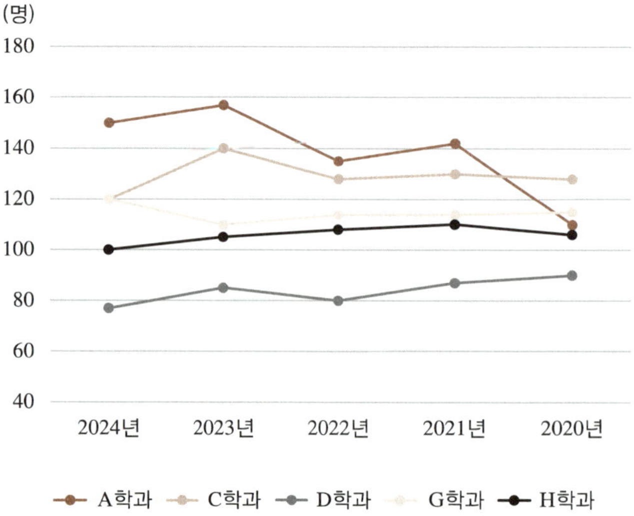

③ 2020 ~ 2024년 B학과, E학과, F학과, G학과 입학정원 변화

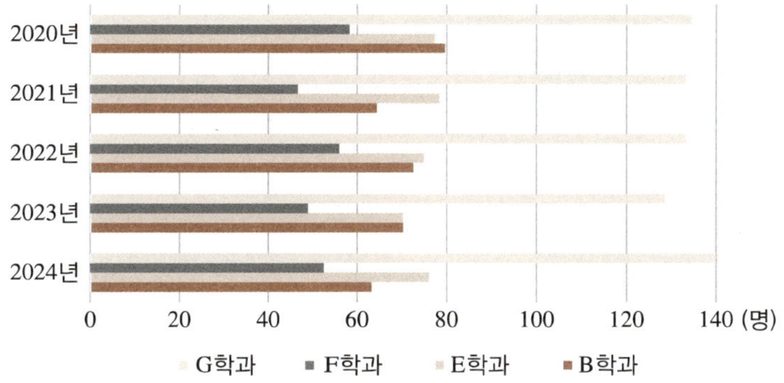

④ 2020 ~ 2022년 학과별 입학정원 변화

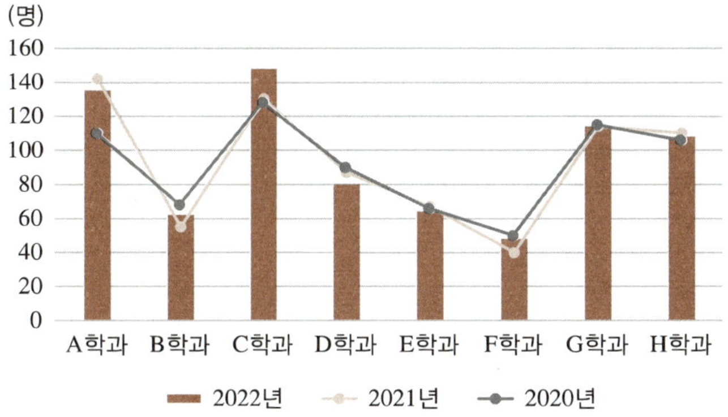

13 다음은 외환위기 전후 한국의 경제 상황을 나타낸 자료이다. 이에 대한 설명으로 옳은 것은?

〈외환위기 전후 한국의 경제 상황〉

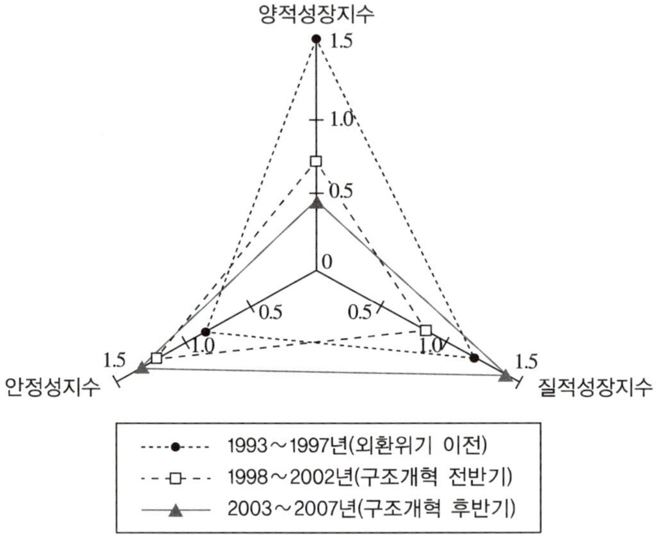

① 1993년 이후 양적성장지수가 감소함에 따라 안정성지수 또한 감소하였다.

② 안정성지수는 구조개혁 전반기와 구조개혁 후반기에 직전기간 대비 모두 증가하였으나, 구조개혁 후반기의 직전기간 대비 증가율은 구조개혁 전반기의 직전기간 대비 증가율보다 낮다.

③ 세 지수 모두에서 구조개혁 전반기의 직전기간 대비 증감폭보다 구조개혁 후반기의 직전기간 대비 증감폭이 크다.

④ 구조개혁 전반기와 후반기 모두에서 양적성장지수의 직전기간 대비 증감폭보다 안정성지수의 직전기간 대비 증감폭이 크다.

※ 다음은 20대 이상 성인에게 종이책 독서에 대해 설문조사를 한 자료이다. 이어지는 질문에 답하시오. [14~15]

〈종이책 독서 현황〉

(단위 : %)

구분		사례 수(명)	읽음	읽지 않음
전체		6,000	59.9	40.1
성별	남성	2,988	58.2	41.8
	여성	3,012	61.5	38.5
연령별	20대	1,070	73.5	26.5
	30대	1,071	68.9	31.1
	40대	1,218	61.9	38.1
	50대	1,190	52.2	47.8
	60대 이상	1,451	47.8	52.2

※ '읽음'과 '읽지 않음'의 비율은 소수점 둘째 자리에서 반올림한 값임

14 다음 중 자료에 대한 설명으로 옳지 않은 것은?(단, 인원은 소수점 첫째 자리에서 반올림한다)

① 모든 연령대에서 '읽음'의 비율이 '읽지 않음'보다 높다.
② 여성이 남성보다 종이책 독서를 하는 비율이 3%p 이상 높다.
③ 사례 수가 가장 적은 연령대의 '읽지 않음'을 선택한 인원은 250명 이상이다.
④ 40대의 '읽음'과 '읽지 않음'을 선택한 인원의 차이는 약 290명이다.

15 여성과 남성의 사례 수가 각각 3,000명이라면 '읽음'을 선택한 여성과 남성의 인원은 총 몇 명인가?

① 3,150명
② 3,377명
③ 3,591명
④ 3,782명

16 K씨는 지난 1개월간 네일아트를 받아본 20 ~ 35세 여성 113명을 대상으로 뷰티숍 방문횟수와 직업에 관해 조사하였다. 설문조사 결과가 다음과 같을 때, K씨가 이해한 내용으로 옳은 것은?(단, 복수응답과 무응답은 없다)

〈응답자의 연령대별 방문횟수〉

(단위 : 명)

연령대 / 방문횟수	20 ~ 25세	26 ~ 30세	31 ~ 35세	합계
1회	19	12	3	34
2 ~ 3회	27	32	4	63
4 ~ 5회	6	5	2	13
6회 이상	1	2	0	3
합계	53	51	9	113

〈응답자의 직업 분포〉

(단위 : 명)

직업	학생	회사원	공무원	전문직	자영업	가정주부	합계
응답자 수	49	43	2	7	9	3	113

① 전체 응답자 중 20 ~ 25세 응답자가 차지하는 비율은 50% 이상이다.

② 26 ~ 30세 응답자 중 4회 이상 방문한 응답자 비율은 10% 이상이다.

③ 31 ~ 35세 응답자의 1인당 평균 방문횟수는 2회 미만이다.

④ 전체 응답자 중 직업이 학생 또는 공무원인 응답자 비율은 50% 이상이다.

17 다음은 K공사의 모집단위별 지원자 수 및 합격자 수를 나타낸 자료이다. 이에 대한 설명으로 옳지 않은 것은?

〈모집단위별 지원자 수 및 합격자 수〉

(단위 : 명)

모집단위	남성		여성		합계	
	합격자 수	지원자 수	합격자 수	지원자 수	모집정원	지원자 수
A집단	512	825	89	108	601	933
B집단	353	560	17	25	370	585
C집단	138	417	131	375	269	792
합계	1,003	1,802	237	508	1,240	2,310

※ $[\text{경쟁률(\%)}]=\frac{(\text{지원자 수})}{(\text{모집정원})}\times 100$

※ 경쟁률은 소수점 첫째 자리에서 반올림함

① 세 개의 모집단위 중 총 지원자 수가 가장 많은 집단은 A집단이다.

② 세 개의 모집단위 중 합격자 수가 가장 적은 집단은 C집단이다.

③ K공사의 남성 합격자 수는 여성 합격자 수의 5배 이상이다.

④ B집단의 경쟁률은 158%이다.

18 거리가 30km인 A, B 두 지점 사이에 P지점이 있다. A지점에서 P지점까지 시속 3km의 속력으로, P지점에서 B지점까지 시속 4km의 속력으로 갔더니, 총 9시간이 걸렸다. A지점에서 P지점 사이의 거리는 몇 km인가?

① 12km ② 15km

③ 18km ④ 21km

19 올해 K공사 지원부서원 25명의 평균 나이가 38세이다. 다음 달에 52세의 팀원이 퇴사하고 27세의 신입사원이 입사할 예정일 때, 내년 지원부서원 25명의 평균 나이는?(단, 주어진 조건 외에 다른 인사이동은 없다)

① 35세 ② 36세

③ 37세 ④ 38세

20 당신은 친구와 동전 던지기를 하고 있다. 친구가 동전을 5번 던질 때, 적어도 한 번은 앞면이 나올 확률은?

① $\frac{7}{8}$
② $\frac{13}{16}$
③ $\frac{15}{16}$
④ $\frac{31}{32}$

21 서로 다른 무게의 공 5개에 대한 〈조건〉이 다음과 같을 때, 무거운 순서대로 바르게 나열한 것은?

조건

- 파란공은 가장 무겁지도 않고, 세 번째로 무겁지도 않다.
- 빨간공은 가장 무겁지도 않고, 두 번째로 무겁지도 않다.
- 흰공은 세 번째로 무겁지도 않고, 네 번째로 무겁지도 않다.
- 검은공은 파란공과 빨간공보다는 가볍다.
- 노란공은 파란공보다 무겁고, 흰공보다는 가볍다.

① 흰공 – 빨간공 – 노란공 – 파란공 – 검은공
② 흰공 – 노란공 – 빨간공 – 검은공 – 파란공
③ 흰공 – 노란공 – 검은공 – 빨간공 – 파란공
④ 흰공 – 노란공 – 빨간공 – 파란공 – 검은공

22 세미는 1박 2일로 경주 여행을 떠나 불국사, 석굴암, 안압지, 첨성대 유적지를 방문했다. 〈조건〉이 다음과 같을 때, 세미의 유적지 방문 순서가 될 수 없는 것은?

조건

- 첫 번째로 방문한 곳은 석굴암, 안압지 중 한 곳이었다.
- 여행 계획대로라면 첫 번째로 석굴암을 방문했을 때, 두 번째로는 첨성대에 방문하기로 되어 있었다.
- 두 번째로 방문한 곳이 안압지가 아니라면, 불국사도 아니었다.
- 세 번째로 방문한 곳은 석굴암이 아니었다.
- 세 번째로 방문한 곳이 첨성대라면, 첫 번째로 방문한 곳은 불국사였다.
- 마지막으로 방문한 곳이 불국사라면, 세 번째로 방문한 곳은 안압지였다.

① 안압지 – 첨성대 – 불국사 – 석굴암
② 안압지 – 석굴암 – 첨성대 – 불국사
③ 안압지 – 석굴암 – 불국사 – 첨성대
④ 석굴암 – 첨성대 – 안압지 – 불국사

23 K회사의 임직원들은 출장지에서 묵을 방을 배정받는다고 한다. 출장 인원은 대표를 포함한 10명이며, 그중 6명은 숙소 배정표와 같이 미리 배정되었다. 생산팀 장과장, 인사팀 유과장, 총무팀 박부장, 대표 4명이 다음 〈조건〉에 따라 방을 배정받아야 할 때, 항상 거짓인 것은?

조건

- 같은 직급은 옆방으로 배정하지 않는다.
- 마주보는 방은 같은 부서 임직원이 배정받을 수 없다.
- 대표의 옆방은 부장만 배정받을 수 있다.
- 빈방은 나란히 있거나 마주보지 않는다.

〈숙소 배정표〉

101호 인사팀 최부장	102호	103호 생산팀 강차장	104호	105호	106호 생산팀 이사원
복도					
112호 관리팀 김부장	111호	110호	109호 총무팀 이대리	108호 인사팀 한사원	107호

① 인사팀 유과장은 105호에 배정받을 수 없다.

② 104호는 아무도 배정받지 않을 수 있다.

③ 111호에는 생산팀 장과장이 묵는다.

④ 총무팀 박부장은 110호에 배정받는다.

24 다음 (가) ~ (다)와 같은 생산 합리화 원칙이 적용된 사례를 〈보기〉에서 골라 바르게 짝지은 것은?

〈생산 합리화 원칙〉

(가) 공정과 제품의 특성에 따라 작업을 분업화한다.
(나) 불필요한 요소를 제거하여 작업 절차를 간소화한다.
(다) 제품의 크기, 형태에 대해 기준을 설정하여 규격화한다.

보기

ㄱ. 휴대전화와 충전 장치의 연결 방식을 같은 형식으로 만들었다.
ㄴ. 음료수의 생산 과정을 일곱 단계에서 다섯 단계의 과정으로 줄여 작업하였다.
ㄷ. 한 사람이 하던 자동차 바퀴의 나사 조립과 전기 장치 조립을 각각 두 사람이 하도록 하였다.

	(가)	(나)	(다)
①	ㄱ	ㄴ	ㄷ
②	ㄴ	ㄱ	ㄷ
③	ㄴ	ㄷ	ㄱ
④	ㄷ	ㄴ	ㄱ

25 김과장은 건강상의 이유로 간헐적 단식을 시작하기로 했다. 김과장이 선택한 간헐적 단식 방법은 월요일부터 일요일까지 일주일 중에 2일을 선택하여 아침 혹은 저녁 한 끼 식사만 하는 것이다. 김과장이 단식을 시작한 첫 주 월요일부터 일요일까지 한 끼만 먹은 요일과 이때 식사를 한 때는?

- 단식을 하는 날 전후로 각각 최소 2일간은 세 끼 식사를 한다.
- 단식을 하는 날 이외에는 항상 세 끼 식사를 한다.
- 2주 차 월요일에는 단식을 했다.
- 1주 차에 먹은 아침식사 횟수와 저녁식사 횟수가 같다.
- 1주 차 월요일, 수요일, 금요일은 조찬회의에 참석하여 아침식사를 했다.
- 1주 차 목요일은 업무 약속이 있어서 점심을 먹었다.

① 월요일(아침), 목요일(저녁)
② 화요일(아침), 금요일(아침)
③ 화요일(저녁), 금요일(아침)
④ 화요일(저녁), 토요일(아침)

26 다음 〈보기〉에서 창의적 사고에 대해 잘못 설명하고 있는 사람을 모두 고르면?

보기

A : 창의적 사고는 아무것도 없는 무에서 유를 만들어 내는 것이다.
B : 창의적 사고는 끊임없이 참신한 아이디어를 산출하는 힘이다.
C : 우리는 매일매일 끊임없이 창의적 사고를 계속하고 있다.
D : 필요한 물건을 싸게 사기 위해서 하는 많은 생각들은 창의적 사고에 해당하지 않는다.
E : 창의적 사고를 대단하게 여기는 사람들의 편견과 달리 창의적 사고는 누구에게나 존재한다.

① A, B
② A, D
③ C, D
④ C, E

27 갑 ~ 병 3명의 사람이 다트게임을 하고 있다. 다트 과녁은 색깔에 따라 다음과 같이 점수가 나눠진다. 〈조건〉과 같이 3명이 다트게임을 했을 때, 점수 결과로 나올 수 있는 경우의 수는?

〈다트 과녁 점수〉

(단위 : 점)

구분	빨강	노랑	파랑	검정
점수	10	8	5	0

조건

• 모든 다트는 네 가지 색깔 중 한 가지를 맞힌다.
• 각자 다트를 5번씩 던진다.
• 을은 40점 이상을 획득하여 가장 높은 점수를 얻었다.
• 병의 점수는 5점 이상 10점 이하이고, 갑의 점수는 36점이다.
• 검정을 제외한 똑같은 색깔은 3번 이상 맞힌 적이 없다.

① 9가지
② 8가지
③ 7가지
④ 6가지

28 다음 중 미국의 핫 포인트사가 개발한 창의적 사고 개발 기법으로 주로 상품의 결점이나 문제점 발견에 사용되는 기법은 무엇인가?

① 브레인스토밍
② 마인드맵
③ 여섯 색깔 모자 기법
④ 역브레인스토밍

29 다음은 청년전세임대주택에 대한 자료이다. 이에 대한 설명으로 옳지 않은 것은?

〈청년전세임대주택〉

• 입주자격

무주택요건 및 소득·자산기준을 충족하는 다음의 사람

① 본인이 무주택자이고 신청 해당연도 대학에 재학 중이거나 입학·복학 예정인 만 19세 미만 또는 만 39세 초과 대학생

② 본인이 무주택자이고 대학 또는 고등·고등기술학교를 졸업하거나 중퇴한 후 2년 이내이며 직장에 재직 중이지 않은 만 19세 미만 또는 만 39세 초과 취업준비생

③ 본인이 무주택자이면서 만 19세 이상 39세 이하인 사람

• 임대조건

– 임대보증금 : 1순위 100만 원, 2·3순위 200만 원

– 월임대료 : 전세지원금 중 임대보증금을 제외한 금액에 대한 연 1 ~ 2% 이자 해당액

• 호당 전세금 지원 한도액

구분		수도권	광역시
단독거주	1인 거주	1.2억 원	9천 5백만 원
공동거주 (셰어형)	2인 거주	1.5억 원	1.2억 원
	3인 거주	2.0억 원	1.5억 원

※ 지원한도액을 초과하는 전세주택은 초과하는 전세금액을 입주자가 부담할 경우 지원가능
단, 전세금 총액은 호당 지원한도액의 150% 이내로 제한(셰어형은 200% 이내)

① 호당 전세금 지원 한도액은 수도권이 광역시보다 높다.
② 주택을 보유한 경우 어떠한 유형으로도 입주대상자에 해당되지 않는다.
③ 만 39세를 초과한 경우에도 입주자격을 갖출 수 있다.
④ 수도권에 위치한 3인 공동거주 형태의 경우, 최대 4.0억 원까지 지원받을 수 있다.

30 다음은 C섬유에 대한 SWOT 분석 자료이다. 분석에 따른 대응 전략으로 적절한 것을 〈보기〉에서 모두 고르면?

〈C섬유 SWOT 분석 결과〉

S 강점	W 약점
• 첨단 신소재 관련 특허 다수 보유	• 신규 생산 설비 투자 미흡 • 브랜드의 인지도 부족
O 기회	**T 위협**
• 고기능성 제품에 대한 수요 증가 • 정부 주도의 문화 콘텐츠 사업지원	• 중저가 의류용 제품의 공급 과잉 • 저임금의 개발도상국과 경쟁 심화

보기

ㄱ. SO전략으로 첨단 신소재를 적용한 고기능성 제품을 개발한다.
ㄴ. ST전략으로 첨단 신소재 관련 특허를 개발도상국의 경쟁업체에 무상 이전한다.
ㄷ. WO전략으로 문화 콘텐츠와 디자인을 접목한 신규 브랜드 개발을 통해 적극적 마케팅을 실시한다.
ㄹ. WT전략으로 기존 설비에 대한 재투자를 통해 대량생산 체제로 전환한다.

① ㄱ, ㄷ
② ㄱ, ㄹ
③ ㄴ, ㄷ
④ ㄴ, ㄹ

31 귀하는 생산설비를 확충하는 계획을 검토하고 있다. 우선 고려하고 있는 투자안은 두 가지가 있는데, 각 동일 제품을 생산하는 데 드는 비용은 다음과 같다. 제품의 판매단가가 2,000원이라고 할 때, 다음 중 귀하의 판단으로 적절하지 않은 것은?

투자안	고정비(원)	변동비(원/개)
A	20,000,000	1,500
B	60,000,000	1,000

※ (매출액)=(판매단가)×(매출량)
※ (매출원가)=(고정비)+[(변동비)×(매출량)]
※ (매출이익)=(매출액)−(매출원가)

① 매출량이 70,000개일 때, 매출이익은 투자안 A가 B보다 크다.
② 매출량이 100,000개일 때, 매출원가는 투자안 A가 B보다 크다.
③ 매출량 증가폭 대비 매출이익의 증가폭은 투자안 A가 B보다 작다.
④ 매출이익이 0이 되는 매출량은 투자안 A가 B보다 많다.

32 K물류회사에서 근무 중인 S사원에게 화물운송기사 두 명이 찾아와 운송시간에 대한 질문을 하였다. 주요 도시 간 이동시간 자료를 참고했을 때, 두 기사에게 안내해야 할 시간은?(단, S사원과 두 기사는 A도시에 위치하고 있다)

K기사 : 저는 여기서 화물을 싣고 E도시로 운송한 후에 C도시로 가서 다시 화물을 싣고 여기로 돌아와야 하는데 시간이 얼마나 걸릴까요? 최대한 빨리 마무리 지었으면 좋겠는데….

P기사 : 저는 여기서 출발해서 모든 도시를 한 번씩 거쳐 다시 여기로 돌아와야 해요. 가장 짧은 이동시간으로 다녀오면 얼마나 걸릴까요?

〈주요도시 간 이동시간〉

(단위 : 시간)

출발도시 \ 도착도시	A	B	C	D	E
A	–	1.0	0.5	–	–
B	–	–	–	1.0	0.5
C	0.5	2.0	–	–	–
D	1.5	–	–	–	0.5
E	–	–	2.5	0.5	–

※ 화물을 싣고 내리기 위해 각 도시에서 정차하는 시간은 고려하지 않음

※ '–' 표시가 있는 구간은 이동이 불가능함

	K기사	P기사
①	4시간	4시간
②	4.5시간	5시간
③	5시간	5.5시간
④	5.5시간	6시간

※ K은행은 지역 고령농민을 위한 스마트뱅킹 교육을 실시하려고 한다. 다음 자료를 보고 이어지는 질문에 답하시오. **[33~34]**

〈지역 고령농민을 위한 스마트뱅킹 교육〉

- 참가인원 : 지역 고령농민 50명, K은행 임직원 15명
- 교육일시 : 2025년 3월 12일 오전 9시 ~ 11시
- 필요장비 : 컴퓨터, 빔프로젝터, 마이크
- 특이사항
  - 교육 종료 후 다과회가 있으므로 별도 회의실이 필요하다.
  - 교육 장소는 조건을 충족하는 장소 중에서 가장 저렴한 장소로 선택한다.

〈센터별 대여료 및 세부사항〉

구분	대여료	보유 장비	수용인원	사용 가능 시간	비고
A센터	400,000원	컴퓨터, 빔프로젝터, 마이크	50명	3시간	회의실 보유
B센터	420,000원	컴퓨터, 빔프로젝터, 마이크	65명	4시간	회의실 보유
C센터	350,000원	컴퓨터, 마이크	45명	3시간	-
D센터	500,000원	마이크, 빔프로젝터	75명	1시간	회의실 보유

33 지역 고령농민을 위한 스마트뱅킹 교육 계획에 맞는 장소로 가장 적절한 것은?

① A센터 ② B센터
③ C센터 ④ D센터

34 지역 고령농민 참여자가 30명으로 변경되었을 때, 대여할 교육 장소로 가장 적절한 것은?

① A센터 ② B센터
③ C센터 ④ D센터

35 올해 정규직으로 전환된 신입사원들에게 명함을 배부하였다. 명함은 1인당 국문 130장, 영문 70장씩 지급되었다. 국문 명함 중 50장은 고급종이로 제작되었고, 나머지는 모두 일반종이로 제작되었다. 명함을 만드는 데 들어간 총비용이 808,000원이라면, 신입사원은 총 몇 명인가?

〈제작비용〉

- 국문 명함 : 50장당 10,000원 / 10장 단위 추가 시 2,500원
- 영문 명함 : 50장당 15,000원 / 10장 단위 추가 시 3,500원

※ 고급종이로 만들 경우 정가의 10% 가격이 추가됨

① 14명 ② 16명
③ 18명 ④ 20명

36 굴업도 백핑킹을 계획하던 C씨는 이른 아침 인천 여객터미널에 가서 배편으로 섬에 들어가려고 한다. AM 7:20에 집에서 출발하였고, 반드시 오전 중에 굴업도에 입섬해야 한다면 C씨가 취할 수 있는 가장 저렴한 여객선 비용은 얼마인가?(단, 집에서 인천여객터미널까지 1시간이 걸린다)

〈인천 터미널 배편 알림표〉

구분	출항시간	항로 1 여객선	항로 2 여객선
A회사	AM 7:00	20,000원	25,000원
	AM 9:00		
	AM 11:00		
	PM 1:00		
B회사	AM 8:00	30,000원	40,000원
	AM 9:30		
	AM 10:30		
	AM 11:30		

※ 항로 1 여객선 : 자월도 → 덕적도 → 승봉도 → 굴업도 방문(총 4시간)
※ 항로 2 여객선 : 굴업도 직항(총 2시간)

① 20,000원 ② 25,000원
③ 30,000원 ④ 40,000원

37 **물적자원관리 과정 중 같은 단계의 특성끼리 바르게 짝지어진 것은?**

① 반복 작업 방지, 물품활용의 편리성
② 통일성의 원칙, 물품의 형상
③ 물품의 소재, 물품활용의 편리성
④ 물품의 소재, 유사성의 원칙

38 **K구청은 주민들의 정보화 교육을 위해 정보화 교실을 동별로 시행하고 있고, 주민들은 각자 일정에 맞춰 정보화 교육을 수강하려고 한다. 다음 중 개인 일정상 신청과목을 수강할 수 없는 사람은?(단, 하루라도 수강을 빠진다면 수강이 불가능하다)**

〈정보화 교육 일정표〉

날짜	시간	장소	과정명	장소	과정명
화, 목	09:30 ~ 12:00	A동	인터넷 활용하기	C동	스마트한 클라우드 활용
	13:00 ~ 15:30		그래픽 초급 픽슬러 에디터		스마트폰 SNS 활용
	15:40 ~ 18:10		ITQ한글2020(실전반)		-
수, 금	09:30 ~ 12:00		한글 문서 활용하기		Windows10 활용하기
	13:00 ~ 15:30		스마트폰 / 탭 / 패드(기본앱)		스마트한 클라우드 활용
	15:40 ~ 18:10		컴퓨터 기초(윈도우 및 인터넷)		-
월	09:30 ~ 15:30		포토샵 기초		사진 편집하기
화 ~ 금	09:30 ~ 12:00	B동	그래픽 편집 달인되기	D동	한글 시작하기
	13:00 ~ 15:30		한글 활용 작품 만들기		사진 편집하기
	15:40 ~ 18:10		-		엑셀 시작하기
월	09:30 ~ 15:30		Windows10 활용하기		스마트폰 사진 편집 & 앱 배우기

〈개인 일정 및 신청 과목〉

구분	개인 일정	신청 과목
D동의 홍길동	• 매주 월 ~ 금 08:00 ~ 15:00 편의점 아르바이트 • 매주 월요일 16:00 ~ 18:00 음악학원 수강	엑셀 시작하기
A동의 이몽룡	• 매주 화, 수, 목 09:00 ~ 18:00 학원 강의 • 매주 월 16:00 ~ 20:00 배드민턴 동호회 활동	포토샵 기초
C동의 성춘향	• 매주 수, 금 17:00 ~ 22:00 호프집 아르바이트 • 매주 월 10:00 ~ 12:00 과외	스마트한 클라우드 활용
B동의 변학도	• 매주 월, 화 08:00 ~ 15:00 카페 아르바이트 • 매주 수, 목 18:00 ~ 20:00 요리학원 수강	그래픽 편집 달인되기

① 홍길동 ② 이몽룡
③ 성춘향 ④ 변학도

39 K공사는 사원들의 복지 증진을 위해 안마의자를 구매할 계획이다. K공사의 안마의자 구입기준이 다음과 같을 때, 구매할 안마의자로 옳은 것은?

〈K공사의 안마의자 구입기준〉

- 사원들이 자주 사용할 것으로 생각되니 A/S 기간이 2년 이상이어야 한다.
- 사무실 인테리어를 고려하여 안마의자의 컬러는 레드보다는 블랙을 구매한다.
- 겨울철에도 이용할 경우를 위해 안마의자에 온열기능이 있어야 한다.
- 안마의자의 구입 예산은 최대 2,500만 원까지며, 가격이 예산 안에만 해당하면 모두 구매 가능하다.
- 안마의자의 프로그램 개수는 최소 10개 이상은 되어야 하며, 많으면 많을수록 좋다.

〈A ~ D안마의자 정보〉

구분	가격	컬러	A/S 기간	프로그램	옵션
A안마의자	2,200만 원	블랙	2년	12개	온열기능
B안마의자	2,100만 원	레드	2년	13개	온열기능
C안마의자	2,600만 원	블랙	3년	15개	–
D안마의자	2,400만 원	블랙	2년	13개	온열기능

① A안마의자 ② B안마의자

③ C안마의자 ④ D안마의자

40 컨벤션센터에서 예약업무를 담당하고 있는 K씨는 2주 전 B기업으로부터 오전 10시 ~ 낮 12시에 35명, 오후 1시 ~ 오후 4시에 10명이 이용할 수 있는 회의실 예약문의를 받았다. K씨는 회의실 예약 안내서를 B기업으로 보냈고 B기업은 자료를 바탕으로 회의실을 선택하여 621,000원을 결제했다. 하지만 이용일 4일 전 B기업이 오후 회의실 사용을 취소했을 때, 다음 〈조건〉에 따라 B기업에 주어야 할 환불금액은?(단, 회의에서는 노트북과 빔프로젝터를 이용하며, 부대장비 대여료도 환불규칙에 포함된다)

〈회의실 사용료(VAT 포함)〉

회의실	수용 인원(명)	면적(m^2)	기본임대료(원)		추가임대료(원)	
			기본시간	임대료	추가시간	임대료
대회의실	90	184	2시간	240,000	시간당	120,000
별실	36	149		400,000		200,000
세미나 1	21	43		136,000		68,000
세미나 2						
세미나 3	10	19		74,000		37,000
세미나 4	16	36		110,000		55,000
세미나 5	8	15		62,000		31,000

〈부대장비 대여료(VAT 포함)〉

장비명	사용료(원)				
	1시간	2시간	3시간	4시간	5시간
노트북	10,000	10,000	20,000	20,000	30,000
빔프로젝터	30,000	30,000	50,000	50,000	70,000

조건

- 기본임대 시간은 2시간이며, 1시간 단위로 연장할 수 있습니다.
- 예약 시 최소 인원은 수용 인원의 과반수 이상이어야 합니다.
- 예약 가능한 회의실 중 비용이 저렴한 쪽을 선택해야 합니다.

〈환불규칙〉

- 결제완료 후 계약을 취소하시는 경우 다음과 같이 취소 수수료가 발생합니다.
  - 이용일 기준 7일 이전 : 취소 수수료 없음
  - 이용일 기준 6 ~ 3일 이전 : 취소 수수료 10%
  - 이용일 기준 2 ~ 1일 이전 : 취소 수수료 50%
  - 이용일 당일 : 환불 없음
- 회의실에는 음식물을 반입하실 수 없습니다.
- 이용일 7일 전까지(7일 이내 예약 시에는 금일 중) 결제하셔야 합니다.
- 결제변경은 해당 회의실 이용시간 전까지 가능합니다.

① 162,900원
② 183,600원
③ 211,500원
④ 246,600원

| 02 | 사무직

41 같은 말이나 행동도 나라에 따라서 다르게 받아들여질 수 있기 때문에 직업인은 국제 매너를 갖춰야 한다. 다음 〈보기〉 중 국제 매너에 대한 설명으로 옳은 것을 모두 고르면?

> **보기**
> ㉠ 미국 바이어와 악수를 할 때는 눈이나 얼굴을 보면서 손끝만 살짝 잡거나 왼손으로 상대방의 왼손을 힘주어서 잡았다가 놓아야 한다.
> ㉡ 이라크 사람들은 시간을 돈과 같이 생각해서 시간엄수를 중요하게 생각하므로 약속 시간에 늦지 않게 주의해야 한다.
> ㉢ 러시아와 라틴아메리카 사람들은 친밀함의 표시로 포옹을 한다.
> ㉣ 명함은 받으면 구기거나 계속 만지지 않고, 한 번 보고 나서 탁자 위에 보이는 채로 대화를 하거나 명함집에 넣는다.
> ㉤ 수프는 바깥쪽에서 몸 쪽으로 숟가락을 사용한다.
> ㉥ 생선요리는 뒤집어 먹지 않는다.
> ㉦ 빵은 아무 때나 먹어도 관계없다.

① ㉠, ㉢, ㉦　　② ㉡, ㉢, ㉣
③ ㉢, ㉣, ㉥　　④ ㉣, ㉤, ㉥

42 다음 글의 밑줄 친 마케팅 기법에 대한 설명으로 적절한 것을 〈보기〉에서 모두 고르면?

> 기업들이 신제품을 출시하면서 한정된 수량만 제작 판매하는 한정판 제품을 잇따라 내놓고 있다. 이번 기회가 아니면 더 이상 구입할 수 없다는 메시지를 끊임없이 던지며 소비자의 호기심을 자극하는 <u>마케팅 기법</u>이다. ○○자동차 회사는 가죽 시트와 일부 외형을 기존 제품과 다르게 한 모델을 8,000대 한정 판매하였는데, 단기간에 매진을 기록하였다.

> **보기**
> ㄱ. 소비자의 충동 구매를 유발하기 쉽다.
> ㄴ. 이윤 증대를 위한 경영 혁신의 한 사례이다.
> ㄷ. 의도적으로 공급의 가격 탄력성을 크게 하는 방법이다.
> ㄹ. 소장 가치가 높은 상품을 대상으로 하면 더 효과적이다.

① ㄱ, ㄴ　　② ㄱ, ㄷ
③ ㄴ, ㄹ　　④ ㄱ, ㄴ, ㄹ

43 다음 중 글로벌화에 대한 설명으로 옳지 않은 것은?

① 범지구적 시스템과 네트워크 안에서 기업 활동이 이루어지는 국제경영이 중요시된다.
② 글로벌화가 이루어지면 시장이 확대되므로 상대적으로 기업 경쟁이 완화된다.
③ 경제나 산업에서 벗어나 문화 정치 등 다른 영역까지 확대되고 있다.
④ 활동범위가 세계로 확대되는 것을 의미한다.

44 다음 사례의 쟁점과 협상전략을 바르게 짝지은 것은?

〈사례〉

대기업 영업부장인 김봉구 씨는 기존 재고를 처리할 목적으로 업체 W사와 협상 중이다. 그러나 W사는 자금 부족을 이유로 이를 거절하고 있다. 하지만 김봉구 씨는 자신의 회사에서 물품을 제공하지 않으면 W사가 매우 곤란한 지경에 빠진다는 사실을 알고 있다. 그래서 김봉구 씨는 앞으로 W사와 거래하지 않을 것이라는 엄포를 놓았다.

① 자금 부족 – 협력전략
② 재고 처리 – 갈등전략
③ 재고 처리 – 경쟁전략(강압전략)
④ 정보 부족 – 양보전략(유화전략)

45 K건설의 박부장은 올해 2분기 영업실적을 정리하여 전자우편을 작성한 후 수신을 다음과 같이 설정하여 발송하였다. 이에 대한 설명으로 적절한 것은?

- 수신 : 김영철 상무, 최창대 상무
- 참조 : 전무이사
- 비밀참조 : 한상민 사장

① 이 전자우편을 받는 사람은 모두 3명이다.
② 김영철 상무는 한상민 사장이 자신과 동일한 전자우편을 받았다는 것을 알고 있다.
③ 전무이사는 한상민 사장이 동일한 전자우편을 받았다는 것을 알고 있다.
④ 최창대 상무는 이 전자우편을 받은 사람이 3명이라고 생각한다.

46 다음은 ○○화장품(주)의 신제품 판매 동향 보고서이다. 이 기업이 가장 중점을 두어야 할 대책으로 적절한 것은?

> • 대상제품 : 새로 개발한 상황버섯 로션
> • 영업활동 : 발매와 동시에 대규모 광고 시행
> • 판매실적 : 예상판매 목표의 50% 미만으로 매우 부진
> • 원인분석 : 소비자들이 자사 브랜드를 잘 알고 있지만 상황버섯의 독특한 향이 싫어서 판매실적이 부진한 것으로 보임

① 제품 특성을 개선한다.
② 판매 가격을 인하한다.
③ 판매 점포를 확대한다.
④ 홍보 자료를 배포한다.

47 다음 중 경영참가제도에 대한 설명으로 옳지 않은 것은?

① 목적은 경영의 민주성을 제고하는 것으로 근로자 또는 노동조합이 경영과정에 참여하여 자신의 의사를 반영함으로써 공동으로 문제를 해결하고, 노사 간의 세력 균형을 이루는 것이다.
② 유형으로는 경영참가, 이윤참가, 자본참가 등이 있다.
③ 경영자의 고유한 권리인 경영권을 강화시키고 분배문제를 해결함으로써 노동조합의 단체교섭 기능이 강화될 수 있다는 장점이 있다.
④ 대표로 참여하는 근로자가 조합원들의 권익을 지속적으로 보장할 수 있는가의 문제점이 있다.

48 다음 중 마이클 포터(Michael E. Porter)의 본원적 경쟁전략에 대한 설명으로 옳은 것은?

① 해당 사업에서 경쟁우위를 확보하기 위한 전략이다.
② 집중화 전략에서는 대량생산을 통해 단위 원가를 낮추거나 새로운 생산기술을 개발할 필요가 있다고 본다.
③ 원가우위 전략에서는 연구개발이나 광고를 통하여 기술, 품질, 서비스 등을 개선할 필요가 있다고 본다.
④ 차별화 전략은 특정 산업을 대상으로 한다.

49 다음 중 주혜정 직원이 인터뷰와 관련하여 가장 마지막에 처리할 업무는?

> Henry Thomas의 부하직원 주혜정은 Mr. Thomas와 국내 방송사 기자와의 인터뷰 일정을 최종 점검 중이다. 다음은 기자와의 통화 내용이다.
>
> 주혜정 : 공진호 기자님, 안녕하세요. 저는 Sun Capital의 주혜정입니다. Mr. Thomas와의 인터뷰 일정 확인 차 연락드립니다. 지금 통화 가능하세요?
>
> 공진호 : 네, 말씀하세요.
>
> 주혜정 : 인터뷰 예정일이 8월 20일 오후 2시인데 변동사항이 있나 확인하고자 합니다.
>
> 공진호 : 네, 예정된 일정대로 진행 가능합니다. Sun Capital의 회의실에서 하기로 했죠?
>
> 주혜정 : 맞습니다. 인터뷰 준비 관련해서 저희 측에서 더 준비해야 하는 사항이 있나요?
>
> 공진호 : 카메라 기자와 함께 가니 회의실 공간이 좀 넓어야 하겠고, 회의실 배경이 좀 깔끔해야 할 텐데 준비가 가능할까요?

① 총무팀에 연락하여 인터뷰 당일 회의실 예약을 미리 해 놓는다.

② 기자에게 인터뷰의 방영 일자를 확인하여 인터뷰 영상 내용을 자료로 보관하도록 한다.

③ 인터뷰 당일 점심 식사 약속을 다른 날로 변경한다.

④ 인터뷰 진행 시 통역이 필요한지 아닌지 확인하고, 질문지를 사전에 받아 Mr. Thomas에게 전달한다.

50 다음 상황에서 K사가 해외 시장 개척을 앞두고 기존의 조직구조를 개편할 경우, K사가 추가해야 할 조직으로 보기 어려운 것은?

> K사는 몇 년 전부터 자체 기술로 개발한 제품의 판매 호조로 인해 기대 이상의 수익을 창출하게 되었다. 경쟁업체들이 모방할 수 없는 독보적인 기술력을 앞세워 국내 시장을 공략한 결과, 이미 더 이상의 국내 시장 경쟁자들은 없다고 할 만큼 탄탄한 시장 점유율을 확보하였다. 이러한 K사의 민사장은 올 초부터 해외 시장 진출의 꿈을 갖고 필요한 자료를 수집하기 시작하였다. 충분한 자금력을 확보한 K사는 우선 해외 부품 공장을 인수한 후 현지에 생산 기지를 건설하여 국내에서 생산되는 물량의 절반 정도를 현지로 이전하여 생산하고, 이를 통한 물류비 절감으로 주변국들부터 시장을 넓혀가겠다는 야심찬 계획을 가지고 있다. 한국 본사에서는 내년까지 4 ~ 5곳의 해외 거래처를 더 확보하여 지속적인 해외 시장 개척에 매진한다는 중장기 목표를 대내외에 천명해 둔 상태이다.

① 해외관리팀　　② 기업회계팀

③ 외환업무팀　　④ 국제법무팀

| 03 | 기술직

※ 다음은 산업재해의 원인을 설명하는 4M에 대한 자료이다. 이어지는 질문에 답하시오. [41~42]

〈산업재해의 원인을 설명하는 4M〉

Man (사람)	① 심리적 요인 : 억측 판단, 착오, 생략 행위, 무의식 행동, 망각 등 ② 생리적 요인 : 수면 부족, 질병, 고령 등 ③ 사회적 요인 : 사업장 내 인간관계, 리더십, 팀워크, 소통 등의 문제
Machine (기계, 설비)	① 기계, 설비의 설계상 결함 ② 점검, 정비의 결함 ③ 구조 불량 ④ 위험방호 불량 등
Media (작업정보, 방법, 환경)	① 작업계획, 작업절차 부적절 ② 정보 부적절 ③ 보호구 사용 부적절 ④ 작업 공간 불량 ⑤ 작업 자세, 작업 동작의 결함 등
Management (관리)	① 관리조직의 결함 ② 건강관리의 불량 ③ 배치의 불충분 ④ 안전보건교육 부족 ⑤ 규정, 매뉴얼 불철저 ⑥ 자율안전보건활동 추진 불량 등

41 다음 중 4M을 이해한 내용으로 적절하지 않은 것은?

① 개인의 단순한 부주의로 일어난 사고는 4M 중 Man에 해당된다고 볼 수 있어.
② 좁은 공간에서 일하면서 일어난 사고는 4M 중 Media에 속하겠구나.
③ 기계 점검을 충실히 하지 않아 일어난 사고는 4M 중 Machine에 해당되겠지?
④ 개인별 당직근무 배치가 원활하지 않아 일어난 사고는 4M 중 Man에 해당된다고 볼 수 있어.

42 다음 (A), (B)의 사례는 4M 중 각각 어느 유형에 속하는가?

> (A) 유해가스 중독으로 작업자 2명이 사망하는 사고가 발생했다. 작업자 1명이 하수관 정비공사 현장에서 오수 맨홀 내부로 들어갔다가 유해가스를 마셔 의식을 잃고 추락했으며, 작업자를 구출하기 위해 다른 작업자가 맨홀 내부로 들어가 구조하여 나오던 중 같이 의식을 잃고 추락해 두 작업자 모두 사망한 것이다. 작업공간이 밀폐된 공간이어서 산소결핍이나 유해가스 등의 우려가 있었기 때문에 구명밧줄이나 공기 호흡기 등을 준비해야 했지만 준비가 이루어지지 않아 일어난 안타까운 사고였다.
>
> (B) 플라스틱 용기 성형 작업장에서 작업자가 가동 중인 블로우 성형기의 이물질 제거 작업 중 좌우로 움직이는 금형 고정대인 조방 사이에 머리가 끼여 사망하는 사고가 발생했다. 당시 블로우 성형기 전면에 안전장치가 설치되어 있었으나, 안전장치가 제대로 작동하지 않아서 발생한 사고였다.

	(A)	(B)
①	Media	Man
②	Management	Media
③	Media	Management
④	Media	Machine

43 다음은 산업 재해의 예방 대책을 나타낸 글이다. 빈칸에 들어갈 용어를 순서대로 나열한 것은?

> 산업 재해의 예방 대책은 다음의 5단계로 이루어진다.
> ① ＿＿＿＿＿ : 경영자는 사업장의 안전 목표를 설정하고, 안전 관리 책임자를 선정해야 하며, 안전 관리 책임자는 안전 계획을 수립하고, 이를 시행·후원·감독해야 한다.
> ② ＿＿＿＿＿ : 사고 조사, 안전 점검, 현장 분석, 작업자의 제안 및 여론 조사, 관찰 및 보고서 연구, 면담 등을 시행한다.
> ③ ＿＿＿＿＿ : 재해의 발생 장소, 재해 형태, 재해 정도, 관련 인원, 직원 감독의 적절성, 공구 및 장비의 상태 등을 정확히 분석한다.
> ④ ＿＿＿＿＿ : 원인 분석을 토대로 적절한 방안, 즉 기술적 개선, 인사 조정 및 교체, 교육, 설득, 호소, 공학적 조치 등을 선정한다.
> ⑤ ＿＿＿＿＿ : 안전에 대한 교육 및 훈련 실시, 안전 시설과 장비의 결함 개선, 안전 감독 실시 등의 선정된 방안을 적용한다.

① 안전 관리 조직 – 사실의 발견 – 원인 분석 – 시정책의 선정 – 시정책 적용 및 뒤처리
② 안전 관리 조직 – 원인 분석 – 사실의 발견 – 시정책의 선정 – 시정책 적용 및 뒤처리
③ 사실의 발견 – 원인 분석 – 안전 관리 조직 – 시정책의 선정 – 시정책 적용 및 뒤처리
④ 사실의 발견 – 시정책의 선정 – 안전 관리 조직 – 원인 분석 – 시정책 적용 및 뒤처리

44 다음 중 제품수명주기 이론에 대한 설명으로 옳지 않은 것은?

① 도입기 : 신제품이 시장에 처음으로 등장하여 잠재고객들의 관심을 끌고 구매를 자극해야 하는 단계를 말한다. 잠재고객들이 많은 위험을 지각하므로 수요가 매우 적으며 제품의 인지도가 낮다.
② 성장기 : 제품을 취급하려는 중간기관들의 수가 증가하며, 그들이 재고를 갖춰감에 따라 매출액은 더욱 신장되며 이익도 흑자로 돌아 증가하기 시작한다. 경쟁자들이 시장에 참여하기 시작하여 제품차별화의 기회가 다양하게 모색되고, 가격인하경쟁이 나타나기도 하며 이익은 꾸준히 증가한다.
③ 성숙기 : 매출액이 체감적으로 증가하거나 안정된 상태를 유지하는 상태이며, 많은 시장참여자들과 과잉생산능력에 의하여 경쟁이 심화된다.
④ 쇠퇴기 : 매출액은 지속적으로 감소하며 경쟁자들이 시장에서 철수하거나 마케팅활동을 축소하기 시작한다.

45 다음 그림은 기술선택을 위한 절차를 나타낸 것이다. (ㄱ) ~ (ㄹ)에 들어갈 내용을 바르게 짝지은 것은?

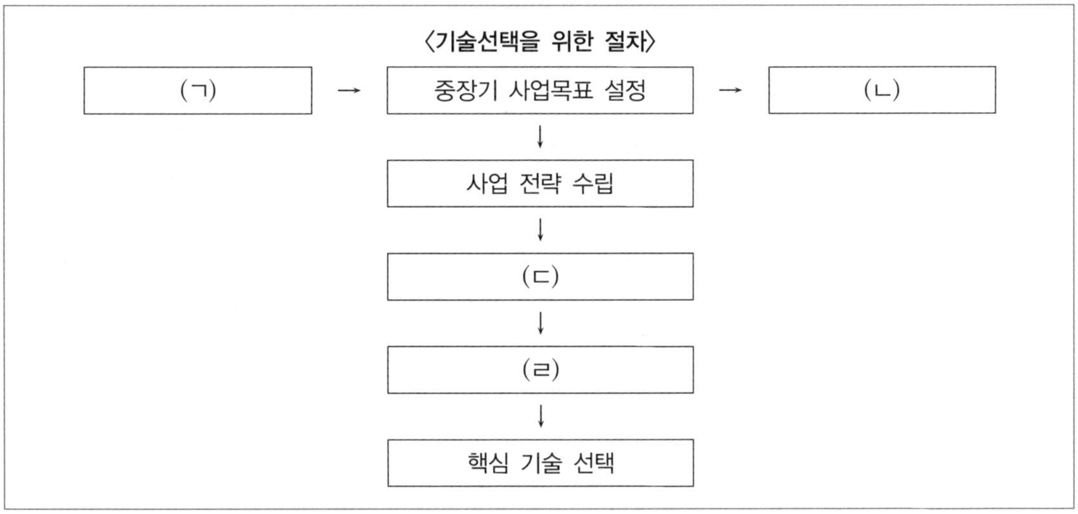

	(ㄱ)	(ㄴ)	(ㄷ)	(ㄹ)
①	내부 역량 분석	외부 환경 분석	요구 기술 분석	기술 전략 수립
②	내부 역량 분석	외부 환경 분석	기술 전략 수립	요구 기술 분석
③	외부 환경 분석	내부 역량 분석	요구 기술 분석	기술 전략 수립
④	외부 환경 분석	내부 역량 분석	기술 전략 수립	요구 기술 분석

※ ○○회사 사무실에 제습기를 비치하고자 한다. 이어지는 질문에 답하시오. [46~47]

■ 안전하게 사용하기 위해서

- 전원코드를 무리하게 구부리기 비틀기, 잡아당기기 등을 하지 마십시오(코드가 파손되어 화재 및 감전의 원인이 됩니다).
- 하나의 콘센트에 여러 전원코드를 사용하지 마십시오(무리한 전력사용은 감전 및 화재의 원인이 됩니다).
- 가스가 샐 때는 제습기를 작동하기 전에 창문을 열어 환기시켜 주십시오(폭발 및 화재, 화상의 원인이 됩니다).
- 흡입구나 토출구를 막지 마십시오(능력 저하나 고장의 원인이 될 수 있습니다).
- 제습기를 이동할 때는 운전을 정지하고, 물통의 물을 버린 후 이동하십시오(물통 안의 물이 흘러넘쳐 가재도구 등을 적시거나 화재, 감전의 원인이 될 수 있습니다).
- 에어필터를 꼭 끼워 사용하십시오(필터 없이 사용할 경우 제품 수명이 짧아집니다).
- 안정되고 튼튼한 바닥 위에 설치하십시오(바닥이 약하면 진동이나 소음의 원인이 됩니다).

■ 다음과 같은 증상은 고장이 아닙니다.

사용 중 갑자기 소리가 커져요	압축기가 정지해 있다가 작동을 시작하면서 나는 소리입니다.
소리의 크기가 변화합니다.	루버의 각도에 따라 소리의 크기가 변화합니다.
온풍이 나옵니다.	실내 공기를 냉각시켜 제습한 공기를 응축기로 따뜻하게 하므로 나오는 바람은 온풍이 됩니다.
배수 물통 내에 액체 또는 흰 증발 자국이 있습니다.	공장에서의 제습 테스트에 의해 남은 물, 또는 물의 증발 자국으로 이상이 아닙니다.
운전·정지 시 제품이 떨려요.	압축기가 작동할 때 순간적으로 떨리는 정상적인 현상입니다.
물통을 뺐는데 물이 떨어져요.	제품 내부에 남아있는 잔여 응축수가 일부 떨어진 것이니 마른걸레로 제거 후 사용하시면 됩니다.
물통 비움 표시 램프가 점등되지 않아요.	제품 내부의 물을 모으기 위해 만수 후 3분 뒤에 램프가 점등됩니다.
제품을 들 때나 이동 시 딸깍딸깍 소리가 납니다.	압축기가 흔들려서 나는 정상적인 소리입니다.

※ 위와 같은 증상 외에 다른 문제가 있다면 즉시 서비스센터에 문의하시기 바라며, 절대 임의로 수리하지 마십시오.

46 **새롭게 사무실에 비치된 제습기를 안전하게 사용하기 위해 화재와 관련된 주의사항을 확인하고자 한다. 다음 중 화재 위험과 관련성이 가장 적은 것은?**

① 에어필터를 사용하지 않았다.

② 문어발식 콘센트를 사용하였다.

③ 가스경보기가 울릴 때 제습기를 작동시켰다.

④ 제습기를 옮길 때 물통의 물을 버리지 않았다.

47 **제습기 사용 중 작동이 원활하지 않아 서비스센터에 수리를 요청하였다. 다음 중 서비스센터에 문의한 증상으로 가장 적절한 것은?**

① 운전 시 제품이 떨린다.

② 사용 중 갑자기 소리가 커진다.

③ 물통 비움 표시 램프가 점등되지 않는다.

④ 전원 버튼을 눌러도 작동하지 않는다.

※ 다음은 K전자의 어떤 제품에 대한 사용설명서이다. 이어지는 질문에 답하시오. [48~50]

〈사용 시 주의사항〉

- 운전 중에 실내기나 실외기의 흡입구를 열지 마십시오.
- 침수가 되었을 때에는 반드시 서비스센터에 의뢰하십시오.
- 청소 시 전원 플러그를 뽑아 주십시오.
- 세척 시 부식을 발생시키는 세척제를 사용하지 마십시오. 특히 내부 세척은 전문가의 도움을 받으십시오.
- 필터는 반드시 끼워서 사용하고 2주에 1회가량 필터를 청소해 주십시오.
- 운전 중에 가스레인지 등 연소기구 이용 시 수시로 환기를 시키십시오.
- 어린이가 제품 위로 올라가지 않도록 해 주십시오.

〈문제발생 시 확인사항〉

발생 문제	확인사항	조치
제품이 작동하지 않습니다.	전원 플러그가 뽑혀 있지 않습니까?	전원 플러그를 꽂아 주십시오.
	전압이 너무 낮지 않습니까?	공급 전력이 정격 전압 220V인지 확인하십시오.
	리모컨에 이상이 없습니까?	건전지를 교환하거나 (+), (−)극에 맞게 다시 투입하십시오.
찬바람이 지속적으로 나오지 않습니다.	전원을 끈 후 곧바로 운전시키지 않았습니까?	실외기의 압축기 보호 장치 작동으로 약 3분 후 다시 정상 작동됩니다.
	희망온도가 실내온도보다 높게 설정되어 있지 않습니까?	희망온도를 실내온도보다 낮게 설정하십시오.
	제습모드나 절전모드는 아닙니까?	운전모드를 냉방으로 변경하십시오.
배출구에 이슬이 맺힙니다.	실내 습도가 너무 높지 않습니까?	공기 중의 습기가 이슬로 맺히는 자연스러운 현상으로, 증상이 심한 경우 마른 수건으로 닦아 주십시오.
예약운전이 되지 않습니다.	예약시각이 올바르게 설정되었습니까?	설명서를 참고하여 올바른 방법으로 예약해 주십시오.
	현재시각이 올바르게 설정되어 있습니까?	현재시각을 다시 설정해 주십시오.
원하는 만큼 실내가 시원해지지 않습니다.	제품의 냉방가능 면적이 실내 면적보다 작지 않습니까?	냉방가능 면적이 실내 면적과 일치하는 성능의 제품을 사용하십시오.
	실내기와 실외기의 거리가 멀지 않습니까?	실내기와 실외기 사이가 5m 이상이 되면 냉방능력이 다소 떨어질 수 있습니다.
	실내에 인원이 너무 많지 않습니까?	실내에 인원이 많으면 냉방효과가 다소 떨어질 수 있습니다.
	햇빛이 실내로 직접 들어오지 않습니까?	커튼이나 블라인드 등으로 햇빛을 막아 주십시오.
	문이나 창문이 열려 있지 않습니까?	찬 공기가 실외로 빠져나가지 않도록 문을 닫아 주십시오.
	실내기·실외기 흡입구나 배출구가 막혀 있지 않습니까?	실내기·실외기 흡입구나 배출구의 장애물을 제거해 주십시오.
	필터에 먼지 등 이물질이 끼지 않았습니까?	필터를 깨끗이 청소해 주십시오.
리모컨이 작동하지 않습니다.	건전지의 수명이 다 되지 않았습니까?	새 건전지로 교체하십시오.
	주변에 너무 강한 빛이 있지 않습니까?	네온사인이나 삼파장 형광등 등, 강한 빛이 발생하는 주변에서는 간혹 리모컨이 작동하지 않을 수 있으므로 실내기 수신부 앞에서 에어컨을 작동시키십시오.
	리모컨의 수신부가 가려져 있지 않습니까?	가리고 있는 물건을 치우십시오.

냄새가 나고 눈이 따갑습니다.	냄새를 유발하는 다른 요인(조리, 새집의 인테리어 및 가구, 약품 등)이 있지 않습니까?	환풍기를 작동하거나 환기를 해 주세요.
	곰팡이 냄새가 나지 않습니까?	제품에서 응축수가 생겨 잘 빠지지 않을 경우 냄새가 날 수 있습니다. 배수호스를 점검해 주세요.
제품이 저절로 꺼집니다.	꺼짐 예약 또는 취침예약이 되어 있지 않습니까?	꺼짐 예약이나 취침예약을 취소하십시오.
실내기에서 안개 같은 것이 발생합니다.	습도가 높은 장소에서 사용하고 있지 않습니까?	습도가 높으면 습기가 많은 바람이 나오면서 안개 같은 것이 배출될 수 있습니다.
	기름을 많이 사용하는 장소에서 사용하고 있지 않습니까?	음식점 등 기름을 많이 사용하는 장소에서 사용할 경우 기기 내부를 정기적으로 청소해 주십시오.

48 제시된 사용설명서는 다음 중 어떤 제품에 대한 사용설명서인가?

① 가스레인지 ② 냉장고
③ TV ④ 에어컨

49 제품에서 곰팡이 냄새가 난다면, 어떤 조치를 해야 하는가?

① 환기를 해야 한다. ② 제품 내부를 청소해야 한다.
③ 직사광선이 심한지 확인한다. ④ 배수호스를 점검해야 한다.

50 귀하는 K전자 고객지원팀에서 온라인 문의에 대한 답변 업무를 하고 있다. 다음 답변 중 잘못된 것은?

① Q : 제품이 더러워져서 청소를 하려고 해요. 마트에 갔더니 가전제품 전용 세제가 있어서 사왔는데, 이걸로 청소를 하면 괜찮을까요?
A : 외부 청소만 하신다면 상관이 없으나, 기기 내부 청소의 경우에는 반드시 전문가의 도움을 받으셔야 합니다.
② Q : 예약시간을 매번 정확히 입력하는데도 예약운전이 되지 않아요.
A : 기기의 현재시간이 올바르게 설정되어 있는지 확인해 주시기 바랍니다.
③ Q : 리모컨이 작동하지 않네요. 확인해 보니까 건전지 약은 아직 남아있습니다. 고장인가요?
A : 삼파장 형광등이나 네온사인 같은 강한 빛이 나는 물건을 주변에서 치워 보시고, 이후에도 미해결 시 A/S센터로 연락 주십시오.
④ Q : 구입한 지 시간이 좀 지나서 필터 청소를 하려고 합니다. 필터 청소는 얼마마다 해야 하나요?
A : 필터 청소는 2주에 1회가량을 권장하고 있습니다.

M E M O

답안채점 • 성적분석 서비스

모바일 OMR

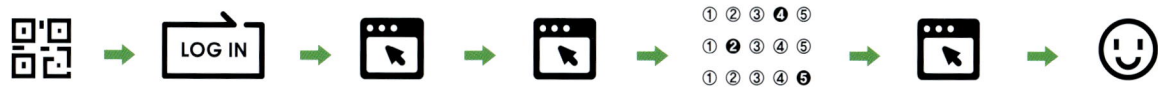

1. 도서 내 모의고사 우측 상단에 위치한 QR코드 찍기 →
2. 로그인 하기 →
3. '시작하기' 클릭 →
4. '응시하기' 클릭 →
5. 나의 답안을 모바일 OMR 카드에 입력 →
6. '성적분석 & 채점결과' 클릭 →
7. 현재 내 실력 확인하기

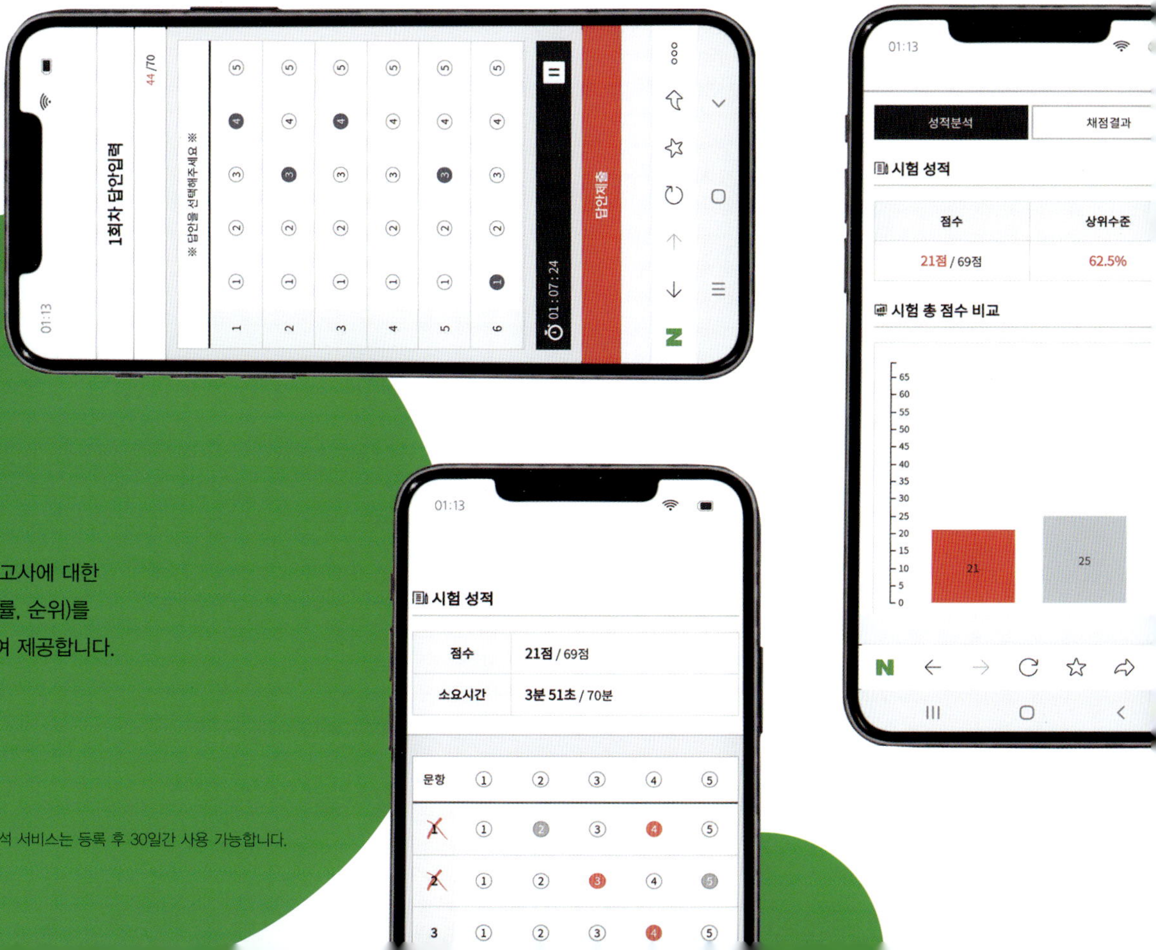

도서에 수록된 모의고사에 대한
객관적인 결과(정답률, 순위)를
종합적으로 분석하여 제공합니다.

※OMR 답안채점 / 성적분석 서비스는 등록 후 30일간 사용 가능합니다.

2026
최신판

사이다 기출응용
모의고사 시리즈

사이다

사일 동안
이것만 풀면
다 합격!

판매량
1위
국가철도공단
YES24

국가철도공단 NCS

4회분 | 정답 및 해설

모바일 OMR
답안채점 / 성적분석
서비스

NCS
핵심이론 및
대표유형 PDF

[합격시대]
온라인 모의고사
무료쿠폰

무료
NCS
특강

SDC는 시대에듀 데이터 센터의 약자로 약 30만 개의 NCS · 적성 문제 데이터를 바탕으로 최신 출제경향을 반영하여 문제를 출제합니다.

편저 | SDC(Sidae Data Center)

시대에듀

기출응용 모의고사

정답 및 해설

국가철도공단 NCS

1일 차 기출응용 모의고사 정답 및 해설

| 01 | 공통

01	02	03	04	05	06	07	08	09	10
②	④	①	③	③	④	③	④	③	④
11	12	13	14	15	16	17	18	19	20
④	④	④	②	③	②	③	①	②	④
21	22	23	24	25	26	27	28	29	30
③	②	①	③	②	③	④	②	④	①
31	32	33	34	35	36	37	38	39	40
①	④	④	④	②	①	①	④	③	④

01 정답 ②

(라)의 '이러한 기술 발전'은 (나)의 내용에 해당하고, (가)의 '그러한 위험'은 (다)의 내용에 해당한다. 내용상 기술 혁신에 대해 먼저 설명하고 그 위험성에 대해 나와야 한다.
따라서 가장 적절한 순서는 (나) – (라) – (다)– (가)이다.

02 정답 ④

'시간적인 사이를 두고서 가끔씩'이라는 의미의 부사는 '간간이'이다.

간간히
- 간간히[1] : 간질간질하고 재미있는 마음으로
- 간간히[2] : 입맛 당기게 약간 짠 듯이
- 간간히[3] : 꿋꿋하고 굳센 성품으로
- 간간히[4] : 기쁘고 즐거운 마음으로
- 간간히[5] : 매우 간절하게

오답분석

① 쉬이 : 어렵거나 힘들지 아니하게
② 소홀히 : 1. 대수롭지 아니하고 예사롭게
2. 탐탁하지 아니하고 데면데면하게
③ 깊숙이 : 위에서 밑바닥까지 또는 겉에서 속까지의 거리가 멀고 으슥하게

03 정답 ①

'황량한'은 황폐하여 거칠고 쓸쓸한 것을 의미한다. 따라서 '경사가 급하고'로 수정하는 것은 적절하지 않다.

04 정답 ③

보고서는 업무 진행 과정에서 쓰는 경우가 대부분이므로 무엇을 도출하고자 했는지 핵심내용을 구체적으로 제시해야 한다. 내용의 중복을 피하고 산뜻하고 간결하게 작성하며, 복잡한 내용일 때에는 도표나 그림을 활용한다. 또한 보고서는 개인의 능력을 평가하는 기본요인이므로 제출하기 전에 최종점검을 해야 한다. 따라서 P사원이 작성해야 할 문서는 보고서이다.

05 정답 ③

질문에 대한 답이 즉시 이루어질 수 없어도, 질문을 하려고 하면 경청하는 데 적극적이게 되고 집중력이 높아진다.

06 정답 ④

제시문 (가)의 세 번째 문단의 '한편', 네 번째 문단의 '또한'을 (나)에서 각각 '혹은'과 '그리고'로 바꾸었다. 그러나 '한편', '혹은', '또한', '그리고'는 모두 앞뒤 문장을 대등하게 연결하는 기능의 접속어로, 해당 접속어를 바꾸어도 문장의 의미가 달라지지는 않으므로 문맥상 잘못된 접속어라는 설명은 옳지 않다.

오답분석

① (나)에서 두 번째 문단에 추가된 마지막 문장 두 개를 통해 확인할 수 있다.
② (가)의 네 번째 문단 도입부인 '이러한 스포일러 문제를 해결하기 위해서는'이 (나)의 네 번째 문단의 첫 문장인 '그렇다면 이러한 스포일러 문제는 어떻게 해결할 수 있을까?'로 바뀌었다.
③ (나)의 첫 번째 문단 마지막에 설문조사 결과를 보충하였다.

07 정답 ③

노화로 인한 신체 장애는 어쩔 수 없는 현상으로, 이를 해결하기 위해서는 노인들의 헛된 자존심을 부추기는 것이 아니라 배려와 같은 사회 인식이 필요하다는 문맥으로 이어져야 한다.

08

정답 ④

'시대착오'란 '시대의 추세(趨勢)를 따르지 아니하는 착오'를 의미한다. ④는 상황에 따른 적절한 대응으로 볼 수 있으며, 시대착오와는 거리가 멀다.

오답분석

① 출신 고교를 확인하는 학연에 얽매이는 모습을 보여줌으로써 시대착오의 모습을 보여주고 있다.
② 여성의 신체를 적절치 못한 의도로 보고 평가하는 성희롱이며 긍정적인 평가를 했기에 칭찬으로 생각하는 시대착오적인 태도를 보이고 있다.
③ 두발 규제를 학생들의 효율적인 생활지도의 방법으로 보는 시대착오의 모습을 보여주고 있다.

09

정답 ③

제시문의 중심 제재는 정혜사 약수를 덮고 있는 보호각에 쓰인 '불유각'이라는 현판의 글이다.

오답분석

④ 필자는 약수를 덮고 있는 보호각 자체보다는 거기에 쓰인 글귀에 더 관심을 두고 글을 쓰고 있다.

10

정답 ④

D부장이 C과장에게 업무를 위임했으므로, C과장이 결재하는 것은 맞다. 결재 시에는 전결 표시를 해주어야 하므로, '전결 C과장'으로 해야 한다.

11

정답 ④

나열된 수를 각각 A, B, C라고 하면 다음과 같은 규칙이 성립한다.

$\underline{A\ \ B\ \ C} \rightarrow (A\times B)+1=C$

따라서 ( )$=5\times6+1=31$이다.

12

정답 ④

ㄱ. 대도시 간 예상 최대 소요시간의 모든 구간에서 주중이 주말보다 소요시간이 적게 걸림을 알 수 있다.
ㄴ. 주중 전국 교통량 중 수도권에서 지방으로 가는 교통량의 비율은 $\frac{42}{380}\times100 ≒ 11.1\%$이다.
ㄹ. 서울 – 광주 구간 주중 소요시간과 서울 – 강릉 구간 주말 소요시간은 3시간 20분으로 같다.

오답분석

ㄷ. 지방에서 수도권으로 가는 주말 예상 교통량은 주중 교통량보다 $\frac{51-35}{35}\times100 ≒ 45.7\%$ 많다.

13

정답 ④

2023년 수입중량이 큰 순서는 미국 – 중국 – 말레이시아 – 싱가포르 – 독일이고, 수입금액이 큰 순서는 미국 – 말레이시아 – 독일 – 중국 – 싱가포르이므로 옳지 않다.

오답분석

① 2020 ~ 2023년 동안 수출금액은 매년 감소했고, 수출중량 추이는 '감소 – 증가 – 감소'이다.
② 2023년 5개국 수입금액 총합은 $39,090+14,857+25,442+12,852+18,772=111,013$천 달러이므로, 전체 수입금액의 $\frac{111,013}{218,401}\times100 ≒ 50.8\%$를 차지한다.
③ 무역수지는 수출금액에서 수입금액을 제한 것으로, 2020년부터 2023년까지 무역수지는 다음과 같다.
  - 2020년 : $24,351-212,579=-188,228$천 달러
  - 2021년 : $22,684-211,438=-188,754$천 달러
  - 2022년 : $22,576-220,479=-197,903$천 달러
  - 2023년 : $18,244-218,401=-200,157$천 달러

  따라서 매년 전년 대비 감소함을 알 수 있다.

14

정답 ②

- 도매가 : 100원
- 판매가 : $100\times1.2=120$원
- 할인가 : $120\times0.7=84$원

따라서 손실을 본 금액은 $100-84=16$원이다.

15

정답 ③

(평균속력)$=\frac{(\text{전체 이동거리})}{(\text{전체 이동시간})}$이다.

전체 이동거리는 $10+4+7=21$km이고, 전체 이동시간은 $1+0.5+1.5=3$시간이다.

따라서 평균속력은 $21\div3=7$km/h이다.

16

정답 ②

탁구공 12개 중에서 4개를 꺼내는 경우의 수는 ${}_{12}C_4=495$가지이다. 흰색 탁구공이 노란색 탁구공보다 많은 경우는 흰색 탁구공 3개, 노란색 탁구공 1개 또는 흰색 탁구공 4개를 꺼내는 경우이다.

- 흰색 탁구공 3개, 노란 색 탁구공 1개를 꺼내는 경우의 수
  ${}_7C_3\times{}_5C_1=35\times5=175$가지
- 흰색 탁구공 4개를 꺼내는 경우의 수
  ${}_7C_4=35$

따라서 구하는 확률은 $\frac{175+35}{495}=\frac{210}{495}=\frac{14}{33}$이다.

17

정답 ③

대진표를 살펴 보면 6개의 팀 중 4개의 팀은 총 두 번 경기하여 결승전에 진출할 수 있지만, 나머지 두 팀은 한 번의 경기로 결승전에 진출할 수 있다.

따라서 6개의 팀을 4개의 팀과 2개의 팀으로 분할한다. 또한 분할된 4개의 팀은 다시 2개의 팀으로 나누어지므로 해당 경우의 수를 구한다(단, 4개의 팀에서 분할된 2개의 팀은 구분이 필요 없으므로 2를 나눈다).

따라서 ${}_6C_4 \times {}_2C_2 \times {}_4C_2 \times {}_2C_2 \div 2 = 45$가지이다.

18

정답 ①

ㄱ. 전체헌혈 중 단체헌혈이 차지하는 비율은 다음과 같다.

- 2019년 : $\frac{962}{962+1,951} \times 100 ≒ 33.0\%$
- 2020년 : $\frac{965}{965+2,088} \times 100 ≒ 31.6\%$
- 2021년 : $\frac{940}{940+2,143} \times 100 ≒ 30.5\%$
- 2022년 : $\frac{953}{953+1,913} \times 100 ≒ 33.3\%$
- 2023년 : $\frac{954}{954+1,975} \times 100 ≒ 32.6\%$
- 2024년 : $\frac{900}{900+1,983} \times 100 ≒ 31.2\%$

따라서 조사기간 동안 매년 20%를 초과한다.

ㄴ. 전년 대비 단체헌혈의 증감률은 다음과 같다.

- 2020년 : $\frac{965-962}{962} \times 100 ≒ 0.3\%$
- 2021년 : $\frac{940-965}{965} \times 100 ≒ -2.6\%$
- 2022년 : $\frac{953-940}{940} \times 100 ≒ 1.4\%$
- 2023년 : $\frac{954-953}{953} \times 100 ≒ 0.1\%$

따라서 단체헌혈의 증감률의 절댓값이 가장 큰 해는 2021년임을 알 수 있다.

오답분석

ㄷ. 2021년 대비 2022년 개인헌혈의 감소율은 $\frac{1,913-2,143}{2,143} \times 100 ≒ -10.7\%$이다.

ㄹ. 2022년부터 2024년 동안 헌혈률의 전년 대비 증감 추이는 '감소 – 증가 – 감소'이고, 개인헌혈은 '감소 – 증가 – 증가'이다.

19

정답 ②

2025년 예상 신규 투자액은 $43.48-10.93=32.55$백만 원이고, 유지보수 비용은 $32.29+0.11=32.40$백만 원이다. 이를 바탕으로 그래프로 바르게 표현한 것은 ②이다.

오답분석

① 그래프의 막대가 정확히 무엇을 뜻하는지 명시되어 있지 않다.
③ 2024년 신규 투자액과 유지보수 비용이 바뀌어 있다.
④ 2024년 유지보수 비용과 2025년 신규 투자액이 바뀌어 있다.

20

정답 ④

ㄴ. 미국 크루즈 방한객 수 대비 미국의 한국발 크루즈 탑승객 수의 비율은 $\frac{14,376}{15,462} \times 100 ≒ 93.0\%$이므로 옳은 설명이다.

ㄹ. 영국의 한국발 크루즈 탑승객의 수는 일본의 한국발 크루즈 탑승객의 수의 $\frac{7,976}{54,273} \times 100 ≒ 14.7\%$이므로 옳은 설명이다.

오답분석

ㄱ. 전체 크루즈 방한객 수의 순위는 중국, 필리핀, 일본 순서이지만, 한국발 크루즈 탑승객 수의 국가별 순위는 중국, 일본, 미국 순서이므로 다르다.

ㄷ. 필리핀의 한국발 크루즈 탑승객의 수는 기타로 분류되어 있다. 따라서 최대일 때의 인원은 7,976명인 영국보다 1명이 적은 7,975명이다. 따라서 필리핀의 크루즈 방한객 수는 필리핀의 한국발 크루즈 탑승객 수의 최소 $\frac{60,861}{7,975} ≒ 7.6$배이다. 필리핀의 한국발 크루즈 탑승객의 수가 7,975명보다 작을수록 그 배수는 더 높아질 것이므로, 7.6배 이상임을 알 수 있다.

21

정답 ③

ⓛ WO전략은 약점을 보완하여 기회를 포착하는 전략이다. ⓛ에서 말하는 원전 운영 기술력은 강점에 해당하므로 적절하지 않다.

ⓒ ST전략은 강점을 살려 위협을 회피하는 전략이다. ⓒ은 위협 회피와 관련하여 정부의 탈원전 정책 기조를 고려하지 않았으므로 적절하지 않다.

오답분석

㉠ SO전략은 강점을 살려 기회를 포착하는 전략이다. 강점인 기술력을 활용해 해외 시장에서 우위를 점하려는 ㉠은 SO전략으로 적절하다.

㉣ WT전략은 약점을 보완하여 위협을 회피하는 전략이다. 안전 우려를 고려하여 안전점검을 강화하고, 정부의 탈원전 정책 기조에 협조하는 ㉣은 WT전략으로 적절하다.

[22~24]

알파벳 순서에 따라 숫자로 변환하면 다음과 같다.

a	b	c	d	e	f	g	h	i
1	2	3	4	5	6	7	8	9
j	k	l	m	n	o	p	q	r
10	11	12	13	14	15	16	17	18
s	t	u	v	w	x	y	z	–
19	20	21	22	23	24	25	26	–

22

정답 ②

• abroad의 품번

1단계 : 1+2+18+15+1+4=41

2단계 : 1+15+1=17 → 17^2=289 → 289÷3≒96

(∵ 소수점 첫째 자리에서 버림)

3단계 : 41+96=137

23

정답 ①

• positivity의 품번

1단계 : 16+15+19+9+20+9+22+9+20+25=164

2단계 : 15+9+9+9=42 → 42^2=1,764 → 1,764÷4=441

3단계 : 164+441=605

24

정답 ③

• endeavor의 품번

1단계 : 5+14+4+5+1+22+15+18=84

2단계 : 5+5+1+15=26 → 26^2=676 → 676÷4=169

3단계 : 84+169=253

25

정답 ②

환경분석 주요 기법 중 사업 환경을 구성하고 있는 자사, 경쟁사, 고객에 대한 체계적인 분석은 '3C 분석'이라고 한다.

오답분석

① SWOT 분석 : 기업 내부의 강점·약점과 외부환경의 기회·위협요인을 분석 · 평가하고, 이들을 서로 연관 지어 전략을 세우고 문제해결 방안을 개발하는 방법이다.

③ MECE 사고 : 중복이나 누락 없이 대상을 나누어서 생각하는 방법이며, 나눈 부분들의 교집합은 없어야 한다.

④ SMART 기법 : 목표를 세우는 방법으로 구체적이고 현실적으로 실현가능한 명확한 시간을 정하여 행동하는 것이다. 또한 어느 정도 목표를 달성했는지도 분명히 알 수 있어야 한다.

26

정답 ③

갑과 을이 투표거래를 한다면 A대안, B대안, D대안, E대안이 선택될 수 있고, 갑 혹은 을과 병이 투표거래를 한다면 C대안도 선택될 수 있으므로 옳은 내용이다.

오답분석

① A대안, B대안, C대안 모두 찬성은 1명, 반대가 2명씩 존재하여 과반수 투표를 할 경우 어느 것도 채택되지 못하므로 옳지 않다.

② 갑이 원하는 대안은 A대안, D대안이고, 을이 원하는 대안은 B대안, E대안이므로 이들이 투표거래를 한다고 해도 C대안은 선택되지 않을 것이므로 옳지 않다.

④ D대안과 E대안이 채택되기 위해서는 갑과 을이 투표거래를 해야 하므로 옳지 않다.

27

정답 ④

조건에 따라 각 프로그램의 점수와 선정여부를 나타내면 다음과 같다.

분야	프로그램명	가중치 반영 인기 점수	가중치 반영 필요성 점수	수요도 점수	비고
운동	강변 자전거 타기	12	5	–	탈락
진로	나만의 책 쓰기	10	7+2	19	
여가	자수교실	8	2	–	탈락
운동	필라테스	14	6	20	선정
교양	독서토론	12	4+2	18	
여가	볼링모임	16	3	19	선정

수요도 점수는 '나만의 책 쓰기'와 '볼링모임'이 19점으로 동일하지만, 인기 점수가 더 높은 '볼링모임'이 선정된다. 따라서 다음 하반기 동안 운영될 프로그램은 '필라테스', '볼링모임'이다.

28

정답 ②

ㄹ에 따르면 가능한 일련번호는 'CR – Z – (040, 080, 150, 151) – P2 – S77'이다. 이때, 재질의 일련번호는 'P2'가 되어야 한다.

오답분석

① ㄴ에 따르면 가능한 일련번호는 'TB – K – 151 – (P1, P2) – C26'이다.

③ ㄷ에 따르면 가능한 일련번호는 '(CR, SX, TB) – Q – (040, 080, 150, 151) – G1 – E85'이다.

④ ㄱ에 따르면 가능한 일련번호는 'CR – (K, Q, Z) – 150 – G1 – T78'이다.

29
정답 ④

먼저 층이 정해진 부서를 배치하고, 나머지 부서들의 층수를 결정해야 한다. 변경 사항에서 연구팀은 기존 5층보다 아래층으로 내려가고, 영업팀은 기존 6층보다 아래층으로 내려간다. 또한, 생산팀은 연구팀보다 위층에 배치돼야 하지만, 인사팀과의 사이에는 하나의 부서만 가능하므로 6층에 총무팀을 기준으로 5층 또는 7층 배치가 가능하다. 그러므로 다음과 같이 4가지의 경우가 나올 수 있다.

층수	부서	부서	부서	부서
7층	인사팀	인사팀	생산팀	생산팀
6층	총무팀	총무팀	총무팀	총무팀
5층	생산팀	생산팀	인사팀	인사팀
4층	탕비실	탕비실	탕비실	탕비실
3층	연구팀	영업팀	연구팀	영업팀
2층	전산팀	전산팀	전산팀	전산팀
1층	영업팀	연구팀	영업팀	연구팀

따라서 생산팀은 어느 경우에도 3층에 배치될 수 없다.

30
정답 ①

ㄱ. 456은 키보드와 휴대폰 어느 배열을 선택하더라도 동일한 키가 사용된다.

ㄴ. 키보드의 789는 휴대폰의 123이고, 키보드의 123은 휴대폰의 789이다. 이 둘을 더하는 경우 덧셈의 전항과 후항의 순서만 달라질 뿐이므로 둘은 같은 결과를 가져온다.

ㄷ. 키보드의 159는 휴대폰의 753이고, 키보드의 753은 휴대폰의 159이다. 위의 ㄴ과 같은 논리로 이 둘을 합한 것은 같은 결과를 가져온다.

오답분석

ㄹ. 키보드의 753은 휴대폰의 159이고, 키보드의 951은 휴대폰의 357이다. 이 숫자들의 경우는 위와 달리 키보드와 휴대폰 각각의 숫자가 완전히 달라지므로 둘을 합한 결괏값도 달라지게 된다.

ㅁ. 키보드의 789는 휴대폰의 123이고, 키보드의 123은 휴대폰의 789이다. ㄴ과 달리 이 둘을 빼는 경우 결괏값은 달라지게 되므로 옳지 않은 내용이다.

31
정답 ①

두 번째 조건에서 경유지는 서울보다 +1시간, 출장지는 경유지보다 −2시간이므로 서울과 −1시간 차이다.

A대리가 서울에서 경유지를 거쳐 출장지까지 가는 과정을 서울시간 기준으로 정리하면

서울 5일 오후 1시 35분 출발 → 오후 1시 35분+3시간 45분=오후 5시 20분 경유지 도착 → 오후 5시 20분+3시간 50분(대기시간)=오후 9시 10분 경유지에서 출발 → 오후 9시 10분+9시간 25분=6일 오전 6시 35분 출장지 도착

따라서 출장지에 도착했을 때 현지 시각은 서울보다 1시간 느리므로 오전 5시 35분이다.

32
정답 ④

각 상품의 가격은 다음과 같다.

• A상품
- 포스터 : (60+30)×10+90=990원
- 다이어리 : (50+15)×40+70=2,670원
- 팸플릿 : (20+30)×10=500원
- 도서 : (60+20)×700=56,000원

→ 990+2,670+500+56,000=60,160원

• B상품
- 포스터 : (40+20)×15=900원
- 다이어리 : (40+10)×60+50=3,050원
- 팸플릿 : (40+40)×15=1,200원
- 도서 : (80×600)+(6×90)=48,000+540=48,540원

→ 900+3,050+1,200+48,540=53,690원

• C상품
- 포스터 : (80+35)×20+100=2,400원
- 다이어리 : (20+5)×80=2,000원
- 팸플릿 : (20+30)×16=800원
- 도서 : (50+10)×800=48,000원

→ 2,400+2,000+800+48,000=53,200원

• D상품
- 포스터 : (100+40)×10=1,400원
- 다이어리 : (60+20)×50=4,000원
- 팸플릿 : (10+20)×12+20=380원
- 도서 : (45×900)+(9×50)=40,500+450=40,950원

→ 1,400+4,000+380+40,950=46,730원

따라서 D상품이 46,730원으로 가장 저렴하다.

33
정답 ④

• A씨 부부의 왕복 비용 : (59,800×2)×2=239,200원
• 만 6세 아들의 왕복 비용 : (59,800×0.5)×2=59,800원
• 만 3세 딸의 왕복 비용 : 59,800×0.25=14,950원

따라서 A씨 가족이 지불한 교통비는 239,200+59,800+14,950=313,950원이다.

34

정답 ④

자원관리의 4단계

1단계) 필요한 자원의 종류와 양 확인 : '어떠한' 자원이 '얼마만큼' 필요한지 파악하는 단계로, 일반적으로 '시간, 예산, 물적자원, 인적자원'으로 구분하여 파악한다.

2단계) 이용 가능한 자원의 수집과 확보 : 필요한 양보다 조금 더 여유 있게 최대한으로 자원을 확보한다.

3단계) 자원활용계획 수립 : 자원이 투입되는 활동의 우선순위를 고려하여 자원을 할당하고 활용계획을 수립한다.

4단계) 계획에 따른 수행 : 계획을 수립한 대로 업무를 추진한다.

35

정답 ②

프린터 성능 점수표를 이용하여 제품별 프린터의 점수를 정리하면 다음과 같다.

구분	출력 가능 용지 장수	출력 속도	인쇄 해상도
A프린터	80점	70점	70점
B프린터	100점	60점	90점
C프린터	70점	90점	70점
D프린터	100점	70점	60점

가중치를 적용하여 제품별 프린터의 성능 점수를 구하면 다음과 같다.

- A프린터 : $80\times0.5+70\times0.3+70\times0.2=75$점
- B프린터 : $100\times0.5+60\times0.3+90\times0.2=86$점
- C프린터 : $70\times0.5+90\times0.3+70\times0.2=76$점
- D프린터 : $100\times0.5+70\times0.3+60\times0.2=83$점

따라서 성능 점수가 가장 높은 B프린터를 구매할 것이다.

36

정답 ①

두 번째 조건에 따르면 집과의 거리가 1.2km 이내여야 한다고 하였으므로 K버스는 제외한다. K버스를 제외한 교통편별 교통비를 구하면 다음과 같다.

- 비행기 : $119,000\times4\times0.97=461,720$원
- E열차 : $134,000\times4\times0.95=509,200$원
- P버스 : $116,000\times4=464,000$원

세 번째 조건에 따르면 총금액이 50만 원 이하여야 한다고 하였으므로 E열차는 조건에 부합하지 않는다.

따라서 다섯 번째 조건에 따라 비행기와 P버스 중 더 저렴한 비행기를 선택하며, 총교통비는 461,720원이다.

37

정답 ①

편도 총비행시간이 8시간 이내이면서 직항 노선이 있는 곳을 살펴보면 방콕은 제외된다.

연차가 하루밖에 남지 않은 상황에서 최대한 길게 휴가를 다녀오기 위해서는 화요일 혹은 목요일 중 하루를 연차로 사용해야 하는데, 어떤 경우이든 5일의 연휴가 가능하게 된다. 따라서 두바이(4박 5일), 모스크바(6박 8일), 홍콩(3박 4일) 중 모스크바는 연휴기간을 넘어서므로 제외하고 두바이와 홍콩 중 여행 기간이 더 긴 두바이를 여행지로 선택할 것이다.

38

정답 ④

당직 근무 일정표를 정리하면 다음과 같다.

구분	월요일	화요일	수요일	목요일	금요일	토요일	일요일
낮	가, 나, 마	나, 다	다, 마	아, 자	바, 자	라, 사, 차	바
야간	라	마, 바, 아, 자	가, 나, 라, 바, 사	가, 사, 차	나, 다, 아	마, 자	다, 차

일정표를 보면 일요일 낮에 한 명, 월요일 야간에 한 명이 필요하고, 수요일 야간에 한 명이 빠져야 한다. 따라서 가, 나, 라, 바, 사 중 한 명이 옮겨야 한다. 이때 세 번째 당직 근무 규칙에 따라 같은 날에 낮과 야간 당직 근무는 함께 설 수 없으므로 월요일에 근무하는 '가, 나, 라, 마'와 일요일에 근무하는 '다, 바, 차'는 제외된다. 따라서 '사'의 당직 근무 일정을 변경하여 일요일 낮과 월요일 야간에 당직 근무를 해야 한다.

39

정답 ③

월요일에는 늦지 않게만 도착하면 되므로, 서울역에서 8시에 출발하는 KTX를 이용한다. 수요일에는 최대한 빨리 와야 하므로, 사천공항에서 19시에 출발하는 비행기를 이용한다. 따라서 소요되는 교통비는 $65,200+22,200+21,500+93,200\times0.9=192,780$원이다.

40

정답 ④

제시된 자료를 이용해 총점과 순위를 구하면 다음과 같다.

업체	품질점수	가격점수	직원규모 점수	총점(순위)
갑	$88\times0.5=44$	$96\times0.4=38.4$	$97\times0.1=9.7$	92.1(2위)
을	$85\times0.5=42.5$	$100\times0.4=40$	$97\times0.1=9.7$	92.2(1위)
병	$87\times0.5=43.5$	$96\times0.4=38.4$	$94\times0.1=9.4$	91.3(3위)

병이 현재보다 직원규모를 10명 더 늘릴 때 직원규모 점수가 0.3점 올라가 갑과 가격 점수, 직원규모 점수가 동일하지만 품질 점수에서 0.5점이 뒤처지므로 불가능하다.

오답분석

① 총점이 가장 높은 업체는 을이고, 가장 낮은 업체는 병이다.
② 갑과 을의 직원규모 점수는 9.7점으로 같다.
③ 가격 점수가 0.8점 올라가므로 옳은 설명이다.

| 02 | 사무직

41	42	43	44	45	46	47	48	49	50
①	③	④	①	①	③	②	①	③	①

41

정답 ①

오답분석

② 확인단계에 대한 설명이다.

③ 개발단계는 확인된 문제에 대해 해결방안을 모색하는 단계로, 새로운 문제의 해결방법을 찾는 탐색과정과 이전에 없었던 새로운 문제의 해결안을 설계하는 2가지 방식으로 이루어질 수 있다.

④ 개발단계에 대한 설명이다.

42

정답 ③

오답분석

① 만장일치 : 회의 장소에 모인 모든 사람이 같은 의견에 도달하는 방법이다.

② 다수결 : 회의에서 많은 구성원이 찬성하는 의안을 선정하는 방법이다.

④ 의사결정나무 : 의사결정에서 나무의 가지를 가지고 목표와 상황의 관련성을 나타내어 최종적인 의사결정을 하는 불확실한 상황에서의 의사결정 분석 방법이다.

43

정답 ④

델파이 기법은 반복적인 설문조사를 통해 의견 차이를 좁혀 합의를 도출하는 방식으로, 이를 순서대로 바르게 나열한 것은 ④이다.

44

정답 ①

내부 메신저는 동료와의 잡담에 쓰일 수도 있지만, 처리해야 할 업무가 있을 때 실시간으로 전달받고 해결하는 데 필요하므로 업무 시간에는 계속 로그인되어 있어야 한다.

45

정답 ①

직장은 일을 하는 물리적 장소임과 동시에 업무 처리의 만족감 또는 좌절감 등을 느끼는 심리적 장소이기도 하다. 그러므로 회사의 목표와 자신의 가치관 사이에서 오는 차이가 크다면 그 심리적 스트레스를 감당하기가 버거울 것이다. 조직은 조직 생활에 잘 적응하는 사람을 기본적으로 선호하지만 그다음으로 원하는 것은 '그 과정이 능동적인가'라는 점이다. 그러므로 ①과 같이 자신과 다른 회사의 가치관까지 수긍한다고 밝힌 A지원자는 회사에 채용될 사원으로서 적절하지 않다고 볼 수 있다.

46

정답 ③

비영리조직이면서 대규모조직인 학교에서 5시간 있었다.

- 학교 : 공식조직, 비영리조직, 대규모조직
- 카페 : 공식조직, 영리조직, 대규모조직
- 스터디 : 비공식조직, 비영리조직, 소규모조직

오답분석

① 비공식적이면서 소규모조직인 스터디에서 2시간 있었다.

② 공식조직인 학교와 카페에서 8시간 있었다.

④ 영리조직인 카페에서 3시간 있었다.

47

정답 ②

소금이나 후추 등이 다른 사람 손에 거치면 좋지 않다는 풍습을 볼 때, 소금과 후추가 필요할 때는 웨이터를 부르는 것보다 자신이 직접 가져오는 것이 적절한 행동이다.

48

정답 ①

ㄱ. 조직의 업무는 원칙적으로 업무분장에 따라 이루어져야 하지만, 실제 수행 시에는 상황에 따라 효율성을 극대화시키기 위해 변화를 주는 것이 바람직하다.

ㄴ. 구성원 개인이 조직 내에서 책임을 수행하고 권한을 행사할 때, 기반이 되는 것은 근속연수가 아니라 직급이다.

오답분석

ㄷ. 업무는 관련성, 동일성, 유사성, 수행시간대 등 다양한 기준에 따라 통합 혹은 분할하여 수행하는 것이 효율적이다.

ㄹ. 직위는 조직의 각 구성원들에게 수행해야 할 일정 업무가 할당되고, 그 업무를 수행하는 데 필요한 권한과 책임이 부여된 조직상의 위치이다.

49

정답 ③

'(A) 비서실 방문'은 브로슈어 인쇄를 위해 미리 파일을 받아야 하므로 '(D) 인쇄소 방문'보다 먼저 이루어져야 한다. '(B) 회의실, 마이크 체크'는 내일 오전 '(E) 업무보고' 전에 준비해야 할 사항이다. '(C) 케이터링 서비스 예약'은 내일 3시 팀장 회의를 위해 준비하는 것이므로 24시간 전인 오늘 3시 이전에 실시해야 한다. 따라서 위 업무순서를 정리하면 (C) – (A) – (D) – (B) – (E)가 되는데, 여기서 (C)가 (A)보다 먼저 이루어져야 하는 이유는 현재 시각이 2시 50분이기 때문이다. 비서실까지 가는 데 걸리는 시간이 15분이므로 비서실에 갔다 오면 3시가 지난다. 그러므로 케이터링 서비스 예약을 먼저 하는 것이 옳다.

50

정답 ①

맥킨지 7S 모델(McKinsey 7S Model)

- 공유 가치(Shared Value) : 모든 조직 구성원들이 공유하는 기업의 핵심 이념이나 가치관, 목적 등을 말한다.
- 전략(Strategy) : 조직의 장기적 계획 및 목표를 달성하기 위한 수단이나 방법을 말한다.
- 제도・절차(System) : 조직의 관리 체계나 운영 절차, 제도 등을 말한다.
- 조직구조(Structure) : 전략을 실행해 가기 위한 틀로서 조직도라 할 수 있다.
- 리더십 스타일(Style) : 조직을 이끌어나가는 관리자의 경영방식이나 리더십 스타일을 말한다.
- 관리 기술(Skill) : 전략을 실행하는 데 필요한 구체적 요소를 말한다.
- 구성원(Staff) : 조직 내 인력 구성을 말한다. 구성원들의 단순한 인력 구성 현황을 의미하기보다는 구성원들이 보유하고 있는 능력, 스킬, 욕구, 태도 등을 포함한다.

| 03 | 기술직

41	42	43	44	45	46	47	48	49	50
③	③	①	④	③	①	④	④	④	④

41

정답 ③

기술능력이 뛰어난 사람의 특징

1. 실질적 해결을 필요로 하는 문제를 인식한다.
2. 인식된 문제를 위한 다양한 해결책을 개발하고 평가한다.
3. 실제적 문제를 해결하기 위해 지식이나 기타 자원을 선택하여 최적화시키며 적용한다.
4. 주어진 한계 속에서 제한된 자원을 가지고 일한다.
5. 기술적 해결에 대한 효용성을 평가한다.
6. 여러 상황 속에서 기술의 체계와 도구를 사용하고 배울 수 있다.

42

정답 ③

기사문은 공공연해진 야근 문화와 이로 인한 과로사에 대한 내용으로, 산업 재해의 기본적 원인 중 작업 관리상 원인에 속한다. 작업 관리상 원인에는 안전 관리 조직의 결함, 안전 수칙 미지정, 작업 준비 불충분, 인원 배치 및 작업 지시 부적절 등이 있다.

43

정답 ①

기술시스템(Technological System)은 개별 기술이 네트워크로 결합하는 것을 말한다. 인공물의 집합체만이 아니라 투자회사, 법적 제도, 정치, 과학, 자연자원을 모두 포함하는 것으로서 사회기술시스템이라고도 한다.

44

정답 ④

주의사항에서 유산소 운동의 효과를 가져올 수 있는 운동시간에 대해 안내된 바가 없으므로 ④는 안내문의 내용으로 적절하지 않다.

45

정답 ③

볼트와 너트 체결 부분이 느슨해지면 제품에서 소음이 발생할 수 있으므로 모든 부분을 다시 조여 주어야 한다.

46

정답 ①

세탁기와 수도꼭지와의 거리에 대해서는 설치 시 주의사항에서 확인할 수 없는 내용이다.

47

정답 ④

세탁기 내부 온도가 70°C 이상이거나 물 온도가 50°C 이상인 경우 세탁기 문이 열리지 않는다. 따라서 내부 온도가 내려갈 때까지 잠시 기다려야 한다.

오답분석

① 세탁조에 물이 남아 있다면 탈수를 선택하여 배수하여야 한다.
② 세탁기 내부 온도가 높다면 내부 온도가 내려갈 때까지 잠시 기다려야 한다.
③ 탈수 시 세탁기가 흔들릴 때의 해결방법이다.

48

정답 ④

기술적용 시 고려사항

1. 기술적용에 따른 비용이 많이 드는가?
2. 기술의 수명주기는 어떻게 되는가?
3. 기술의 전략적 중요도는 어떻게 되는가?
4. 잠재적으로 응용 가능성이 있는가?

49

정답 ④

산업재해의 직접적 원인에는 불안전한 행동, 불안전한 상태가 있다.

50

정답 ④

오답분석

① 지능형 로봇 – 전기전자정보공학
② 하이브리드 자동차 – 기계공학
③ 재생에너지 산업 – 화학생명공학

국가철도공단 NCS

2일 차 기출응용 모의고사 정답 및 해설

| 01 | 공통

01	02	03	04	05	06	07	08	09	10
④	④	①	①	②	④	②	④	④	③
11	12	13	14	15	16	17	18	19	20
④	①	②	③	④	②	④	④	②	④
21	22	23	24	25	26	27	28	29	30
④	④	④	②	④	④	④	④	①	①
31	32	33	34	35	36	37	38	39	40
④	②	④	①	③	④	④	④	④	③

01 정답 ④

오답분석

① '왜?'라는 질문은 보통 진술을 가장한 부정적·추궁적·강압적인 표현이므로 사용하지 않는 것이 좋다.
② 요약하는 기술은 상대방에 대한 자신의 이해의 정확성을 확인하는 데 도움이 된다.
③ 상대방이 하는 말의 어조와 억양, 소리의 크기까지도 귀를 기울이는 방법이다.

02 정답 ④

'-데'는 경험한 지난 일을 돌이켜 말할 때 쓰는, 곧 회상을 나타내는 종결어미이며 '-대'는 '다(고)해'의 준말이다. 곧 '대'는 화자가 문장 속의 주어를 포함한 다른 사람으로부터 들은 이야기를 청자에게 간접적으로 전달하는 의미를 갖고 있다.
따라서 ④의 문장은 영희에게 들은 말을 청자에게 전달하는 의미로 쓰였으므로 '맛있대'가 되어야 한다.

03 정답 ①

제시문은 환경 영향 평가 제도에 대한 개념과 도입된 원인에 대한 내용의 글이다. 따라서 (가) 환경 영향 평가 제도는 부정적인 환경 영향을 줄이는 방안을 마련하는 수단 – (다) 개발로 인한 환경오염과 생태계가 파괴되어 해결이 어려워짐 – (나) 이러한 이유로 환경 영향 평가 제도가 도입됨 – (라) 환경 영향 평가 제도는 환경 보전에 대한 인식 제고와 개발과 보전 사이의 균형을 맞추는 역할을 수행함 순서로 연결되어야 한다.

04 정답 ①

문맥의 흐름상 '겉에 나타나 있거나 눈에 띄다.'의 의미를 지닌 '드러나다'의 쓰임은 적절하다. '들어나다'는 사전에 등록되어 있지 않은 단어로, '드러나다'의 잘못된 표현이다.

05 정답 ②

첫 번째 문단에 따르면 범죄는 취재감으로 찾아내기가 쉽고 편의에 따라 기사화할 수 있을 뿐만 아니라 범죄 보도를 통해 시청자의 관심을 끌 수 있기 때문에 언론이 범죄를 보도의 주요 소재로 삼지만, 지나친 범죄 보도는 범죄자나 범죄 피의자의 초상권을 침해하여 법적·윤리적 문제를 일으킨다. 따라서 마지막 문단의 내용처럼 범죄 보도가 초래하는 법적·윤리적 논란은 언론계 전체의 신뢰도에 치명적인 손상을 가져올 수도 있다. 이러한 현상을 비유하기에 가장 적절한 표현은 '부메랑'이다. 부메랑은 그것을 던진 사람 자신에게 되돌아와 상처를 입힐 수 있기 때문이다.

오답분석

① 시금석(試金石) : 귀금속의 순도를 판정하는 데 쓰는 검은색의 현무암이나 규질의 암석(층샛돌)을 뜻하며, 가치·능력·역량 등을 알아볼 수 있는 기준이 되는 기회나 사물을 비유적으로 이르는 말로도 쓰인다.
③ 아킬레스건(Achilles 腱) : 치명적인 약점을 비유하는 말이다.
④ 악어의 눈물 : 일반적으로 강자가 약자에게 보이는 '거짓 눈물'을 비유하는 말이다.

06 정답 ④

(라) 문단에서는 부패를 개선하기 위한 정부의 제도적 노력에도 불구하고 반부패정책 대부분이 효과가 없었음을 이야기하고 있다. 따라서 부패인식지수의 개선방안이 아닌 '정부의 부패인식지수 개선에 대한 노력의 실패'가 (라) 문단의 주제로 적절하다.

07 정답 ②

세 번째 문단에서 임신 32주가 넘으면 부른 배로 운전이 어렵다고 하였으므로 최대 40주까지 운전이 가능하다고 한 ②는 적절하지 않다.

08 정답 ④

다섯 번째 문단에서 '차량 내부는 환기가 잘 되지 않아 어지럼증이 생길 수 있다.'고 하였으므로 창문을 열어 환기를 시키는 것이 중요하다.

09 정답 ④

제시문에서 인간은 직립보행을 계기로 후각이 생존에 상대적으로 덜 영향을 주게 되면서, 시각을 발달시키는 대신 후각을 현저히 퇴화시켰다는 사실을 설명하고 있다. 다만, 후각은 여전히 감정과 긴밀히 연계되어 있고 관련 기억을 불러일으킨다는 사실을 언급하며 마무리하고 있다. 따라서 인간은 후각을 부수적인 기능으로 남겨 두었다는 것이 제시문의 중심 내용으로 가장 적절하다.

10 정답 ③

텔레비전 시청이 개인의 휴식에 도움이 된다는 사실은 텔레비전 시청의 긍정적인 내용일 수는 있으나, 제시문의 주제인 부모와 가정의 문제와는 관련이 없다.

11 정답 ④

11, 12, 13, 14, 15의 제곱수를 나열한 수열이다.

따라서 ( )$=14^2=196$이다.

12 정답 ①

올라갈 때와 내려올 때 걸린 시간이 같으므로 올라갈 때와 내려올 때 각각 3시간이 걸렸음을 알 수 있다.

올라갈 때와 내려올 때의 이동거리는 각각 $3a$km, $3b$km이고, 내려올 때의 이동거리가 3km 더 기므로 식으로 나타내면 다음과 같다.

$3a+3=3b$

$\therefore\ b=a+1$

즉, 내려올 때의 속력을 a에 관해 나타내면 $(a+1)$km/h이다.

13 정답 ②

총 9장의 손수건을 구매했으므로 B손수건 3장을 제외한 나머지 A, C, D손수건은 각각 $\frac{9-3}{3}=2$장씩 구매하였다.

먼저 3명의 친구들에게 서로 다른 손수건 3장씩 나눠 줘야하므로 B손수건을 1장씩 나눠준다. 나머지 A, C, D손수건을 서로 다른 손수건으로 2장씩 나누면 (A, C), (A, D), (C, D)로 묶을 수 있다. 이 세 묶음을 3명에게 나눠주는 방법은 $3!=3\times2=6$가지가 나온다. 따라서 친구 3명에게 종류가 다른 손수건 3장씩 나눠주는 경우의 수는 6가지이다.

14 정답 ③

증발한 물의 양을 xg이라 하면 다음과 같다.

$\frac{3}{100}\times400=\frac{5}{100}\times(400-x)$

$\rightarrow 1,200=2,000-5x$

$\therefore\ x=160$

따라서 증발한 물의 양이 160g이므로,

남아있는 설탕물의 양은 $400-160=240$g이다.

15 정답 ④

석훈이는 평균 6m/s로, 소영이는 4m/s의 속도로 달리기 때문에 1초에 10m씩 가까워진다. 점점 가까워지다가 만나게 되고 그 과정을 한 번 더 반복하게 되는데, 두 번째 만날 때까지 두 사람이 달린 거리는 트랙의 길이의 2배와 같다.

따라서, 1분 15초 동안 달린 거리는 10m/s$\times$75sec$=$750m이며 트랙의 길이는 그 절반인 375m이다.

16 정답 ②

연도별 누적 막대그래프로 각 지역의 적설량이 바르게 제시되어 있다.

오답분석

① 적설량의 단위는 'm'가 아니라 'cm'이다.
③ 수원과 강릉의 2021년, 2022년 적설량 수치가 바뀌었다.
④ 그래프의 가로축을 지역으로 수정해야 알맞은 그래프가 된다.

17

정답 ④

ㄱ. 2024년 상업용 무인기의 국내 시장 판매량 대비 수입량의 비율은 $\frac{5}{202}\times100 ≒ 2.5\%$이다.

ㄴ. 2021 ~ 2024년 동안 상업용 무인기 국내 시장 판매량의 전년 대비 증가율은 다음과 같다.

- 2021년 : $\frac{72-53}{53}\times100 ≒ 35.8\%$
- 2022년 : $\frac{116-72}{72}\times100 ≒ 61.1\%$
- 2023년 : $\frac{154-116}{116}\times100 ≒ 32.8\%$
- 2024년 : $\frac{202-154}{154}\times100 ≒ 31.2\%$

따라서 2022년의 증가율이 가장 높다.

ㄹ. 2022년 상업용 무인기 수출량의 전년 대비 증가율은 $\frac{18-2.5}{2.5}\times100=620\%$이고, C사의 상업용 무인기 매출액의 전년 대비 증가율은 $\frac{304.4-43}{43}\times100 ≒ 608\%$로, 차이는 620−608=12%p이다.

오답분석

ㄷ. 2021 ~ 2024년 동안 상업용 무인기 수입량의 전년 대비 증가율이 가장 작은 해는 2024년 $\frac{5-4.2}{4.2}\times100 ≒ 19\%$이며, 상업용 무인기 수출량의 전년 대비 증가율은 2022년이 620%로 가장 크다.

18

정답 ④

쌀 생산액이 두 번째로 낮은 연도는 1991년이다. 따라서 이때 과실과 축산 생산액의 합은 13,087+39,214=52,301억 원이다.

19

정답 ②

2021년 재배업 생산액 대비 채소 생산액 비율은

$$\frac{115,289}{84,012+23,301+115,289+35,520}\times100=\frac{115,289}{258,122}\times100$$

$≒ 44.7\%$이다.

20

정답 ④

2023년 전문·관리직 종사자 구성비는 50% 미만이다.

오답분석

① · ② 제시된 자료를 통해 알 수 있다.
③ 2023년의 여성 취업자 수는 약 10,000천 명이고, 구성비는 약 21.5%이다. 따라서 1,800천 명 이상이다.

21

정답 ④

주어진 조건을 정리하면 다음과 같다.

구분	A	B	C	D	E	F
아침	된장찌개	된장찌개	된장찌개	김치찌개	김치찌개	김치찌개
점심	김치찌개	김치찌개	된장찌개	된장찌개	된장찌개	김치찌개
저녁	김치찌개	김치찌개	김치찌개	된장찌개	된장찌개	된장찌개

따라서 김치찌개는 총 9그릇이 필요하다.

22

정답 ④

주어진 조건을 정리하면 다음과 같다.

구분	1일	2일	3일	4일	5일	6일
경우 1	B	E	F	C	A	D
경우 2	B	C	F	D	A	E
경우 3	A	B	F	C	E	D
경우 4	A	B	C	F	D	E
경우 5	E	B	C	F	D	A
경우 6	E	B	F	C	A	D

따라서 B영화는 어떠한 경우에도 1일 또는 2일에 상영된다.

오답분석

① 경우 3 또는 4에서 A영화는 C영화보다 먼저 상영된다.
② 경우 1 또는 5, 6에서 C영화는 E보다 늦게 상영된다.
③ 경우 1 또는 3에서 폐막작으로, 경우 4 또는 5에서 5일에 상영된다.

23

정답 ④

주어진 조건에 따라 부서별 위치를 정리하면 다음과 같다.

구분	1층	2층	3층	4층	5층	6층
경우 1	해외사업부	인사교육부	기획부	디자인부	서비스개선부	연구·개발부
경우 2	해외사업부	인사교육부	기획부	서비스개선부	디자인부	연구·개발부

따라서 3층에 위치한 기획부의 문대리는 출근 시 반드시 계단을 이용해야 하므로 ④는 항상 옳다.

오답분석

① 경우 1일 때 김대리는 출근 시 엘리베이터를 타고 4층에서 내린다.
② 경우 2일 때 디자인부의 김대리는 서비스 개선부의 조대리보다 엘리베이터에서 나중에 내린다.
③ 커피숍과 같은 층에 위치한 부서는 해외사업부이다.

24

정답 ②

초고령화 사회는 실버산업(기업)의 외부환경 요소로 볼 수 있으므로, 기회 요인으로 보는 것이 적절하다.

오답분석

① 제품의 우수한 품질은 기업의 내부환경 요소로 볼 수 있으므로, 강점 요인으로 보는 것이 적절하다.
③ 기업의 비효율적인 업무 프로세스는 기업의 내부환경 요소로 볼 수 있으므로, 약점 요인으로 보는 것이 적절하다.
④ 살균제 달걀 논란은 빵집(기업)을 기준으로 외부환경 요소로 볼 수 있으므로, 위협 요인으로 보는 것이 적절하다.

25

정답 ④

주어진 조건에 따라 인원을 계산하면 다음과 같다.

- 차장급 이하 직원 : 270×0.5=135명
- 임원진 : 135×0.2=27명
- 협력업체 : 108×0.5=54명

따라서 행사에 참석한 협력업체 사람들은 54명이다.

26

정답 ④

R(Realistic)은 현실성을 의미하므로 실현 가능한 것을 계획해야 한다. 삶을 영위하는 데 있어 교통비나 식비 등의 생활비가 발생하므로 모든 수입을 저금하는 것은 사실상 불가능하다.

SMART 법칙
- S(Specific) : 구체적
- M(Measurable) : 측정 가능한
- A(Action-oriented) : 행동 지향적
- R(Realistic) : 현실성
- T(Time-limited) : 기간

27

정답 ④

인사팀의 직원은 12명이고 인사팀의 직원은 품질관리팀의 2배이므로 품질관리팀의 직원은 6명이다. 홍보실과 인사팀 직원 수의 차이는 5명이고, 홍보실의 직원은 인사팀보다 많기 때문에 홍보실은 17명이다. 홍보실, 인사팀, 품질관리팀의 직원을 모두 합하면 기획부의 직원 수와 같으므로 기획부는 35명이다. 따라서 총무처의 직원 수는 기획부보다 5명 많은 40명이다.

28

정답 ④

정렬 대상에서 피벗은 20이므로 피벗보다 큰 수 중 가장 왼쪽의 수는 22이고, 피벗보다 작은 수 중 가장 오른쪽의 수는 10이다. 따라서 첫 번째 교환 후의 상태는 15, 10, 13, 27, 12, 22, 25가 된다. 이제 이 과정을 반복하면, 피벗보다 큰 수 중 가장 왼쪽의 수는 27이고, 작은 수 중 가장 오른쪽의 수는 12이다. 따라서 27과 12가 교환된다.

29

정답 ①

직원 수가 100명이므로 주문해야 할 치킨은 50마리이다. 방문 포장 시의 할인 금액이 유류비와 번거로움을 환산한 비용보다 크므로 방문 포장을 선택한다.

- A치킨 : 15,000×50×[1−(0.35+0.05)]+50,000
  =500,000원
- B치킨 : 16,000×50×[1−(0.2+0.03)]+15,000
  =631,000원

따라서 최소 비용으로 치킨을 먹을 수 있는 방법은 A치킨에서 방문 포장으로 주문하고 단체 주문 옵션을 선택하는 것이다.

30

정답 ①

부산이 네 번째 여행지였을 때 가능한 경우는 다음과 같다.

첫 번째	두 번째	세 번째	네 번째	다섯 번째	여섯 번째
전주	강릉	춘천	부산	안동	대구

따라서 전주는 민호의 첫 번째 여행지이다.

31

정답 ④

항목별 직원 수에 따른 원점수는 다음과 같다.

구분	전혀 아니다	아니다	보통이다	그렇다	매우 그렇다
원점수	21×1 =21점	18×2 =36점	32×3 =96점	19×4 =76점	10×5 =50점
가중치 적용 점수	21×0.2 =4.2점	36×0.4 =14.4점	96×0.6 =57.6점	76×0.8 =60.8점	50×1.0 =50점

따라서 10명의 직원이 선택한 설문지 가중치를 적용한 점수의 평균은 $\frac{4.2+14.4+57.6+60.8+50}{10}$=18.7점이다.

32

정답 ②

향후 1회 순회배송(서울 → 대전 → 광주 → 대전 → 부산 → 대전 → 서울) 시 전체 운송비는 (100+500+400)×2=2,000만 원이다.

33

정답 ④

한 달을 기준으로 S씨가 지출하게 될 자취방 월세와 자취방에서 대학교까지 왕복 시 거리비용을 합산하면 다음과 같다.

- A자취방 : 330,000+(1.8×2,000×2×15)=438,000원
- B자취방 : 310,000+(2.3×2,000×2×15)=448,000원
- C자취방 : 350,000+(1.3×2,000×2×15)=428,000원
- D자취방 : 320,000+(1.6×2,000×2×15)=416,000원

따라서 S씨가 선택할 수 있는 가장 저렴한 비용의 자취방은 D자취방이다.

34

정답 ①

오답분석

② 커피의 필요 개수가 A4보다 적으므로 우선순위에서 밀려난다.
③ 문서용 집게는 재사용이 가능하므로 구매하지 않고 재사용한다.
④ 연필은 B등급이므로 A등급에 비해 우선순위가 높지 않다.

35

정답 ③

사장은 최소비용으로 최대인원을 채용하는 것을 목적으로 하고 있다. 가장 낮은 임금의 인원을 최우선으로 배치하되, 같은 임금의 인원은 가용한 시간 내에 분배하여 배치하는 것이 해당 목적을 달성하는 방법이다. 이를 적용하면 다음과 같이 인원을 배치할 수 있다.

<table>
<tr><th>구분</th><th colspan="2">월요일</th><th colspan="2">화요일</th><th colspan="2">수요일</th><th colspan="2">목요일</th><th colspan="2">금요일</th></tr>
<tr><td>08:00</td><td rowspan="7">기존 직원</td><td rowspan="2">김갑주</td><td rowspan="7">기존 직원</td><td rowspan="2">김갑주</td><td rowspan="7">기존 직원</td><td rowspan="2">김갑주</td><td rowspan="7">기존 직원</td><td rowspan="2">김갑주</td><td rowspan="7">기존 직원</td><td rowspan="2">김갑주</td></tr>
<tr><td>09:00</td></tr>
<tr><td>10:00</td><td rowspan="2">한수미</td><td rowspan="2">한수미</td><td rowspan="2">한수미</td><td rowspan="2">한수미</td><td rowspan="2">한수미</td></tr>
<tr><td>11:00</td></tr>
<tr><td>12:00</td><td rowspan="4">조병수</td><td rowspan="4">조병수</td><td rowspan="4">조병수</td><td rowspan="4">조병수</td><td rowspan="4">조병수</td></tr>
<tr><td>13:00</td></tr>
<tr><td>14:00</td></tr>
<tr><td>15:00</td><td rowspan="5">강을미</td><td rowspan="5">강을미</td><td rowspan="5">강을미</td><td rowspan="5">강을미</td><td rowspan="5">강을미</td></tr>
<tr><td>16:00</td><td rowspan="4">채미나</td><td rowspan="4">채미나</td><td rowspan="4">채미나</td><td rowspan="4">채미나</td><td rowspan="4">채미나</td></tr>
<tr><td>17:00</td></tr>
<tr><td>18:00</td></tr>
<tr><td>19:00</td></tr>
</table>

8시부터 근무는 김갑주가 임금이 가장 낮다. 이후 10시부터는 임금이 같은 한수미도 근무할 수 있으므로, 최대인원을 채용하는 목적에 따라 한수미가 근무한다. 그다음 중복되는 12시부터는 조병수가 임금이 더 낮으므로 조병수가 근무하며, 임금이 가장 낮은 강을미는 15시부터 20시까지 근무한다. 조병수 다음으로 중복되는 14시부터 가능한 최강현은 임금이 비싸므로 근무하지 않는다(최소비용을 최대인원보다 우선하기 때문). 그다음으로 중복되는 16시부터는 채미나가 조병수와 임금이 같으므로 채미나가 근무한다.

36

정답 ④

하루 지출되는 직원별 급여액은 다음과 같다.

- 기존 직원 : 8,000×7=56,000원
- 김갑주·한수미 : 8,000×2=16,000원
- 조병수·채미나 : 7,500×4=30,000원
- 강을미 : 7,000×5=35,000원

56,000+(16,000×2)+(30,000×2)+35,000=183,000원

∴ (임금)=183,000×5=915,000원

따라서 사장이 지급해야 하는 주급은 915,000원이다.

37

정답 ④

경영팀 김선율과 인사팀 김하영은 월·금요일을 제외하고는 출근이 가능하므로 8월 23일 화요일에 출근할 수 있다.

오답분석

① 회계팀 김하나는 7월 25일에 일본 여행에서 돌아왔으므로 한 달이 지나지 않은 8월 23일은 출근이 불가능하다. 같은 팀인 정지수는 8월 25일 목요일만 출근하지 않기 때문에 8월 23일 화요일은 출근이 가능하다.
② 회계팀 이솔비는 7월 24일 인천 출장으로 인해 한 달이 지나지 않은 8월 23일은 출근할 수 없고, 같은 팀인 김예나만 출근이 가능하다.
③ 회계팀 강여울은 8월 23일 화요일에 출근이 가능하지만, 경영팀 이하율은 화요일에 출근을 하지 않는다.

38

정답 ④

금요일에 있는 본사교육 및 회의·출장 참여자는 반드시 금요일에 출근해야 하므로 이와 관련된 사람은 최수지, 강여울, 김선율, 김하영이다. 따라서 정하람은 매주 금요일에 반드시 출근해야 하는 사람에 포함되지 않는다.

39

정답 ④

물적자원의 관리과정에 맞춰 C주임의 행동을 배열한다면 기존 비품 중 바로 사용할 사무용품과 따로 보관해둘 물품을 분리하는 (다), 동일 및 유사 물품으로 분류하는 (나), 물품의 형상 및 소재에 따라 보관 장소를 선정하는 (가)의 순서가 적절하다.

물적자원의 관리과정

1. 사무 용품과 보관 물품의 구분
   - 반복 작업 방지, 물품 활용의 편리성
2. 동일 및 유사 물품으로 분류
   - 동일성, 유사성의 원칙
3. 물품 특성에 맞는 보관 장소 선정
   - 물품의 형상 및 소재

40

정답 ③

11월 21일의 팀미팅은 워크숍 시작시간 전 오후 1시 30분에 끝나므로 3시에 출발 가능하며, 22일의 일정이 없기 때문에 11월 21~22일이 워크숍 날짜로 적절하다.

오답분석

① 11월 9~10일 : 다른 팀과 함께하는 업무가 있는 주로 워크숍 불가능
② 11월 18~19일 : 19일은 주말이므로 워크숍 불가능
④ 11월 28~29일 : E대리 휴가로 모든 팀원 참여 불가능

| 02 | 사무직

41	42	43	44	45	46	47	48	49	50
③	③	②	②	④	④	①	③	①	④

41
정답 ③

㉠ 집중화 전략
㉡ 원가우위 전략
㉢ 차별화 전략

42
정답 ③

티베트의 문화를 존중하고, 대접을 받는 손님의 입장에서 볼 때, 차를 마실 때 다 비우지 말고 입에 살짝 대는 것이 가장 적절한 행동이다.

오답분석

① 주인이 권하는 차를 거절하면 실례가 되므로 적절하지 않다.
② 대접받는 손님의 입장에서 자리를 피하는 것은 적절하지 않다.
④ 힘들다는 자신의 감정이 드러날 수 있으므로 적절하지 않다.

43
정답 ②

러시아, 라틴아메리카 사람들은 친밀감의 표시로 포옹을 하기 때문에 인사도 포옹으로 하는 경우가 많다.

44
정답 ②

미국에서는 악수를 할 때 상대의 눈이나 얼굴을 봐야 한다. 눈을 피하는 태도를 진실하지 않은 것으로 보기 때문이다. 상대방과 시선을 마주보며 대화하는 것을 실례라고 생각하는 나라는 아프리카이다.

45
정답 ④

맥킨지의 3S 기법은 상대방의 감정을 최대한 덜 상하게 하면서 거절하는 커뮤니케이션 기법이다.

맥킨지의 3S 기법
- Situation(Empathy) : 상대방의 마음을 잘 이해하고 있음을 표현하고, 공감을 형성한다.
- Sorry(Sincere) : 거절에 대한 유감과 거절할 수밖에 없는 이유를 솔직하게 표현한다.
- Suggest(Substitute) : 상대방의 입장을 생각하여 새로운 대안을 역으로 제안한다.

오답분석

① Sorry(Sincere)
②·③ Suggest(Substitute)

46
정답 ④

팀장의 업무지시 내용을 살펴보면 지출결의서는 퇴근하기 1시간 전까지는 제출해야 한다. 업무스케줄에서 퇴근 시간은 18시이므로, 퇴근 1시간 전인 17시까지는 지출결의서를 제출해야 한다. 따라서 업무스케줄의 '16:00 ~ 17:00' 란에 작성하는 것이 적절하다.

47
정답 ①

계약직 사원 면접평가표의 질문사항 중 B대리가 조언한 내용의 질문사항은 다음과 같이 총 10개이다.
- 지금 주소에서 당사까지 얼마나 걸렸습니까?
- 최근에는 무슨 일을 하고 있었습니까?
- 당신의 장점을 객관적으로 설명하십시오.
- 당신의 10년 후의 모습은 무엇입니까?
- 당신은 향후 어떤 직업을 갖고 싶습니까?
- 직업은 무엇이라고 생각합니까?
- 아르바이트 및 다른 직업과 같은 사회 경험이 있습니까?
- 자기 발전을 위해 현재 무엇을 하고 있습니까?
- 계약기간 동안 지급될 급여가 적당하다고 생각됩니까?
- 맡게 될 업무에 대해 어떻게 생각하십니까?

따라서 총 20개의 질문사항 중 B대리의 조언과 별개로 A사원이 추가한 질문사항은 모두 10개이다.

48
정답 ③

오답분석

- B : 사장 직속으로 4개의 본부가 있다는 설명은 옳지만, 인사를 전담하고 있는 본부는 없으므로 옳지 않다.
- C : 감사실이 분리되어 있다는 설명은 옳지만, 사장 직속이 아니므로 옳지 않다.

49
정답 ①

베트남 사람들은 매장에 직접 방문해서 구입하는 것을 더 선호하므로 인터넷, TV광고와 같은 간접적인 방법의 홍보를 활성화하는 것은 신사업 전략으로 적절하지 않다.

50
정답 ④

업무환경에 '자유로운 분위기'라고 명시되어 있으므로 '중압적인 분위기를 잘 이겨낼 수 있다.'는 옳지 않다.

| 03 | 기술직

41	42	43	44	45	46	47	48	49	50
①	④	④	③	①	④	①	④	①	②

41

정답 ①

- 불안전한 행동을 방지하는 방법 : 근로자의 불안전한 행동을 지적할 수 있는 안전 규칙 및 안전 수칙을 제정함, 근로자 상호 간 불안전한 행동을 지적하여 안전에 대한 이해를 증진시킴, 정리·정돈, 조명, 환기 등을 잘 수행하여 쾌적한 작업 환경을 조성함
- 불안전한 상태를 제거하는 방법 : 각종 기계·설비 등을 안전성이 보장되도록 제작함, 기계가 항상 양호한 상태로 작동하도록 유지·관리를 철저히 함, 기후·조명·소음·환기·진동 등의 환경 요인을 잘 관리하여 사고 요인을 미리 제거함

42

정답 ④

'피재해자는 전기 관련 자격이 없었으며, 복장은 일반 안전화, 면장갑, 패딩점퍼를 착용한 상태였다.'는 문장에서 불안전한 행동·상태, 작업 관리상 원인, 작업 준비 불충분이란 것을 확인할 수 있다. 그러나 기술적 원인은 제시문에서 찾을 수 없다.

오답분석

① 불안전한 행동 : 위험 장소 접근, 안전장치 기능 제거, 보호장비의 미착용 및 잘못 사용, 운전 중인 기계의 속도 조작, 기계·기구의 잘못된 사용, 위험물 취급 부주의, 불안전한 상태 방치, 불안전한 자세와 동작, 감독 및 연락 잘못 등

② 불안전한 상태 : 시설물 자체 결함, 전기 시설물의 누전, 구조물의 불안정, 소방기구의 미확보, 안전 보호 장치 결함, 복장·보호구의 결함, 시설물의 배치 및 장소 불량, 작업 환경 결함, 생산 공정의 결함, 경계 표시 설비의 결함 등

③ 작업 관리상 원인 : 안전 관리 조직의 결함, 안전 수칙 미제정, 작업 준비 불충분, 인원 배치 및 작업 지시 부적당 등

43

정답 ④

OJT(On-the-Job-Training)는 직업현장에서 이루어지는 교육으로 신입사원에게 직무 경험을 쌓을 수 있는 기회를 제공한다.

오답분석

① Off-JT에 대한 설명이다.

② 지도자는 지식을 전달하는 능력을 갖추어 신입사원에게 업무 정보 등을 전달할 수 있어야 한다.

③ 과거 목수, 대장장이 등의 견습공도 하나의 OJT 과정이다.

44

정답 ③

'사용 전 알아두기'의 네 번째 설명에 제습기의 물통이 가득 찰 경우 작동이 멈춘다고 나와 있다.

오답분석

① 실내 온도가 18℃ 미만일 때 냉각기에 결빙이 생겨 제습량이 줄어들 수 있다.

② 컴프레서 작동으로 실내 온도가 올라갈 수 있다.

④ 여섯 번째 사항에서 10분 꺼두었다가 다시 켜서 작동하면 정상이라고 하였다.

45

정답 ①

보증서가 없으면 영수증이 대신하는 것이 아니라, 제조일로부터 3개월이 지난 날이 보증기간 시작일이 된다.

오답분석

② '보증기간 안내' 두 번째 항목 제품 산정 기준을 보면 제품보증기간 정의가 나와 있다. 제품 보증기간이란, 제조사 또는 제품 판매자가 소비자에게 정상적인 상태에서 자연 발생한 품질 성능 기능 하자에 대하여 무상 수리해 주겠다고 약속한 기간이므로 옳은 내용이다.

③·④ 2020년 이전 제품은 2년이고, 나머지는 1년이 보증기간이다.

46

정답 ④

설명서 상단에 보면 네트워크 설정이 스캔 후에 문서 저장에 영향을 미칠 수 있다는 점을 제시하고 있다. 따라서 네트워크 설정이 바르게 되었는지 다시 점검하여 이러한 문제점이 발생되는 원인을 찾아보아야 한다. ①~③에서 제시된 사항은 설명서를 참고하였을 때 시도해 볼 수 있는 해결방법이나, ④는 이와 관련 없는 내용이다.

47

정답 ①

컴퓨터에서 파일 및 프린터 공유가 끄기로 설정되어 있을 경우, A인턴이 컴퓨터에 접근하여 파일을 열람할 수 없으므로 ①이 가장 적절하다. ②·③·④의 경우에는 해당 문제점과는 관련이 없는 원인들이다.

48

정답 ④

㉢ 전기장판은 저온으로 낮춰 사용해야 고온으로 사용할 때보다 자기장이 50% 줄어든다. 고온으로 사용하다가 저온으로 낮춰 사용하는 것이 전자파를 줄일 수 있다는 내용은 가이드라인에서 확인할 수 없으므로 옳지 않다.

㉣ 시중에 판매하는 전자파 차단 필터는 연구 결과 아무런 효과가 없는 것으로 밝혀졌으므로 옳지 않다.

49

정답 ①

제품 매뉴얼

- 사용자를 위해 제품의 특징이나 기능 설명, 사용방법과 고장 조치방법, 유지 보수 및 A/S, 폐기까지 제품에 관련된 모든 서비스에 대해 소비자가 알아야 할 모든 정보를 제공하는 것이다.
- 제품에 대한 모든 것(제조회사 확인부터 제품의 특징, 사용과 A/S, 폐기)을 명확하게 확인할 수 있어야 한다.
- 제품 사용자의 유형과 사용 능력을 파악하고 혹시 모를 사용자의 오작동까지 고려하여 만들어져야 한다.
- 제품의 의도된 안전한 사용과 사용 중 해야 할 일 또는 하지 말아야 할 일까지 정의해야 한다.
- 제품의 설계상 결함이나 위험 요소를 대변해서는 안 된다.

업무 매뉴얼

- 어떤 일의 진행 방식, 지켜야 할 규칙, 관리상의 절차 등을 일관성 있게 여러 사람이 보고 따라할 수 있도록 표준화하여 설명하는 지침서이다.
- 예를 들면 프랜차이즈 점포의 경우 '편의점 운영 매뉴얼', '제품 진열 매뉴얼', 기업의 경우 '부서 운영 매뉴얼', '품질 경영 매뉴얼' 등이 있으며, 올림픽이나 스포츠의 경우 '올림픽 운영 매뉴얼', '경기 운영 매뉴얼' 등이 있고 재난대비 매뉴얼인 '재난대비 국민행동 매뉴얼' 등도 있다.

50

정답 ②

전기산업기사, 건축산업기사, 정보처리산업기사 등의 자격 기술은 구체적 직무수행능력 형태를 의미하는 기술의 협의의 개념으로 볼 수 있다.

오답분석

① 기술은 하드웨어를 생산하는 과정이며, 하드웨어는 소프트웨어에 대비되는 용어로, 건물, 도로, 교량, 전자장비 등 인간이 만들어낸 모든 물질적 창조물을 뜻한다.
③ 사회는 기술 개발에 영향을 준다는 점을 볼 때, 산업혁명과 같은 사회적 요인은 기술 개발에 영향을 주었다고 볼 수 있다.
④ 컴퓨터의 발전으로 개인이 정보를 효율적으로 활용·관리하게 됨으로써 현명한 의사결정이 가능해졌음을 알 수 있다.

국가철도공단 NCS

3일 차 기출응용 모의고사 정답 및 해설

| 01 | 공통

01	02	03	04	05	06	07	08	09	10
②	③	④	④	④	②	④	①	④	③
11	12	13	14	15	16	17	18	19	20
②	④	①	③	②	④	①	③	④	④
21	22	23	24	25	26	27	28	29	30
②	③	②	④	④	③	④	②	③	④
31	32	33	34	35	36	37	38	39	40
③	④	③	④	②	③	③	④	③	④

01

정답 ②

오답분석

① 제시문에서 힘의 반대 방향으로 오목하게 들어갈 경우 효과적으로 견딜 수 있다는 것을 알 수 있다.
③ 제시문에서 원기둥 모양의 캔이 재료를 가장 적게 사용할 수 있다는 것을 알 수 있다.
④ 갈비뼈는 외부를 향해 오목한 모양이므로 외부로부터의 충격에 효과적으로 견딜 수 있다.

02

정답 ③

모든 문서의 내용을 이해는 했더라도, 그 내용 전체를 기억하는 것은 현실적으로 어렵고 비효율적이다. 따라서 각 문서에서 핵심적인 내용만 골라 필요한 정보를 획득하고 종합하는 것이 바람직하다.

문서이해 절차
문서의 목적 이해 → 문서 작성의 배경과 주체 파악 → 문서 정보 파악, 현안 파악 → 상대방의 욕구, 의도 및 요구사항 분석 → 목적 달성을 위한 행동 결정 → 상대의 의도를 도표, 그림 등으로 요약, 정리

03

정답 ④

경청의 5단계
㉠ 무시(0%)
㉡ 듣는 척하기(30%)
㉢ 선택적 듣기(50%)
㉣ 적극적 듣기(70%)
㉤ 공감적 듣기(100%)

04

정답 ④

제시문은 돌림힘에 대해 점진적으로 서술해 간다. 따라서 우리에게 친숙한 지레를 예로 들어 돌림힘을 제시한 (라) 문단이 가장 먼저 나오고 돌림힘에 대해 정의하는 (가) 문단이 이어져야 한다. 그다음으로 돌림힘의 합인 알짜 돌림힘에 대해 설명하는 (다)가 와야 하며 마지막으로 알짜 돌림힘이 작용할 경우에 대해 설명하는 (나)가 와야 한다.

05

정답 ④

한자음 '녀'가 단어 첫머리에 올 때는 두음 법칙에 따라 '여'로 적으나, 의존 명사의 경우는 '녀' 음을 인정한다. 해를 세는 단위의 '년'은 의존 명사이므로 ④의 '연'은 '년'으로 적어야 한다.

오답분석

① 이사장의 말을 직접 인용하고 있으므로 '라고'의 쓰임은 적절하다.
② '말'이 표현을 하는 도구의 의미로 사용되었으므로 '로써'의 쓰임은 적절하다.
③ 'ㅇ' 받침으로 끝나는 말 뒤에 쓰였으므로 '률'의 쓰임은 적절하다.

06

정답 ②

금단 증상은 스마트폰에 대한 강박적 사고나 환상을 가지며, 스마트폰이 옆에 없으면 불안하고 초조함을 느낀다고 한다. 따라서 ②에서 스마트폰을 거실에 두고 잠을 청하였으나 SNS 메시지가 왔을 것 같은 생각(강박적 사고)과 휴대폰 게임이 떠오르는 현상(환상)은 금단 현상임을 알 수 있다.

오답분석

① 스마트폰 사용에 있어 직장 생활에 지장을 주는 행동이므로 '일상 생활 장애'에 속한다.

③ 자신이 사용하고 싶은 시간에 마음껏 사용하지만 중요한 강의나 누군가를 만날 땐 불필요한 스마트폰 사용을 자제하므로 스마트폰 중독현상을 가지고 있지 않다.
④ 스마트폰을 오래도록 사용하더라도 만족을 느끼지 못하는 현상이므로 '내성'에 속한다.

07

정답 ④

D씨는 스마트폰뿐만 아니라 PC를 함께 이용하고, 출・퇴근 시간이나 여유시간을 활용하여 자신의 취미활동을 하고 있으므로 이를 스마트폰 중독으로 인해 나타나는 행동으로 보기 어렵다.

오답분석

① 인터넷과 구분되는 '편리성 증대' 항목에 해당한다.
②・③ 인터넷과 구분되는 '접근성 증대' 항목에 해당한다.

08

정답 ①

첫 번째 문단의 마지막 문장에서 곰돌이 인형이 말하는 사람에게 주의 깊게 귀를 기울여준다고 했으므로 그다음 내용은 그 이유를 설명하는 보기가 와야 한다. 따라서 보기가 들어갈 위치로 가장 적절한 곳은 (가)이다.

09

정답 ④

(라) 문단에서는 토마토 퓨레, 토마토 소스, 토마토 케첩을 소개하며, 토마토에 대한 조리 방법을 소개하고 있다.

10

정답 ③

토마토와 같이 산(酸)이 많은 식품을 조리할 때는 단시간에 조리하거나 스테인리스 스틸 재질의 조리 기구를 사용해야 한다. 알루미늄제 조리 기구를 사용하게 되면 알루미늄 성분이 녹아 나올 수 있기 때문이다.

오답분석

① 라이코펜이 많은 빨간 토마토를 그냥 먹을 경우 라이코펜의 체내 흡수율이 떨어지므로 열을 가해 조리해서 먹는 것이 좋다.
② 우리나라에는 19세기 초 일본을 거쳐서 들어왔다고 추정되고 있다.
④ 토마토의 라이코펜과 지용성 비타민은 기름에 익힐 때 흡수가 잘되므로 기름에 볶아 푹 익혀서 퓨레 상태로 만들면 편리하다.

11

정답 ②

$\times 1+1^2$, $\times 2+2^2$, $\times 3+3^2$, $\times 4+4^2$, …인 수열이다.
따라서 ($)=8\times 3+3^2=33$이다.

12

정답 ④

• 4번 중 2번은 10점을 쏠 확률 : ${}_4C_2\times(\frac{1}{5})^2=\frac{6}{25}$

• 남은 2번은 10점을 쏘지 못할 확률 : ${}_2C_2\times(\frac{4}{5})^2=\frac{16}{25}$

$\therefore \frac{6}{25}\times\frac{16}{25}=\frac{96}{625}$

따라서 4번의 화살을 쏘았을 때 4번 중 2번은 10점, 나머지 2번은 10점을 쏘지 못할 확률은 $\frac{96}{625}$이다.

13

정답 ①

주어진 정보를 식으로 나타내면 다음과 같다.

$\frac{25}{10}+\frac{25}{15}=\frac{25}{6}=4\frac{1}{6}$

즉, 영훈이가 할아버지 댁까지 가는 데 걸린 시간은 4시간 10분이므로 오후 4시에 도착했다면 오전 11시 50분에 집에서 나왔다는 것을 알 수 있다.

14

정답 ③

단위를 생략한 인천의 인구 수치가 인구밀도 수치보다 크다. 즉, $\frac{(\text{인구})}{(\text{인구밀도})}>1$이므로, 생략된 단위인 1,000을 곱하면 면적이 $1{,}000\text{km}^2$보다 넓음을 알 수 있다. 따라서 ㉡은 옳다.

오답분석

㉠ 부산의 비율은 $\frac{27}{3{,}471}$이고, 대구의 비율은 $\frac{13}{2{,}444}$이다. 즉, 부산은 분자보다 분모가 약 130배 크고, 대구는 약 180배 크다. 따라서 비율을 직접 계산하지 않아도 부산이 더 큼을 알 수 있다.

㉢ 직접 계산을 하지 않더라도, $\frac{(\text{인구})}{(\text{인구밀도})}$의 값은 부산보다 대구가 1에 가까움을 알 수 있다. 따라서 대구의 면적이 부산의 면적보다 넓다.

15

정답 ②

가장 많이 득표한 상품은 전복(32표)이다. K사 직원 수는 $5+6+22+82+12+8=135$명이다. 따라서 추석선물 비용은 $70{,}000\times 135=9{,}450{,}000$원이다.

16

정답 ④

전체 가입자 중 여자 가입자 수의 비율은 $\frac{9{,}804{,}482}{21{,}942{,}806}\times 100\fallingdotseq 44.7\%$이다.

오답분석

① 남자 사업장가입자 수는 8,059,994명이며, 남자 지역가입자 수 2배인 $3,861,478\times 2=7,722,956$명보다 많다.
② 여자 가입자 전체 수인 9,804,482명에서 여자 사업장가입자 수인 5,775,011명을 빼면 4,029,471명이다. 따라서 여자 사업장가입자 수가 이를 제외한 항목의 여자 가입자 수를 모두 합친 것보다 많다.
③ 전체 지역가입자 수는 전체 사업장가입자 수의 $\frac{7,310,178}{13,835,005}\times 100 \fallingdotseq 52.8\%$이다.

17

정답 ①

해상 교통서비스 수입액이 많은 국가부터 순서대로 나열하면 '인도 – 미국 – 한국 – 브라질 – 멕시코 – 이탈리아 – 튀르키예' 순서이다.

18

정답 ③

해상 교통서비스 수입보다 항공 교통서비스 수입이 더 높은 국가는 미국과 이탈리아이다.

오답분석

① 튀르키예의 교통서비스 수입에서 항공 수입이 차지하는 비중은 $\frac{4,003}{10,157}\times 100 \fallingdotseq 39.4\%$이다.
② 교통서비스 수입액이 첫 번째(미국)와 두 번째(인도)로 높은 국가의 차이는 $94,344-77,256=17,088$백만 달러이다.
④ 제시된 자료를 통해 확인할 수 있다.

19

정답 ④

경기남부의 가구 수가 경기북부의 가구 수의 2배라면, 가구 수의 비율은 남부가 $\frac{2}{3}$, 북부가 $\frac{1}{3}$이다. 경기지역에서 개별난방을 사용하는 가구 수의 비율을 가중평균으로 구하면 $\left(26.2\%\times\frac{2}{3}\right)+\left(60.8\%\times\frac{1}{3}\right)\fallingdotseq 37.7\%$이다.

오답분석

① 경기북부에서 도시가스를 사용하는 가구 수는 66.1%, 등유를 사용하는 가구 수는 3.0%이다. 따라서 $\frac{66.1}{3}\fallingdotseq 22$배이다.
② 경기남부에서 등유를 사용하는 비율이 서울보다 낮다.
③ 자료에서 지역별 가구 수의 차이는 알 수가 없다. 또한, 지역난방 사용비율의 차이가 가구 수의 차이와 같다고 볼 수 없다.

20

정답 ④

2016 ~ 2017년 사이 축산물 수입량은 약 10만 톤 감소했으나, 수입액은 약 2억 달러 증가하였다.
2021 ~ 2022년 사이 축산물 수입량은 약 10만 톤 감소했으나, 수입액은 변함이 없다.

21

정답 ②

오답분석

① 숫자 0을 다른 숫자와 연속해서 나열했고(세 번째 조건 위반), 영어 대문자를 다른 영어 대문자와 연속해서 나열했다(네 번째 조건 위반).
③ 특수기호를 첫 번째로 사용했다(다섯 번째 조건 위반).
④ 영어 대문자를 사용하지 않았다(두 번째 조건 위반).

22

정답 ③

주어진 조건을 정리하면 다음과 같다.

구분	A	B	C	D	E
영어	○	○		×	×
수학	×	○	○		○
국어					
체육	×		○	○	

따라서 A학생이 듣는 수업은 영어와 국어이므로 E학생은 이와 겹치지 않는 수학과 체육 수업을 듣는다.

23

정답 ②

강제연상법이란 각종 힌트에서 강제로 연결 지어 발상하는 방법으로, 해당 힌트를 통해 사고 방향을 미리 정해서 아이디어를 발상한다. 이에 대표적인 방법으로 체크리스트법이 있는데, 이는 어떤 주제에 아이디어를 찾고자 할 때 이에 대한 질문항목을 표로 만들어 정리하고 하나씩 점검해가며 아이디어를 생각해내는 것이다. 이처럼 각 항목에 대해 하나하나씩 점검하기 때문에 누락될 염려도 없을 뿐만 아니라 반복적인 작업에서는 보다 편리한 작업을 가능하게 한다. 따라서 이에 해당하는 것은 ㄴ과 ㅅ이다.

오답분석

- 자유연상법 : 어떤 생각에서 다른 생각을 계속해서 떠올리는 작용을 통해 어떤 주제에서 생각나는 것을 계속해서 열거해 나가는 발산적 사고 중 하나의 방법으로, 대표적인 방법 중 하나가 브레인스토밍이다. 브레인스토밍이란 집단의 구성원이 마주앉아 해당 주제에 대해 다양한 아이디어를 제시함으로써 아이디어의 연쇄반응을 일으키는 것이다. 이에 해당하는 것은 ㄱ과 ㅂ이다.
- 비교발상법 : 주제와 본질적으로 닮은 것을 힌트로 하여 새로운 아이디어를 얻는 방법인데, 이때 주제와 본질적으로 닮았다는 것은 단순히 겉만을 의미하는 것이 아닌 힌트와 주제가 제시한 개별 아이디어 자체의 의미를 잃지 않는 수준에서 닮았다는 것을 의미

한다. 이에 해당하는 방법으론 대상과 비슷한 것을 찾아내 그것을 힌트로 하여 새로운 아이디어를 도출하는 NM법과 서로 관련이 없어 보이는 요소들을 결합하여 새로운 아이디어를 도출하는 시네틱스법이 있다. 이에 해당하는 것은 ㄷ, ㄹ, ㅁ이다.

24

정답 ④

게임 규칙과 결과를 토대로 경우의 수를 따져 보면 다음과 같다.

라운드	벌칙 제외	총 퀴즈 개수
3	A	15
4	B	19
5	C	21
	D	
	C	22
	E	
	D	22
	E	

ㄴ. 총 22개의 퀴즈가 출제되었다면 E가 정답을 맞혀 벌칙에서 제외된 것이다.
ㄷ. 총 21개의 퀴즈가 출제되었다면 C, D가 벌칙에서 제외된 경우로, 5라운드에서 E에게는 정답을 맞힐 기회가 주어지지 않았다. 따라서 퀴즈를 푸는 순서가 벌칙을 받을 사람 선정에 영향을 미친다.

오답분석

ㄱ. 5라운드까지 4명의 참가자가 벌칙에서 제외되었으므로 정답을 맞힌 퀴즈는 8개, 벌칙을 받을 사람은 5라운드까지 정답을 맞힌 퀴즈는 0개나 1개이므로 총 정답을 맞힌 퀴즈는 8개나 9개이다.

25

정답 ④

행사장 방문객은 시계 반대 방향으로 돌면서 전시관을 관람한다. 400명의 방문객이 출입하여 제1전시관에 100명이 관람한다면 나머지 300명은 관람하지 않고 지나치게 된다. 따라서 A에서 홍보판촉물을 나눠 줄 수 있는 대상자가 300명이 된다. 그리고 B는 A를 걸쳐서 오는 300명과 제1전시관을 관람하고 나온 100명의 인원이 합쳐지는 장소이므로 총 400명을 대상으로 홍보판촉물을 나눠 줄 수 있다. 이러한 개념으로 모든 장소를 고려해 보면 각 전시관과의 출입구가 합류되는 B, D, F에서 가장 많은 사람들에게 홍보판촉물을 나눠 줄 수 있다.

26

정답 ③

주어진 질문들에 대해 참가자들이 모두 제대로 손을 들었다면 질문 1, 2, 3에 손을 든 참가자 수의 합이 전체 참가자인 100명이 되어야 한다. 그러나 실제 손을 든 참가자 수의 합은 106명으로 6명이 초과되는 상황인데, 그 이유가 양손잡이 중 일부가 모든 질문에 손을 들었기 때문이라고 하였다.

그렇다면 질문 1과 2에(질문 3의 경우는 옳게 든 것이므로) 모두 손을 들었던 양손잡이는 3명이라는 사실을 알 수 있다. 따라서 바르게 손을 들었다면 왼손잡이는 13명, 오른손잡이는 77명, 양손잡이는 10명이라고 판단할 수 있다.
ㄱ. 양손잡이는 10명이므로 옳은 내용이다.
ㄴ. 왼손잡이는 13명, 양손잡이는 10명이므로 옳은 내용이다.

오답분석

ㄷ. 오른손잡이는 77명이고, 왼손잡이 수의 6배는 78명이므로 옳지 않은 내용이다.

27

정답 ④

WT전략은 약점을 보완하여 위협을 회피하는 전략이므로 강점인 높은 접근성을 강조한 ④는 WT전략으로 옳지 않다.

오답분석

① 강점인 전국적 물류망을 활용한 택배 배송 지역의 확장은 택배 수요 증가의 기회를 살리는 것으로 SO전략이다.
② 약점인 보수적 조직문화의 쇄신을 통한 공공기관으로서의 경쟁력 확보는 WO전략이다.
③ 민간 업체들과의 경쟁 심화라는 위협에 대응하기 위해 강점인 공공기관으로서의 신뢰성을 활용하는 것은 ST전략이다.

28

정답 ②

- A국가 : B 불가능(민주주의 국가), C 가능, D 불가능(핵무기 보유), E 가능 → 2개 국가 공격 가능
- B국가 : A 불가능(민주주의 국가), C 가능, D 불가능(핵무기 보유), E 불가능(동맹관계) → 1개 국가 공격 가능
- C국가 : A 가능(D와 연합하여 공격), B 가능(D와 연합하여 공격), D 불가능(핵무기 보유), E 가능 → 3개 국가 공격 가능
- D국가 : A 가능, B 가능(C와 연합하여 공격), C 불가능(동맹관계), E 가능 → 3개 국가 공격 가능
- E국가 : A 불가능(B와 연합은 가능하지만 B는 민주주의 국가인 A를 공격하지 않음), B 불가능(동맹관계), C 가능(B와 연합하여 공격), D 불가능(핵무기 보유) → 1개 국가 공격 가능

따라서 두 개 이상의 국가를 공격할 수 있는 국가들은 A국가, C국가, D국가이다.

29

정답 ③

내구성과 안정성이 1순위라고 하였으므로 내구성에서 '보통' 평가를 받은 D모델은 제외한다. 그다음 바닥에 대한 청소 성능 중 '보통' 평가를 받은 B모델을 제외하고, 자율주행성능에서 '보통' 평가를 받은 A모델을 제외하면 남는 것은 C모델이므로 K씨의 조건을 모두 만족한 것은 C모델이다.

30

정답 ④

퍼실리테이션(Facilitation)은 커뮤니케이션을 통한 문제해결 방법으로, 구성원의 동기 강화, 팀워크 향상 등을 이룰 수 있다. 구성원이 자율적으로 실행하는 것으로 제3자가 합의점이나 줄거리를 준비해놓고 예정대로 결론을 도출하는 것이 아니다.

31

정답 ③

A와 D는 각각 문제해결능력과 의사소통능력에서 과락이므로 제외한다. 합격 점수 산출법에 따라 B·C·E의 점수를 구하면 다음과 같다.

- B : 65×0.6+70×0.3+55×0.4=82점
- C : 60×0.6+55×0.3+50×0.4=72.5점
- E : 90×0.6+80×0.3+49×0.4=97.6점

따라서 총점이 80점 이상인 B와 E가 합격자이다.

32

정답 ④

- A씨가 인천공항에 도착한 현지 날짜 및 시각

독일시각 11월 2일 19시 30분
소요시간 +12시간 20분
시차 +8시간
=11월 3일 15시 50분

인천공항에 도착한 시각은 한국시각으로 11월 3일 15시 50분이고, A씨는 3시간 40분 뒤에 일본으로 가는 비행기를 타야 한다. 비행 출발 시각 1시간 전에는 공항에 도착해야 하므로, 참여 가능한 환승투어 코스는 소요 시간이 두 시간 이내인 엔터테인먼트, 인천시티, 해안관광이다. 따라서 A씨의 인천공항 도착시각과 환승투어 코스가 바르게 짝지어진 것은 ④이다.

33

정답 ③

승진시험 성적은 100점 만점이므로 제시된 점수를 그대로 반영하고 영어 성적은 5를 나누어서 반영한다. 성과 평가의 경우는 2를 나누어서 합산해 그 합산점수가 가장 큰 사람을 선발한다. 이때, 합산점수가 높은 E와 I는 동료평가에서 하를 받았으므로 승진대상에서 제외된다. 합산점수는 다음과 같이 나온다.

구분	A	B	C	D	E	F
합산 점수	220	225	225	200	동료 평가 '하'로 제외	235
구분	G	H	I	J	K	-
합산 점수	245	220	동료 평가 '하'로 제외	225	230	-

따라서 F, G가 승진대상자가 된다.

34

정답 ④

짧은 회의가 아닌 긴 회의가 시간낭비 요인이다.

35

정답 ②

급여 산출 방식을 비교해 보면 다음과 같다.

- A선생님
  - 1안 : 15×5,000+10×10,000+3×15,000=220,000원
  - 2안 : 15×3,000+10×12,000+3×10,000=195,000원
- B선생님
  - 1안 : 6×5,000+5×15,000+3×7,000=126,000원
  - 2안 : 6×3,000+5×10,000+3×10,000=98,000원
- C선생님
  - 1안 : 8×5,000+5×10,000+7×7,000=139,000원
  - 2안 : 8×3,000+5×12,000+7×10,000=154,000원
- D선생님
  - 1안 : 14×5,000+2×15,000+9×7,000=163,000원
  - 2안 : 14×3,000+2×10,000+9×10,000=152,000원

따라서 B선생님은 2안보다 1안을 선택해야 최대의 이익을 얻을 수 있다.

36

정답 ③

완성품 납품 수량은 총 100개이다. 완성품 1개당 부품 A는 10개가 필요하므로 총 1,000개가 필요하고, B는 300개, C는 500개가 필요하다. 그런데 A는 500개, B는 120개, C는 250개의 재고를 가지고 있으므로 모자라는 나머지 부품, 즉 각 500개, 180개, 250개를 주문해야 한다.

37

정답 ③

회의실에 2인용 테이블 4개가 있고 첫 번째 주문 후 2인용 테이블 4개가 더 생겨 총 8개지만, 16명만 앉을 수 있기 때문에 테이블 1개를 추가로 주문해야 한다. 의자는 회의실에 9개, 창고에 2개, 주문한 1개를 더하면 총 12개로, 5개를 더 주문해야 한다.

38

정답 ④

제시된 자료의 ○, ◑, ●을 점수로 변환하고, 빈칸을 $a \sim f$로 나타내면 다음과 같다.

정책 \ 심사위원	A	B	C	D	합계
가	1.0	1.0	0.5	0	2.5
나	1.0	1.0	0.5	1.0	3.5
다	0.5	0	1.0	0.5	2.0
라	a	1.0	0.5	e	$a+e+1.5$
마	1.0	c	1.0	0.5	$c+2.5$
바	0.5	0.5	0.5	1.0	2.5
사	0.5	0.5	0.5	1.0	2.5
아	0.5	0.5	1.0	f	$f+2.0$
자	0.5	0.5	d	1.0	$d+2.0$
차	b	1.0	0.5	0	$b+1.5$
평균(점)	0.55	0.70	0.70	0.50	
총점(점)	5.5	7.0	7.0	5.0	

심사위원별 총점을 이용하여 $a \sim f$를 도출하면 다음과 같다.

- 심사위원 A : $1.0+1.0+0.5+a+1.0+0.5+0.5+0.5+0.5+b=a+b+5.5=5.5 \rightarrow a+b=0$
  a와 b는 0, 0.5, 1.0 중 하나이므로 $a=0$, $b=0$이다.
- 심사위원 B : $1.0+1.0+0+1.0+c+0.5+0.5+0.5+0.5+1.0=c+6.0=7.0 \rightarrow c=1.0$
- 심사위원 C : $0.5+0.5+1.0+0.5+1.0+0.5+0.5+1.0+d+0.5=d+6.0=7.0 \rightarrow d=1.0$
- 심사위원 D : $0+1.0+0.5+e+0.5+1.0+1.0+f+1.0+0=e+f+5.0=5.0 \rightarrow e+f=0$
  e와 f는 0, 0.5, 1.0 중 하나이므로 $e=0$, $f=0$이다.

구한 $a \sim f$를 바탕으로 정책 라·마·아·자·차의 총점을 구하면 다음과 같다.

- 정책 라의 총점 : $a+e+1.5=0+0+1.5=1.5$
- 정책 마의 총점 : $c+2.5=1.0+2.5=3.5$
- 정책 아의 총점 : $f+2.0=0+2.0=2.0$
- 정책 자의 총점 : $d+2.0=1.0+2.0=3.0$
- 정책 차의 총점 : $b+1.5=0+1.5=1.5$

따라서 폐기할 정책은 다, 라, 아, 차이다.

39

정답 ③

S대리의 요청 중 소음방지효율과 에너지 사용량에서 조건에 적합한 공기청정기는 AL112WS, DS302GV, DC846PS, PO946VG로 추려진다. 이때, A/S 기간과 공기청정기 사용면적은 4개의 모델 모두 조건에 부합한다. 그러므로 이 중 2년간 필터 교체 2번과 L전자의 등록비 10만 원, S전자의 4개월 렌탈비 무료 이벤트를 적용하여 계산하면 다음과 같다.

- AL112WS(S전자)
  : (267,000×20)+(46,500×2)=5,433,000원
- DS302GV(S전자)
  : (273,000×20)+(51,000×2)=5,562,000원
- DC846PS(L전자)
  : (215,000×24)+(52,500×2)+100,000(∵ 등록비)
  =5,365,000원
- PO946VG(H전자)
  : (228,000×24)+(42,000×2)=5,556,000원

따라서 D씨가 선택해야 하는 가장 저렴한 공기청정기 모델은 L전자의 DC846PS이다.

40

정답 ④

- 7월 8일
  출장지는 D시이므로 출장수당은 10,000원이고, 교통비는 20,000원이다. 그러나 관용차량을 사용했으므로 교통비에서 10,000원이 차감된다. 그러므로 7월 8일의 출장여비는 10,000+(20,000−10,000)=20,000원이다.
- 7월 16일
  출장지는 S시이므로 출장수당은 20,000원이고, 교통비는 30,000원이다. 그러나 출장 시작 시각이 14시이므로 10,000원이 차감된다. 그러므로 7월 16일의 출장여비는 (20,000−10,000)+30,000=40,000원이다.
- 7월 19일
  출장지는 B시이므로 출장비는 20,000원이고, 교통비는 30,000원이다. 출장 시작 및 종료 시각이 차감대상은 아니지만 업무추진비를 사용했으므로 10,000원이 차감된다. 그러므로 7월 19일의 출장여비는 (20,000−10,000)+30,000=40,000원이다.

따라서 K사원이 7월 출장여비로 받을 수 있는 금액은 20,000+40,000+40,000=100,000원이다.

| 02 | 사무직

41	42	43	44	45	46	47	48	49	50
②	④	④	①	①	③	③	③	①	②

41

정답 ②

②는 시각, 청각, 후각, 촉각, 미각의 다섯 가지 감각을 통해 만들어진 감각 마케팅으로, 개인화 마케팅의 사례로 보기 어렵다.

오답분석

① 고객들의 개인적인 사연을 기반으로 광고 서비스를 제공함으로써 개인화 마케팅의 사례로 적절하다.
③ 고객들이 자신이 직접 사과를 받는 듯한 효과를 얻게 됨으로써 개인화 마케팅의 사례로 적절하다.
④ 댓글 작성자의 이름을 기반으로 이벤트를 진행함으로써 개인화 마케팅의 사례로 적절하다.

42

정답 ④

기업이 공익을 침해할 경우 우선 합리적인 절차에 따라 문제 해결을 해야 하며, 기업 활동의 해악이 심각할 경우 근로자 자신이 피해를 볼지라도 신고할 윤리적 책임이 있다.

오답분석

ㄱ. 신고자의 동기가 사적인 욕구나 이익을 충족시켜서는 안 된다.

43

정답 ④

뜨거운 수프를 식힐 때는 숟가락으로 조용히 저어야 한다. 입김을 불어 식히는 것은 예절에 어긋나는 행동이다.

44

정답 ①

ㄱ. 환경이 안정적이거나 일상적인 기술, 조직의 내부 효율성을 중요시하는 기업은 기능적 조직구조 형태를 띠고 있다.
ㄴ. 사업별 조직구조는 주로 안정적인 환경이 아닌 급변하는 환경에의 효과적 대응가 용이한 조직구조이다.

오답분석

ㄷ. 기능적 조직구조 형태는 업무의 내용이 유사하고 관련성이 있는 것들을 결합하여 부서를 조직한 방식이다.
ㄹ. 변하는 환경변화에 효과적으로 대응하고 제품, 지역, 고객별 차이에 신속하게 적응하기 위해서는 분권화된 의사결정이 가능한 사업별 조직구조가 유리하다.

45

정답 ①

제시된 사례에서 K과장은 신입직원들에게 직무와 관련된 여러 서류를 읽게 하여 정보를 제공하고, 이에 결재도 하면서 스스로 의사결정을 하도록 훈련시키고 있다. 따라서 사례와 가장 어울리는 훈련 방식은 인 바스켓 훈련이다.

46

정답 ③

이사원에게 현재 가장 긴급한 업무는 미팅 장소를 변경해야 하는 것이다. 미리 안내했던 장소를 사용할 수 없으므로 11시에 사용 가능한 다른 회의실을 예약해야 한다. 그 후 바로 거래처 직원에게 미팅 장소가 변경된 점을 안내해야 하므로 ㉡이 ㉢보다 먼저 이루어져야 한다. 거래처 직원과의 11시 미팅 이후에는 오후 2시에 예정된 김팀장과의 면담이 이루어져야 한다. 김팀장과의 면담 시간은 미룰 수 없으므로 이미 예정되었던 시간에 맞춰 면담을 진행한 후 부서장이 요청한 문서 작업 업무를 처리하는 것이 적절하다. 따라서 이사원은 ㉡－㉢－㉠－㉣－㉤의 순서로 업무를 처리해야 한다.

47

정답 ③

국제경쟁입찰의 과열 경쟁 심화와 컨소시엄 구성 시 민간기업과 업무배분, 이윤 추구성향 조율의 어려움 등은 문제점에 대한 언급이기 때문에 추진방향으로 가장 적절하지 않다.

48

정답 ③

경영은 경영목적, 인적자원, 자금, 전략의 4요소로 구성된다.

ㄱ. 경영목적
ㄴ. 인적자원
ㅁ. 자금
ㅂ. 경영전략

오답분석

ㄷ. 마케팅
ㄹ. 회계

49

정답 ①

두 건의 문서는 같은 거래처로 발송될 것이지만, 두 건의 내용의 연관성이 적으므로 별도로 작성하여 별도의 봉투에 넣어 발송하는 것이 바람직하다.

50

정답 ②

조직은 의식적으로 구성된 상호작용과 조정을 행하는 집합체이다.

| 03 | 기술직

41	42	43	44	45	46	47	48	49	50
④	④	①	③	③	②	②	④	②	④

41

정답 ④

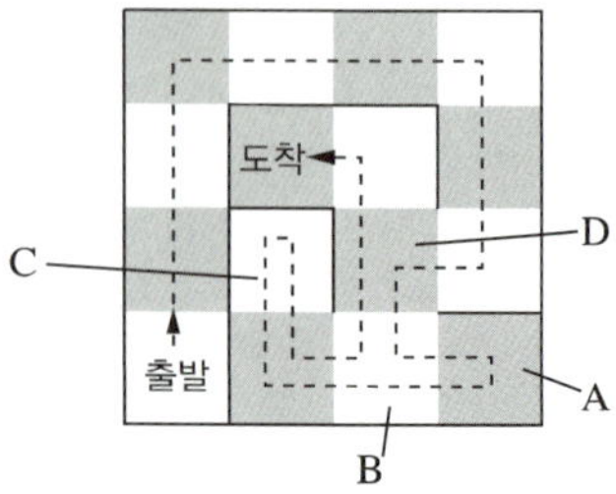

A에서 B, C에서 D로 이동할 때는 보조명령을 통해 이동했다. 그 외의 구간은 주명령을 통해 이동했다.

42

정답 ④

동일한 업종이지만 윤리적 문제가 발생할 여지가 없는 이유는 고객을 공유하지 않는 비경쟁적 관계에 해당하기 때문이다. 또한 문화와 제도적 차이가 있다는 내용으로 보아 국가가 다른 '글로벌 벤치마킹'에 해당된다는 것을 알 수 있다.

오답분석

① 내부 벤치마킹 : 같은 기업 내의 타 지역·타 부서 간의 유사한 활용을 비교 대상으로 하는 것으로써 제시된 벤치마킹에 해당하지 않는다.
② 경쟁적 벤치마킹 : 동일 업종에서 고객을 직접적으로 공유하는 경쟁기업을 대상으로 하는 것으로써, 윤리적 문제가 발생할 수 있음은 물론 이러한 이유로 자료의 수집 또한 어렵기 때문에 제시된 벤치마킹에 부합하지 않는다.
③ 비경쟁적 벤치마킹 : 비경쟁적 기업 내의 유사 분야를 대상으로 하는 방법으로 제시된 벤치마킹에 해당하지 않는다.

43

정답 ①

사람의 관점에 따라 서로 다른 정의를 내릴 수 있다.

44

정답 ③

우리의 현재 욕구를 충족시키지만, 동시에 후속 세대의 욕구 충족을 침해하지 않는 발전을 의미한다.

45

정답 ③

오답분석

① 사용 중에 갑자기 멈췄을 경우
②·④ 동작이 되지 않을 경우

46

정답 ②

작동 관련하여 원인이 손잡이 리모컨의 건전지 수명이 다하여 작동하지 않았을 때의 조치는 손잡이 리모컨의 건전지를 교환하는 것이다.

47

정답 ②

구입한 지 얼마 안 됐을 경우 청소기 배기구에서 냄새가 날 수 있다.

오답분석

①·④ 사용 중에 갑자기 멈출 수 있다.
③ 동작이 되지 않는다.

48

정답 ④

오답분석

③ 필터가 더러워졌을 경우에 해당한다.

49

정답 ②

오답분석

① 동작이 되지 않는 경우에 해당한다.
④ 사용 중 갑자기 멈추는 경우, 먼지통에서 소리가 나는 경우, 청소기 배기구에서 냄새가 나는 경우에 해당한다.

50

정답 ④

하향식 기술선택은 중장기적인 목표를 설정하고, 이를 달성하기 위해 핵심고객층 등에 제공하는 제품 및 서비스를 결정한다.

국가철도공단 NCS

4일 차 기출응용 모의고사 정답 및 해설

| 01 | 공통

01	02	03	04	05	06	07	08	09	10
①	②	①	④	①	②	③	④	④	①
11	12	13	14	15	16	17	18	19	20
②	②	②	①	③	②	③	③	④	④
21	22	23	24	25	26	27	28	29	30
④	②	③	④	③	②	②	④	④	①
31	32	33	34	35	36	37	38	39	40
④	②	②	①	②	②	①	④	④	①

01

정답 ①

제시문은 싱가포르가 어떻게 자동차를 규제하고 관리하는지를 설명하고 있다.

02

정답 ②

'어떤 목표로 뜻이 쏠리어 향함. 또는 그 방향이나 그쪽으로 쏠리는 의지'의 의미인 '지향(志向)'이 바르게 사용되었으므로 '지양'으로 수정하는 것은 옳지 않다.

'지양(止揚)'은 '더 높은 단계로 오르기 위하여 어떠한 것을 하지 아니함'을 뜻한다.

오답분석

① 입찰의 뜻을 고려할 때, 문맥상 '어떤 문제를 다른 곳이나 다른 기회로 넘기어 맡기다.'의 의미인 '부치는'으로 고쳐 써야 한다.
③ '계약이나 조약 따위를 공식적으로 맺음'의 의미를 지닌 '체결(締結)'로 고쳐 써야 한다.
④ 세금이 면제되는 면세 사업자에 해당하므로 문맥상 '비교하여 덜어 내다.'의 의미를 지닌 '차감(差減)한'으로 고쳐 써야 한다.

03

정답 ①

물론 상대의 성격에 따라 부담을 느낄 수도 있지만, 상대의 반응을 지레짐작하여 거리를 두는 것보다는 상대방의 말에 집중해서 경청하는 것이 바람직하다. 따라서 ㄱ은 옳지 않다.

04

정답 ④

도덕적 딜레마 논증은 1) 어린이를 대상으로 한 임상실험이 없게 된다는 점, 2) 제한된 동의 능력만을 가진 경우 실험 대상에 포함시키는 것은 도덕적으로 옳지 않다는 것을 근거로 하고 있다. 따라서 이를 비판하기 위해서는 ⅰ) 어린이를 대상에서 배제시키는 것이 어린이를 꼭 위험에 몰아넣는 것은 아니라는 점을 보이거나 ⅱ) 제한된 동의 능력만을 가졌다고 하여도 실험 대상에 포함시키는 것이 반드시 도덕적으로 잘못된 것은 아니라는 점을 들면 된다. 그런 의미에서 ㄴ은 ⅰ)에 해당하고, ㄷ은 ⅱ)에 해당하므로 적절한 비판이라고 할 수 있다. 그러나 ㄱ은 제시문의 두 번째 논증과 같은 의미이기 때문에 논증을 비판하는 것이 아니라 오히려 강화하는 것이라고 할 수 있다.

05

정답 ①

제시문은 언어의 일반적인 특성인 '언어 습득의 균등성, 언어판단의 직관성, 언어의 개방성' 등을 구체적인 사례를 들어 설명함으로써 독자의 이해를 돕고 있다.

06

정답 ②

'너는 냉면 먹어라. 나는 냉면 먹을게.'에서 조사 '는'은 '차이 보조사'로서 차이나 대조의 의미를 지니고 있다. 그러므로 같은 냉면을 먹으려면 '우리 냉면 먹자.'고 해야 할 것이고, '는'을 사용하려면 '너는 냉면 먹어라. 나는 쫄면 먹을게.'라는 식으로 다른 대상을 말해야 한다.

07

정답 ③

상업적 성공을 바탕으로 매너리즘에 빠진 할리우드 영화는 이를 극복하기 위해 엉성한 이야기 구조와 구성 방식, 실험 정신을 특징으로 하는 누벨바그의 창의적 시도를 받아들였다.

08

정답 ④

두 번째 문단의 마지막 두 문장에서 지구상의 많은 식물들이 꿀벌을 매개로 번식하며, 꽃가루받이를 할 꿀벌이 사라진다면 이러한 식물군 전체가 열매를 맺지 못할 위기에 놓인다고 하였다. 그러나 마지막 문단에서 자원봉사자를 투입하여 꽃가루받이 수작업이 이루어지고 있다고 하였으므로, 벌을 매개로 한 방법 이외에 번식할 수 있는 방법이 없다는 것은 적절하지 않다.

오답분석

① 첫 번째 문단에 따르면 벌은 꽃가루와 꿀을 얻는 과정에서 꽃가루를 옮겨 식물의 번식에 도움을 주므로, 비의도적인 것이라고 할 수 있다.
② 두 번째 문단을 통해 알 수 있다.
③ 마지막 문단에서 꿀벌의 개체 수가 줄어드는 원인으로 살충제와 항생제, 대기오염, 전자파 등을 들고 있으며, 이는 현대문명 사회에 이르러서 생겨난 것들이다.

09

정답 ④

제시문은 건축 재료에 대한 기술적 탐구로 등장하게 된 프리스트레스트 콘크리트에 대해 설명하는 글이다.
따라서 (라) 프리스트레스트 콘크리트의 등장과 제작 과정의 첫 단계 – (가) 프리스트레스트 콘크리트의 제작 과정의 두 번째 단계 및 프리스트레스트 콘크리트가 사용된 킴벨 미술관 – (다) 프리스트레스트 콘크리트로 구현한 기둥 간격과 프리스트레스트 콘크리트로 얻는 효과 – (나) 건축 미학의 원동력이 되는 새로운 건축 재료 및 건축 재료와 건축 미학의 유기적 관계 순서로 나열하는 것이 가장 적절하다.

10

정답 ①

S는 자신의 연구 결과를 토대로 가족 구성원이 많은 집에 사는 아이들은 가족 구성원들이 집안으로 끌고 들어오는 병균들에 의한 잦은 감염 덕분에 장기적으로 알레르기 예방에 유리하다고 주장하고 있다. 결국 이는 알레르기에 걸릴 확률은 병균들에 얼마나 많이 노출되었는지에 달려 있으므로 이와 의미가 가장 유사한 ①이 적절하다고 볼 수 있다.

11

정답 ②

$\frac{1}{7} < (\quad) < \frac{4}{21} \rightarrow \frac{12}{84} < (\quad) < \frac{16}{84}$

따라서 $\frac{1}{6}\left(=\frac{14}{84}\right)$이 빈칸에 들어갈 수 있다.

12

정답 ②

C학과의 2022 ~ 2024년 입학정원이 자료보다 낮게 표시되었다.

13

정답 ②

오답분석

① 1993년 이후 안정성지수는 증가했다.
③ 질적성장지수를 제외하고 구조개혁 전반기의 증감폭이 더 크다.
④ 구조개혁 전반기 양적성장지수의 직전기간 대비 증감폭이 더 크다.

14

정답 ①

60대 이상은 '읽음'의 비율이 '읽지 않음'의 비율보다 낮다.

오답분석

② 여성이 남성보다 종이책 독서를 하는 비율이 $61.5-58.2=3.3\%p$ 높다.
③ 사례 수가 가장 적은 연령대는 20대이고, '읽지 않음'을 선택한 인원은 $1,070\times0.265 \fallingdotseq 284$명이다.
④ 40대의 '읽음'과 '읽지 않음'을 선택한 인원의 차이는 $1,218\times(0.619-0.381) \fallingdotseq 290$명이다.

15

정답 ③

$3,000\times(0.582+0.615)=3,000\times1.197=3,591$명

16

정답 ②

26 ~ 30세 응답자는 총 51명으로, 그중 4회 이상 방문한 응답자는 $5+2=7$명이다. 따라서 비율은 $\frac{7}{51}\times100 \fallingdotseq 13.73\%$이므로 10% 이상이다.

오답분석

① 전체 응답자 수는 113명으로, 그중 20 ~ 25세 응답자는 53명이다. 따라서 비율은 $\frac{53}{113}\times100 \fallingdotseq 46.90\%$가 된다.
③ 주어진 자료는 방문횟수를 구간으로 구분했기 때문에 31 ~ 35세 응답자의 1인당 평균 방문횟수를 정확히 구할 수 없다. 다만 구간별 최솟값으로 평균을 계산해 보면 (1, 1, 1, 2, 2, 2, 2, 4, 4) → (평균)$=\frac{19}{9} \fallingdotseq 2.11$이므로 평균 방문횟수가 2회 이상이라는 것을 알 수 있다.
④ 두 번째 표에서 학생과 공무원의 응답자 수는 $49+2=51$명이다. 따라서 $\frac{51}{113}\times100 \fallingdotseq 45.13\%$이므로 50% 미만이다.

17

정답 ③

남성 합격자 수는 1,003명, 여성 합격자 수는 237명이다. 여성 합격자 수의 5배는 $237\times5=1,185$명이므로 남성 합격자 수는 여성 합격자 수의 5배 미만이다.

오답분석

①·② 제시된 자료를 통해 알 수 있다.

④ (경쟁률)$=\frac{(\text{지원자 수})}{(\text{모집정원})}\times 100$이므로, B집단의 경쟁률을 구하면 $\frac{585}{370}\times 100 \fallingdotseq 158\%$이다.

18

정답 ③

A지점에서 P지점 사이의 거리를 $x$km, P지점에서 B지점 사이의 거리를 $(30-x)$km라고 하자.

(A에서 P까지 가는 데 걸린 시간) + (P에서 B까지 가는 데 걸린 시간) = 9시간이므로 다음 식이 성립한다.

$\frac{x}{3}+\frac{30-x}{4}=9$

$\therefore x=18$

따라서 A지점에서 P지점 사이의 거리는 18km이다.

19

정답 ④

올해 지원부서원 25명의 평균 나이는 38세이므로, 내년 지원부서원 25명의 평균 나이는 $\frac{25\times 38-52+27}{25}+1=38$세이다.

20

정답 ④

(적어도 한 번은 앞면이 나올 확률)$=1-$(모두 뒷면이 나올 확률)

$\therefore 1-\left(\frac{1}{2}\right)^5=\frac{31}{32}$

21

정답 ④

다음의 논리 순서를 따라 주어진 조건을 정리하면 쉽게 접근할 수 있다.

- 첫 번째 조건 : 파란공은 가장 가볍거나 두 번째 또는 네 번째로 가볍다.
- 두 번째 조건 : 빨간공은 가장 가볍거나 두 번째 또는 세 번째로 가볍다.
- 세 번째 조건 : 흰공은 가장 가볍거나 네 번째 또는 다섯 번째로 가볍다.
- 네 번째 조건 : 검은공은 파란공과 빨간공보다 가벼우므로 가장 가볍거나 두 번째로 가볍다.
- 다섯 번째 조건 : 노란공은 흰공보다 가벼우므로 세 번째 조건에 의해 흰공이 가장 무겁고, 파란공은 노란공보다 가벼우므로 두 번째로 무거울 수 없다. 즉, 노란공이 두 번째로 무겁고 파란공은 두 번째로 가볍다.

따라서 위 사실을 종합하면 무거운 순서대로 '흰공 – 노란공 – 빨간공 – 파란공 – 검은공'이다.

오답분석

① 빨간공은 두 번째로 무겁지 않다.

②·③ 검은공은 빨간공과 파란공보다는 가볍다.

22

정답 ②

세 번째로 방문한 곳이 첨성대라면, 첫 번째로 방문한 곳은 불국사라는 다섯 번째 조건에 맞지 않는다.

23

정답 ③

대표의 옆방에는 부장이 묵어야 하므로 대표는 오직 111호에만 묵을 수 있으며, 110호에는 총무팀 박부장이 배정받는다. 따라서 111호에는 생산팀 장과장은 묵을 수 없다.

오답분석

① 두 번째 조건에서 같은 부서는 마주보는 방을 배정받을 수 없으므로 인사팀 유과장은 105호에 배정받을 수 없다.

② 만약 105호에 생산팀 장과장이 배정받으면, 인사팀 유과장은 102·104·107호에 배정받을 수 있으므로 102호 또는 107호에 배정받으면 104호는 빈방으로 남을 수 있다.

④ 111호에 대표가 묵는다고 했으므로 총무팀 박부장은 110호로 배정받는다.

24

정답 ④

휴대전화와 충전 장치의 연결 방식을 한 가지 형식으로 통일한 것(ㄱ)은 표준화, 음료수의 생산 과정을 줄인 것(ㄴ)은 작업 절차를 간소하게 한 것이므로 단순화, 자동차 바퀴의 조립작업을 한 사람에서 두 사람으로 분업화한 것(ㄷ)을 전문화라고 한다.

25

정답 ③

김과장이 2주 차 월요일에 단식을 했기 때문에 1주 차 토요일과 일요일은 반드시 세 끼 식사를 해야 한다. 또한, 목요일은 업무약속으로 점심식사를 했으므로 단식을 할 수 없다.

구분	월요일	화요일	수요일	목요일	금요일	토요일	일요일
아침	○		○	○	○	○	○
점심				○		○	○
저녁				○		○	○

- 월요일에 단식을 했을 경우
  화·수요일은 세 끼 식사를 해야 한다. 그러면 금요일이 단식일이 되는데, 이 경우 네 번째 조건을 만족하지 못한다.
- 화요일(아침에 식사)에 단식을 했을 경우
  월·수·목요일은 세 끼 식사를 해야 한다. 그러면 금요일이 단식일이 되는데, 이 경우 네 번째 조건을 만족하지 못한다.
- 화요일(저녁에 식사)에 단식을 했을 경우
  월·수·목요일은 세 끼 식사를 해야 한다. 그러면 금요일이 단식일이고, 아침에 식사를 했으므로 모든 조건을 만족한다.

26

정답 ②

- A : 창의적 사고는 아무것도 없는 무에서 유를 만들어 내는 것이 아니라, 끊임없이 참신한 아이디어를 산출하는 힘이다.
- D : 필요한 물건을 싸게 사기 위해서 하는 많은 생각들도 창의적 사고에 해당한다. 즉, 위대한 창의적 사고에서부터 일상생활의 조그마한 창의적 사고까지 창의적 사고의 폭은 넓으며, 우리는 매일매일 창의적 사고를 하고 있다고 볼 수 있다.

27

정답 ②

네 번째 조건에서 갑의 점수가 될 수 있는 경우는 빨강 2회, 노랑 2회, 검정 1회이거나 빨강 1회, 노랑 2회, 파랑 2회로 2가지이다. 병의 점수가 될 수 있는 경우를 정리하면 다음과 같다.

구분	빨강	노랑	파랑	검정
경우 1	–	–	1	4
경우 2	–	1	–	4
경우 3	1	–	–	4
경우 4	–	–	2	3

또한 을의 점수는 갑의 점수보다 높아야 하므로 빨강, 노랑에 각각 2회, 파랑에 1회로 41점인 경우이다. 그리고 나머지 경우는 빨강 또는 노랑에 3회를 맞춰야 하므로 다섯 번째 조건에 부합하지 않는다. 따라서 갑, 을, 병의 점수로 가능한 경우의 수는 총 $2\times4\times1=8$가지이다.

28

정답 ④

역브레인스토밍

미국의 핫 포인트사에서 개발한 창의적 사고 개발 기법으로, 최대한 많은 양의 의견을 자유롭게 발상한다는 점에서 브레인스토밍과 유사하지만, 역브레인스토밍은 이미 생성된 아이디어에 대해 최대한 많은 양의 비판을 생성한다. 주로 상품의 결점이나 문제점 발견에 사용된다.

29

정답 ④

전세금 총액이 지원 한도액인 2.0억 원의 200%인 4.0억 원까지 가능한 것이며, 지원한도액은 최대 2.0억 원이다.

30

정답 ①

제시된 자료는 C섬유의 SWOT 분석을 통해 강점(S), 약점(W), 기회(O), 위기(T) 요인을 분석한 것이다. 보기에서 SO전략과 WO전략은 발전 방안으로 적절하다.

하지만 ST전략에서 경쟁업체에 특허 기술을 무상 이전하는 것은 부적절하다. 또한, WT전략에서는 기존 설비에 대한 재투자보다는 수요에 맞게 다양한 제품을 유연하게 생산할 수 있는 설비 투자가 필요하다.

31

정답 ④

문제에 제시된 조건에 따라 투자안 A와 B의 매출이익을 구하는 식을 세워 보면 다음과 같다(매출량은 x로 하고, 단위는 천 원으로 함).

- 투자안 A : $2x-(20,000+1.5x)=0.5x-20,000$
- 투자안 B : $2x-(60,000+1.0x)=x-60,000$

위 식을 그래프로 그려보면 다음과 같이 도출할 수 있다.

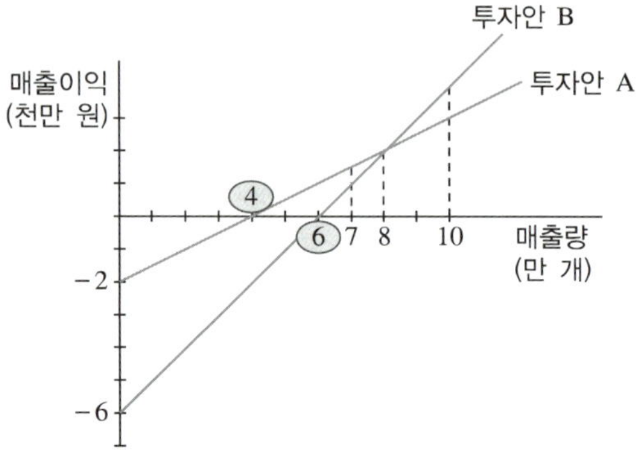

이를 참고하면, 매출이익이 0이 되는 매출량은 투자안 A가 40,000개일 때이며, 투자안 B가 60,000개일 때이다.
그러므로 투자안 A가 B보다 더 작다.

오답분석

① 위 그림을 살펴보면 매출량이 70,000개일 때, 매출이익은 투자안 A가 더 큰 것을 알 수 있다.
② 위 그림을 살펴보면 매출량이 100,000개일 때, 매출이익은 투자안 A가 더 작은 것을 알 수 있다. 따라서 매출원가는 투자안 A가 더 크다.
③ 매출이익의 증가폭은 위 그림에서 기울기를 나타낸다. 즉, 투자안 A의 기울기(0.5)가 투자안 B의 기울기(1)보다 항상 작다.

32

정답 ②

1) K기사가 거쳐야 할 경로는 'A도시 → E도시 → C도시 → A도시'이다. A도시에서 E도시로 바로 갈 수 없으므로 다른 도시를 거쳐야 하는데, 가장 짧은 시간 내에 A도시에서 E도시로 갈 수 있는 경로는 B도시를 경유하는 것이다. 따라서 K기사의 운송경로는 'A도시 → B도시 → E도시 → C도시 → A도시'이며, 이동시간은 $1.0+0.5+2.5+0.5=4.5$시간이다.
2) P기사는 A도시에서 출발하여 모든 도시를 한 번씩 거친 뒤 다시 A도시로 돌아와야 한다. 해당 조건이 성립하는 운송경로의 경우는 다음과 같다.
   - A도시 → B도시 → D도시 → E도시 → C도시 → A도시
     – 이동시간 : $1.0+1.0+0.5+2.5+0.5=5.5$시간
   - A도시 → C도시 → B도시 → E도시 → D도시 → A도시
     – 이동시간 : $0.5+2.0+0.5+0.5+1.5=5$시간

   따라서 P기사가 운행할 최소 이동시간은 5시간이다.

33

정답 ②

A센터와 C센터는 수용인원이 65명 미만이므로 대여할 수 없다(C센터의 경우 수용인원도 맞지 않지만, 보유 장비에 빔프로젝트가 없고 회의실이 없는 것도 대여할 수 없는 조건이 된다). D센터는 컴퓨터를 보유하지 않으며, 사용 가능 시간이 2시간 미만이므로 대여할 수 없다. 따라서 조건을 충족하는 교육 장소는 B센터이다.

34

정답 ①

지역 고령농민 참여자가 30명으로 변경되면 A ~ D센터 모두 수용인원 조건을 만족하게 된다. 그중에서 모든 조건을 만족하는 장소는 A센터와 B센터가 되고, 둘 중 더 저렴한 A센터를 대여할 것이다.

35

정답 ②

- 국문 명함 중 50장이 고급종이로 제작되었으므로 일반종이로 제작된 명함의 수량은 130−50=80장이다.
  (1인당 국문 명함 제작비)=(일반종이 80장)+(고급종이 50장)[10,000+(2,500×3)]+(10,000×1.1)=28,500원
- 영문 명함의 수량 : 70장
  (1인당 영문 명함 제작비)=15,000+(3,500×2)=22,000원

따라서 1인당 명함 제작비는 28,500+22,000=50,500원, 총비용은 808,000원이므로 신입사원의 수는 808,000÷50,500=16명이다.

36

정답 ②

AM 8:20에 터미널에 도착하여 A회사 AM 9:00 항로 2 여객선을 선택하면, 오전 중에 가장 저렴한 비용으로 섬에 들어갈 수 있다. 따라서 비용은 25,000원이다.

37

정답 ①

물적자원관리 과정

- 사용 물품과 보관 물품의 구분 : 반복 작업 방지, 물품활용의 편리성
- 동일 및 유사 물품으로의 분류 : 통일성의 원칙, 유사성의 원칙
- 물품 특성에 맞는 보관 장소 선정 : 물품의 형상, 물품의 소재

38

정답 ④

B동에 사는 변학도는 매주 월, 화 오전 8시부터 오후 3시까지 카페 아르바이트가 있다. 따라서 화 ~ 금 오전 9시 30분부터 오후 12시까지 진행되는 '그래픽 편집 달인되기'를 수강할 수 없다.

39

정답 ④

C안마의자는 가격이 최대 예산을 초과하였을 뿐만 아니라 온열기능이 없으므로 제외하고, B안마의자는 색상이 블랙이 아니므로 고려 대상에서 제외한다. 남은 A안마의자와 D안마의자 중 프로그램 개수가 많으면 많을수록 좋다고 하였으므로 K공사는 D안마의자를 구매할 것이다.

40

정답 ①

35명의 수용 인원과 최소 인원을 모두 충족하는 회의실은 별실이다. 따라서 오전 사용료는 400,000+10,000+30,000=440,000원이다. 10명의 수용 인원과 최소 인원을 모두 충족하는 회의실은 세미나 3·4 회의실이며 예약 가능한 회의실 중 비용이 저렴한 쪽을 선택해야 하므로 세미나 3 회의실을 선택한다. 따라서 오후 사용료는 74,000+37,000+20,000+50,000=181,000원이다. 이때, B기업이 이용일 4일 전 오후 회의실을 취소하였으므로 181,000원에서 취소 수수료 10%를 차감한 162,900원을 환불받을 수 있다.

| 02 | 사무직

41	42	43	44	45	46	47	48	49	50
③	④	②	③	④	①	③	①	②	②

41

정답 ③

오답분석

㉠ 미국 바이어와 악수할 때 눈이나 얼굴을 보는 것은 좋은 행동이지만, 손끝만 살짝 잡아서는 안 되며, 오른손으로 상대방의 오른손을 잠시 힘주어서 잡아야 한다.
㉡ 이라크 사람들은 시간약속을 할 때 정각에 나오는 법이 없으며 상대방이 으레 기다려 줄 것으로 생각하므로 좀 더 여유를 가지고 기다리는 인내심이 필요하다.
㉤ 수프를 먹을 때는 몸 쪽에서 바깥쪽으로 숟가락을 사용한다.
㉦ 빵은 수프를 먹고 난 후부터 디저트를 먹을 때까지 먹는다.

42

정답 ④

한정 판매 마케팅 기법은 한정판 제품의 공급을 통해 의도적으로 공급의 가격탄력성을 0에 가깝게 조정한 것이다. 이 기법은 판매 기업의 입장에서는 이윤 증대를 위한 경영 혁신이지만 소비자의 합리적 소비를 저해할 수 있다.

43

정답 ②

글로벌화가 이루어지면 조직은 해외에 직접 투자할 수 있으며, 원자재를 보다 더 싼 가격에 수입할 수 있고, 수송비가 절감되며, 무역장벽이 낮아져 시장이 확대되는 경제적인 이익을 얻을 수 있다. 반면에 그만큼 경쟁이 세계적인 수준에서 치열해지기 때문에 국제적인 감각을 가지고 세계화 대응 전략을 마련해야 한다.

44

정답 ③

제시된 사례의 쟁점은 재고 처리이며, 여기서 김봉구 씨는 W사에 대하여 경쟁전략(강압전략)을 사용하고 있다. 강압전략은 'Win-Lose' 전략으로, 내가 승리하기 위해서 당신은 희생되어야 한다는 전략인 'I Win, You Lose' 전략에 해당한다. 명시적 또는 묵시적으로 강압적 위협이나 강압적 설득, 처벌 등의 방법으로 상대방을 굴복시키거나 순응시킨다. 자신의 주장을 확실하게 상대방에게 제시하고 상대방에게 이를 수용하지 않으면 보복이 있을 것이며 협상이 결렬될 것이라는 등의 위협을 가하는 것이다. 즉, 강압전략은 일방적인 의사소통으로 일방적인 양보를 받아내려는 것이다.

45

정답 ④

오답분석

① 수신 2명, 참조 1명, 비밀참조 1명으로 모두 4명이 전자우편을 받게 된다.
②·③ 한상민 사장은 비밀참조이므로 김영철 상무와 전무이사는 그 사실을 알 수 없다.

46

정답 ①

제시된 신제품 판매 동향 보고서를 보면 판매 부진 원인은 독특한 향 때문인 것으로 나타났다. 그러므로 독특한 향을 개선, 즉 제품 특성을 개선하면 판매 부진을 면할 수 있을 것이다.

47

정답 ③

경영자의 고유한 권리인 경영권을 약화시키고, 오히려 경영참가 제도를 통해 분배문제를 해결함으로써 노동조합의 단체교섭 기능이 약화될 수 있다.

48

정답 ①

마이클 포터(Michael E. Porter)의 본원적 경쟁전략

1. 원가우위 전략 : 원가절감을 통해 해당 산업에서 우위를 점하는 전략으로, 이를 위해서는 대량생산을 통해 단위 원가를 낮추거나 새로운 생산기술을 개발할 필요가 있다. 1970년대 우리나라의 섬유업체나 신발업체, 가발업체 등이 미국시장에 진출할 때 취한 전략이 해당한다.
2. 차별화 전략 : 조직이 생산품이나 서비스를 차별화하여 고객에게 가치가 있고 독특하게 인식되도록 하는 전략이다. 이를 위해서는 연구개발이나 광고를 통하여 기술, 품질, 서비스, 브랜드이미지를 개선할 필요가 있다.
3. 집중화 전략 : 특정 시장이나 고객에게 한정된 전략으로, 원가우위나 차별화 전략이 산업 전체를 대상으로 하는 데 비해 집중화 전략은 특정 산업을 대상으로 한다. 즉, 경쟁조직들이 소홀히 하고 있는 한정된 시장을 원가우위나 차별화 전략을 써서 집중적으로 공략하는 방법이다.

49

정답 ②

①·③·④는 인터뷰 준비를 위한 업무처리 내용이고, ②는 인터뷰 사후처리에 대한 내용이므로 업무순서상 가장 늦다.

50

정답 ②

K사는 기존에 수행하지 않던 해외 판매 업무가 추가될 것이므로 그에 따른 해외영업팀 등의 신설 조직이 필요하게 된다. 해외에 공장 등의 조직을 보유하게 됨으로써 이를 관리하는 해외관리 조직이 필요할 것이며, 물품의 수출에 따른 통관 업무를 담당하는 통관물류팀, 외화 대금 수취 및 해외 조직으로부터의 자금 이동 관련 업무를 담당할 외환업무팀, 국제 거래상 발생하게 될 해외 거래 계약 실무를 담당할 국제법무 조직 등이 필요하게 된다. 기업회계팀은 K사의 해외 사업과 상관없이 기존 회계를 담당하는 조직이라고 볼 수 있다.

| 03 | 기술직

41	42	43	44	45	46	47	48	49	50
④	④	①	②	③	①	④	④	④	③

41

정답 ④

당직근무 배치가 원활하지 않아 일어난 사고는 배치의 불충분으로 일어난 산업재해의 경우로, 4M 중 Management(관리)에 해당된다고 볼 수 있다.

오답분석

① 개인의 부주의에 따른 개인의 심리적 요인은 4M 중 Man에 해당된다.
② 작업 공간 불량은 4M 중 Media에 해당된다.
③ 점검, 정비의 결함은 4M 중 Machine에 해당된다.

42

정답 ④

(A)의 경우 구명밧줄이나 공기 호흡기 등을 준비하지 않아 사고가 발생했음을 알 수 있다. 따라서 보호구 사용 부적절로 4M 중 Media(작업정보, 방법, 환경)의 사례로 적절하다. (B)의 경우 안전장치가 제대로 작동하지 않았음을 볼 때, Machine(기계, 설비)의 사례로 적절하다.

43

정답 ①

사고 조사, 현장 분석 등을 통해 산업 재해의 예방 대책 중 2단계인 사실의 발견을 추론할 수 있으며, 재해 형태, 재해 정도 등을 통해 3단계인 원인 분석을 추론할 수 있다.

산업 재해의 예방 대책 5단계
안전 관리 조직 → 사실의 발견 → 원인 분석 → 시정책의 선정 → 시정책 적용 및 뒤처리

44

정답 ②

성장기 후반에는 가격인하경쟁에 대응하고 선택적 수요를 자극하기 위한 촉진비용이 많이 소요되므로 이익은 다시 감소하기 시작한다.

45

정답 ③

기술선택을 위한 절차는 '(ㄱ) 외부 환경 분석 → 중장기 사업목표 설정 → (ㄴ) 내부 역량 분석' 순서로, 외부 환경 분석은 수요변화 및 경쟁자 변화, 기술 변화 등에 대한 분석이고, 중장기 사업목표 설정은 기업의 장기비전, 중장기 매출목표 및 이익목표 설정이며, 내부 역량 분석은 기술능력, 생산능력, 마케팅·영업능력, 재무능력 등에 대한 분석이다. 또한, 중장기 사업목표 설정은 '사업 전략 수입 → (ㄷ) 요구 기술 분석 → (ㄹ) 기술 전략 수립 → 핵심 기술 선택' 순서로, 사업 전략 수립은 사업 영역결정, 경쟁우위 확보 방안에 대한 수립이고, 요구 기술 분석은 제품 설계·디자인 기술, 제품 생산 공정, 원재료·부품 제조기술에 대한 분석이며, 기술 전략 수립은 핵심 기술을 선택하거나, 기술 획득 방법을 결정하는 것이다.

46

정답 ①

에어필터 없이 사용할 경우 제품 수명이 단축되는 것으로 화재 위험과 관련성이 적다.

47

정답 ④

표에서 제시된 증상 외에 다른 문제가 있다면 서비스센터로 문의하여야 한다. '전원 버튼을 눌러도 작동하지 않는다.'는 내용은 고장이 아닌 '증상 외의 다른 문제'로 서비스센터로 문의하여야 한다.

48

정답 ④

문제발생 시 확인사항의 '찬바람이 지속적으로 나오지 않습니다.', '실내기', '실외기' 등의 단서를 통해 에어컨 사용설명서라는 것을 알 수 있다.

49

정답 ④

에어컨 응축수가 잘 빠지지 않을 경우 냄새가 나므로 배수호스를 점검해야 한다.

50

정답 ③

A/S센터로 연락하기 전에 리모컨 수신부가 가려져 있는지도 확인해 봐야 한다.

국가철도공단 직업기초능력평가 답안카드

성 명

지원 분야

문제지 형별기재란	
(　　　)형	Ⓐ Ⓑ

수 험 번 호						
⓪	⓪	⓪	⓪	⓪	⓪	⓪
①	①	①	①	①	①	①
②	②	②	②	②	②	②
③	③	③	③	③	③	③
④	④	④	④	④	④	④
⑤	⑤	⑤	⑤	⑤	⑤	⑤
⑥	⑥	⑥	⑥	⑥	⑥	⑥
⑦	⑦	⑦	⑦	⑦	⑦	⑦
⑧	⑧	⑧	⑧	⑧	⑧	⑧
⑨	⑨	⑨	⑨	⑨	⑨	⑨

감독위원 확인
㊞ 인

1	①	②	③	④	21	①	②	③	④	41	①	②	③	④
2	①	②	③	④	22	①	②	③	④	42	①	②	③	④
3	①	②	③	④	23	①	②	③	④	43	①	②	③	④
4	①	②	③	④	24	①	②	③	④	44	①	②	③	④
5	①	②	③	④	25	①	②	③	④	45	①	②	③	④
6	①	②	③	④	26	①	②	③	④	46	①	②	③	④
7	①	②	③	④	27	①	②	③	④	47	①	②	③	④
8	①	②	③	④	28	①	②	③	④	48	①	②	③	④
9	①	②	③	④	29	①	②	③	④	49	①	②	③	④
10	①	②	③	④	30	①	②	③	④	50	①	②	③	④
11	①	②	③	④	31	①	②	③	④					
12	①	②	③	④	32	①	②	③	④					
13	①	②	③	④	33	①	②	③	④					
14	①	②	③	④	34	①	②	③	④					
15	①	②	③	④	35	①	②	③	④					
16	①	②	③	④	36	①	②	③	④					
17	①	②	③	④	37	①	②	③	④					
18	①	②	③	④	38	①	②	③	④					
19	①	②	③	④	39	①	②	③	④					
20	①	②	③	④	40	①	②	③	④					

※ 본 답안카드는 마킹연습용 모의 답안카드입니다.

〈절취선〉

국가철도공단 직업기초능력평가 답안카드

성 명

지원 분야

문제지 형별기재란	
(　　　)형	Ⓐ Ⓑ

수 험 번 호						
⓪	⓪	⓪	⓪	⓪	⓪	⓪
①	①	①	①	①	①	①
②	②	②	②	②	②	②
③	③	③	③	③	③	③
④	④	④	④	④	④	④
⑤	⑤	⑤	⑤	⑤	⑤	⑤
⑥	⑥	⑥	⑥	⑥	⑥	⑥
⑦	⑦	⑦	⑦	⑦	⑦	⑦
⑧	⑧	⑧	⑧	⑧	⑧	⑧
⑨	⑨	⑨	⑨	⑨	⑨	⑨

감독위원 확인
㊞ 인

1	① ② ③ ④	21	① ② ③ ④	41	① ② ③ ④
2	① ② ③ ④	22	① ② ③ ④	42	① ② ③ ④
3	① ② ③ ④	23	① ② ③ ④	43	① ② ③ ④
4	① ② ③ ④	24	① ② ③ ④	44	① ② ③ ④
5	① ② ③ ④	25	① ② ③ ④	45	① ② ③ ④
6	① ② ③ ④	26	① ② ③ ④	46	① ② ③ ④
7	① ② ③ ④	27	① ② ③ ④	47	① ② ③ ④
8	① ② ③ ④	28	① ② ③ ④	48	① ② ③ ④
9	① ② ③ ④	29	① ② ③ ④	49	① ② ③ ④
10	① ② ③ ④	30	① ② ③ ④	50	① ② ③ ④
11	① ② ③ ④	31	① ② ③ ④		
12	① ② ③ ④	32	① ② ③ ④		
13	① ② ③ ④	33	① ② ③ ④		
14	① ② ③ ④	34	① ② ③ ④		
15	① ② ③ ④	35	① ② ③ ④		
16	① ② ③ ④	36	① ② ③ ④		
17	① ② ③ ④	37	① ② ③ ④		
18	① ② ③ ④	38	① ② ③ ④		
19	① ② ③ ④	39	① ② ③ ④		
20	① ② ③ ④	40	① ② ③ ④		

※ 본 답안카드는 마킹연습용 모의 답안카드입니다.

국가철도공단 직업기초능력평가 답안카드

성 명

지원 분야

문제지 형별기재란	
(　　　)형	Ⓐ Ⓑ

수 험 번 호						
⓪	⓪	⓪	⓪	⓪	⓪	⓪
①	①	①	①	①	①	①
②	②	②	②	②	②	②
③	③	③	③	③	③	③
④	④	④	④	④	④	④
⑤	⑤	⑤	⑤	⑤	⑤	⑤
⑥	⑥	⑥	⑥	⑥	⑥	⑥
⑦	⑦	⑦	⑦	⑦	⑦	⑦
⑧	⑧	⑧	⑧	⑧	⑧	⑧
⑨	⑨	⑨	⑨	⑨	⑨	⑨

감독위원 확인
㊞ 인

1	①	②	③	④	21	①	②	③	④	41	①	②	③	④
2	①	②	③	④	22	①	②	③	④	42	①	②	③	④
3	①	②	③	④	23	①	②	③	④	43	①	②	③	④
4	①	②	③	④	24	①	②	③	④	44	①	②	③	④
5	①	②	③	④	25	①	②	③	④	45	①	②	③	④
6	①	②	③	④	26	①	②	③	④	46	①	②	③	④
7	①	②	③	④	27	①	②	③	④	47	①	②	③	④
8	①	②	③	④	28	①	②	③	④	48	①	②	③	④
9	①	②	③	④	29	①	②	③	④	49	①	②	③	④
10	①	②	③	④	30	①	②	③	④	50	①	②	③	④
11	①	②	③	④	31	①	②	③	④					
12	①	②	③	④	32	①	②	③	④					
13	①	②	③	④	33	①	②	③	④					
14	①	②	③	④	34	①	②	③	④					
15	①	②	③	④	35	①	②	③	④					
16	①	②	③	④	36	①	②	③	④					
17	①	②	③	④	37	①	②	③	④					
18	①	②	③	④	38	①	②	③	④					
19	①	②	③	④	39	①	②	③	④					
20	①	②	③	④	40	①	②	③	④					

※ 본 답안카드는 마킹연습용 모의 답안카드입니다.

〈절취선〉

국가철도공단 직업기초능력평가 답안카드

성 명

지원 분야

문제지 형별기재란	
( )형	Ⓐ Ⓑ

수 험 번 호						
⓪	⓪	⓪	⓪	⓪	⓪	⓪
①	①	①	①	①	①	①
②	②	②	②	②	②	②
③	③	③	③	③	③	③
④	④	④	④	④	④	④
⑤	⑤	⑤	⑤	⑤	⑤	⑤
⑥	⑥	⑥	⑥	⑥	⑥	⑥
⑦	⑦	⑦	⑦	⑦	⑦	⑦
⑧	⑧	⑧	⑧	⑧	⑧	⑧
⑨	⑨	⑨	⑨	⑨	⑨	⑨

감독위원 확인
인

1	① ② ③ ④	21	① ② ③ ④	41	① ② ③ ④
2	① ② ③ ④	22	① ② ③ ④	42	① ② ③ ④
3	① ② ③ ④	23	① ② ③ ④	43	① ② ③ ④
4	① ② ③ ④	24	① ② ③ ④	44	① ② ③ ④
5	① ② ③ ④	25	① ② ③ ④	45	① ② ③ ④
6	① ② ③ ④	26	① ② ③ ④	46	① ② ③ ④
7	① ② ③ ④	27	① ② ③ ④	47	① ② ③ ④
8	① ② ③ ④	28	① ② ③ ④	48	① ② ③ ④
9	① ② ③ ④	29	① ② ③ ④	49	① ② ③ ④
10	① ② ③ ④	30	① ② ③ ④	50	① ② ③ ④
11	① ② ③ ④	31	① ② ③ ④		
12	① ② ③ ④	32	① ② ③ ④		
13	① ② ③ ④	33	① ② ③ ④		
14	① ② ③ ④	34	① ② ③ ④		
15	① ② ③ ④	35	① ② ③ ④		
16	① ② ③ ④	36	① ② ③ ④		
17	① ② ③ ④	37	① ② ③ ④		
18	① ② ③ ④	38	① ② ③ ④		
19	① ② ③ ④	39	① ② ③ ④		
20	① ② ③ ④	40	① ② ③ ④		

※ 본 답안카드는 마킹연습용 모의 답안카드입니다.

2026 최신판 시대에듀 All-New 사이다 모의고사 국가철도공단 NCS

개정12판1쇄 발행	2025년 12월 15일 (인쇄 2025년 11월 27일)
초 판 발 행	2018년 10월 25일 (인쇄 2018년 10월 02일)
발 행 인	박영일
책 임 편 집	이해욱
편 저	SDC(Sidae Data Center)
편 집 진 행	여연주 · 구본주
표지디자인	하연주
편집디자인	양혜련 · 임창규
발 행 처	(주)시대고시기획
출 판 등 록	제10-1521호
주 소	서울시 마포구 큰우물로 75 [도화동 538 성지 B/D] 9F
전 화	1600-3600
팩 스	02-701-8823
홈 페 이 지	www.sdedu.co.kr
I S B N	979-11-434-0566-1 (13320)
정 가	18,000원

사
이
다

사일 동안
이것만 풀면
다 합격!

국가철도공단
NCS

NEXT STEP
시대에듀가 합격을 준비하는
당신에게 제안합니다.
성공의 기회
시대에듀를 잡으십시오.
시대에듀
기회란 포착되어 활용되기 전에는 기회인지조차 알 수 없는 것이다.
– 마크 트웨인 –